Wirtschaftswissenschaften verstehen

Christian Thielscher

Wirtschaftswissenschaften verstehen

Eine Einführung in ökonomisches Denken

3. Auflage

Mit einem Gastbeitrag des Netzwerks für plurale Ökonomie e.V.

Christian Thielscher
FOM Hochschule für Oekonomie und Management
Essen, Deutschland

ISBN 978-3-658-38670-2 ISBN 978-3-658-38671-9 (eBook)
https://doi.org/10.1007/978-3-658-38671-9

Die Deutsche Nationalbibliothek verzeichnet diese Publikation in der Deutschen Nationalbibliografie; detaillierte bibliografische Daten sind im Internet über http://dnb.d-nb.de abrufbar.

© Springer Fachmedien Wiesbaden GmbH, ein Teil von Springer Nature 2014, 2020, 2022
Das Werk einschließlich aller seiner Teile ist urheberrechtlich geschützt. Jede Verwertung, die nicht ausdrücklich vom Urheberrechtsgesetz zugelassen ist, bedarf der vorherigen Zustimmung des Verlags. Das gilt insbesondere für Vervielfältigungen, Bearbeitungen, Übersetzungen, Mikroverfilmungen und die Einspeicherung und Verarbeitung in elektronischen Systemen.
Die Wiedergabe von allgemein beschreibenden Bezeichnungen, Marken, Unternehmensnamen etc. in diesem Werk bedeutet nicht, dass diese frei durch jedermann benutzt werden dürfen. Die Berechtigung zur Benutzung unterliegt, auch ohne gesonderten Hinweis hierzu, den Regeln des Markenrechts. Die Rechte des jeweiligen Zeicheninhabers sind zu beachten.
Der Verlag, die Autoren und die Herausgeber gehen davon aus, dass die Angaben und Informationen in diesem Werk zum Zeitpunkt der Veröffentlichung vollständig und korrekt sind. Weder der Verlag, noch die Autoren oder die Herausgeber übernehmen, ausdrücklich oder implizit, Gewähr für den Inhalt des Werkes, etwaige Fehler oder Äußerungen. Der Verlag bleibt im Hinblick auf geografische Zuordnungen und Gebietsbezeichnungen in veröffentlichten Karten und Institutionsadressen neutral.

Planung/Lektorat: Margit Schlomski
Springer Gabler ist ein Imprint der eingetragenen Gesellschaft Springer Fachmedien Wiesbaden GmbH und ist ein Teil von Springer Nature.
Die Anschrift der Gesellschaft ist: Abraham-Lincoln-Str. 46, 65189 Wiesbaden, Germany

Für C. M.

Vorwort zur dritten Auflage

Nachdem die beiden ersten Auflagen freundlich aufgenommen wurden, liegt nun die dritte Auflage vor. Inhaltlich stimmt sie im Wesentlichen mit der zweiten Auflage überein, korrigiert aber einige Tippfehler, die sich zwischen erster und zweiter Auflage eingeschlichen hatten.

Ich danke meiner langjährigen Lektorin, Frau M. Schlomski, für die hervorragende Zusammenarbeit, dem Netzwerk Plurale Ökonomik für den Gastbeitrag und meiner Hochschule für ihre stetige Unterstützung.

Änderungsvorschläge nehme ich gerne entgegen.

Lohmar　　　　　　　　　　　　　　　　　　　　　　　　Christian Thielscher
im Sommer 2022

Vorwort der zweiten Auflage

Schon die erste Auflage des Buches war ein Wagnis: Beim – erstmaligen – Versuch, die verschiedenen Strömungen der Wirtschaftswissenschaften in einem Band zu erläutern, hätte leicht Wesentliches übersehen werden können. Das scheint nach vielen Rückmeldungen und Gesprächen glücklicherweise nicht passiert zu sein. Insofern freuen sich Verlag und Autor, mit der zweiten Auflage noch einen Schritt weiter zu gehen: Neben die Beschreibung der Wirtschaftswissenschaften und ihrer Herausforderungen treten nunmehr auch Vorschläge zur Problemlösung.

Eine weitere Neuerung besteht darin, dass sich das „Netzwerk Plurale Ökonomik e.V." mit einem Gastbeitrag vorstellt. Nach Einschätzung des Autors ist die darin angestoßene Diskussion über die Grundlagen ökonomischen Denkens von größter Bedeutung.

Es ist mir als Autor auch für die zweite Auflage eine angenehme Pflicht, allen zu danken, die an der Entstehung des Buches beteiligt waren. Bei meiner Lektorin, Frau M. Schlomski, möchte ich mich für die langjährige, ausgezeichnete Zusammenarbeit herzlich bedanken. Dem Netzwerk Plurale Ökonomik danke ich für den Gastbeitrag. Die FOM Hochschule hat das Vorhaben stets freundlich begleitet. Nicht zuletzt danke ich weiterhin allen Studenten, mit denen ich die Inhalte des Buches diskutieren konnte. Verbesserungsvorschläge nehme ich gerne entgegen.

Lohmar
Februar 2019

Christian Thielscher

Vorwort der ersten Auflage

Dieses Buch entstand aus dem Bedürfnis, Studenten der Wirtschaftswissenschaften, aber auch interessierten Laien den ersten Zugang zu den Wirtschaftswissenschaften zu erleichtern und einige wichtige Grundfragen zu klären: Wie funktionieren die Wirtschaftswissenschaften? Wie gut sind eigentlich ihre Modelle? Warum widersprechen sich ihre Aussagen in wesentlichen Punkten? Warum haben die wenigsten Wissenschaftler z. B. die Finanzkrise vorhergesehen?

Dazu beschreibt das Buch das System der Wirtschaftswissenschaften, das tatsächlich keine in sich geschlossene Theorie, sondern eher ein Konglomerat verschiedener Ansätze, Theorien und Anschauungen bildet. Es ermöglicht dem Leser, sich im Gestrüpp widersprüchlicher Terminologien und Lehrmeinungen zurechtzufinden und den Nutzen, aber auch die Grenzen ökonomischer Theorien kritisch zu beurteilen.

Es ist mir als Autor eine angenehme Pflicht, allen zu danken, die an der Entstehung des Buches beteiligt waren. Meiner langjährigen Lektorin, Frau M. Schlomski, danke ich für die ausgezeichnete Zusammenarbeit. Dem Rektor der FOM, Herrn Prof. B. Hermeier, ihrem Prorektor Forschung, Herrn Prof. T. Heupel, Herrn K. Stumpp und den FOM-Didaktik-Experten danke ich für stets wohlwollende Unterstützung und Mitarbeit. Meinen akademischen Lehrern – insbesondere meinen Chemie-, Geschichte-, Griechisch- und Mathematiklehrern, den ärztlichen und wirtschaftswissenschaftlichen Lehrern in den jeweiligen Studiengängen und Famulaturen sowie den Betreuern meiner Diplom- und Doktorarbeiten und meiner Habilitation – danke ich für ihre Betreuung und Unterstützung. Nicht zuletzt danke ich allen Studenten, die mich zum Nachdenken über die hier besprochenen Themen anregten und die der eigentliche Anlass waren, die Arbeit an diesem Buch aufzunehmen. Verbesserungsvorschläge nehme ich gerne entgegen.

Lohmar   Christian Thielscher
November 2013

Inhaltsverzeichnis

1 **Einleitung** 1
   1.1   Wie dieses Buch entstand und was es leisten soll 1
   1.2   Grundprobleme der Wirtschaftswissenschaften: warum
         ökonomische Theorien inkonsistent sind 3
   1.3   Paradigmen der Wirtschaftswissenschaften 12
   Literatur 14

2 **Wirtschaft, Gerechtigkeit und Ethik** 15
   2.1   Ist Gerechtigkeit Bestandteil der
         Wirtschaftswissenschaft? 15
   2.2   Der Begriff der „Gerechtigkeit" im Hinblick auf
         wirtschaftliches Handeln 18
   2.3   Ethik und wirtschaftliches Handeln 39
   2.4   Wirtschaftsethik 47
   Literatur 52

3 **Wirtschaft und Religion** 55
   3.1   Religiöse Aussagen zu wirtschaftlichen (nicht:
         wirtschaftswissenschaftlichen) Vorgängen 57
   3.2   Theologische Aussagen zur wirtschaftswissenschaftlichen
         Theorie 64
   3.3   Wie religiös geprägte Kulturen wirtschaftliches Handeln
         beeinflussen 65
   3.4   Wie wirtschaftliche Umstände die Entwicklung von
         Religion beeinflussen 67
   3.5   Wie ökonomische Theorien religiöse Phänomene deuten 68
   Literatur 69

4	**Wirtschaften als „richtiges" Handeln: Management**	71
4.1	Unternehmensführung als Zielbildungs- und Zielerreichungsprozess	74
4.2	Management als Informationsverarbeitung	81
4.3	Führungsstile	82
4.4	Teilaspekte des Managementgeschehens	84
4.5	Umfassende Managementmodelle	85
4.6	Das Problem der Managementlehre und ihrer Modelle	89
4.7	Lösungsvorschläge	93
	Literatur	95
5	**Wirtschaft und Staat**	97
5.1	Wirtschaftsverfassung	98
5.2	Kameralistik und Finanzwissenschaft	101
	Literatur	109
6	**Wirtschaftliche Techniken, Pragmatiken und Spezialanalysen**	111
6.1	Buchführung, Rechnungswesen und Investitionsrechnung	112
6.2	Bankbetriebslehre, Personalwesen und Produktionstheorie	119
6.3	Aktuarwissenschaft und volkswirtschaftliche Gesamtrechnung	120
6.4	Pragmatiken	122
6.5	Spezialanalysen	122
	Literatur	123
7	**Ökonomische Klassik, Neoklassik und Makroökonomie**	125
7.1	Ökonomische „Klassik"	125
7.2	Wirtschaft im neoklassischen mikroökonomischen Paradigma	136
7.3	Kritik am neoklassischen Modell	151
7.4	Wirtschaft im makroökonomischen Paradigma	156
7.5	Lösungsvorschläge	157
7.6	Zusammenfassung und Ausblick	172
	Literatur	172
8	**Die historischen Schulen und die Neue Institutionenökonomie**	175
8.1	Grundlagen	175
8.2	Beispiele	177
	Literatur	184

9	Wirtschaftswissenschaften und Nachbardisziplinen	187
	9.1 Wirtschaftsgeschichte	187
	9.2 Wirtschaftsrecht	189
	9.3 Wirtschaftsinformatik	190
	Literatur	193
10	**Ausblick: Was zu verbessern wäre**	195
	Literatur	198
11	**Gastbeitrag: Plurale Ökonomik – eine kurze Einführung**	199
	Dominik Piétron, Laura Porak und Sebastian Thieme	
	11.1 Das „Netzwerk Plurale Ökonomik e. V."	201
	11.2 Einseitigkeit in den Wirtschaftswissenschaften	202
	11.3 Dimensionen von Pluralismus	205
	11.4 Die Kritik am Mainstream	208
	11.5 Wie erreichen wir einen ökonomischen Pluralismus?	211
	11.6 Für eine realitätsnahe und relevante Wirtschaftswissenschaft	213
	Literatur	214

Stichwortverzeichnis ... 217

1 Einleitung

1.1 Wie dieses Buch entstand und was es leisten soll

▶ Als ich begann, Wirtschaftswissenschaften zu studieren, war ich Arzt, hatte also das Medizinstudium bereits hinter mir. Ich erwartete (was zugegebenermaßen etwas naiv war), dass das Ökonomiestudium in etwa so verlaufen würde wie das Medizinstudium: dass ich also zunächst etwas über die Terminologie (die richtige Bezeichnung von Dingen und Vorgängen) lernen würde, dann darüber, woraus die Wirtschaft besteht und wie sie funktioniert, welche Störungen es gibt und wie man sie behandelt. All das, dachte ich, würde in einem in sich konsistenten Rahmen stattfinden. Es kam anders.

So fand ich zwar sowohl die Kurse der Steuerlehre als auch der Mikroökonomik als auch des Managements des Einkaufs und der Lagerhaltung (und die vielen anderen) interessant, konnte aber nicht erkennen, wie sie untereinander zusammenhängen. Auch fühlte ich mich auf Basis der neoklassischen Modelle außerstande, krisenhafte Zuspitzungen der Konjunktur korrekt vorherzusagen oder auch nur auf die Frage ärztlicher Kollegen zu antworten, ob denn nun eine moderate Lohnsteigerung die Arbeitslosenquote steigert oder senkt. Weiters schienen mir einige Aussagen der Lehrbücher sich gegenseitig zu widersprechen. Ich dachte, dass es mir an Intelligenz oder an Wissen oder gar an beidem mangele, um diese Zusammenhänge herzustellen bzw. Widersprüche aufzulösen, und war frustriert. Später fing ich an, selbst diese Themen zu unterrichten – zunächst in medizinnahen Gebieten, danach immer mehr in Richtung der wirtschaftswissenschaftlichen Basis – und war daher gezwungen, diese ganze Thematik noch einmal vollständig und sehr viel genauer zu studieren; denn eine Theorie, die man im Unterricht oder in der Lehre vermittelt, muss man viel tiefer durchdringen, als wenn man sie „nur" lernt. Dabei merkte ich, dass ich den Zusammenhang nicht übersehen hatte. Es gibt keinen.

Die Wirtschaftswissenschaften bilden kein in sich geschlossenes Theoriegebäude, sondern bestehen eher aus einer Art Konglomerat verschiedener Ansätze, die nicht mehr miteinander zu tun haben als die Naturwissenschaften (z. B. „Biochemie" und „Geografie"), sich tatsächlich häufig widersprechen und nicht einmal durch ein einzelnes Kriterium miteinander verbunden sind. (Ich werde das in den folgenden Kapiteln ausführlich begründen.) Hätte man mir das früher gesagt, hätte ich mich nicht ärgern müssen, und der Einstieg in das Studium der Wirtschaftswissenschaften wäre mir sehr viel leichter gefallen.

Aus dieser Erfahrung heraus entstand zunächst der Beitrag „Einführung in die Wirtschaftswissenschaften" in dem von mir herausgegebenen Lehrbuch der Medizinökonomie (Thielscher 2012). Nachdem er von vielen Studierenden sehr begrüßt wurde, entschloss ich mich, dieses Buch zu schreiben. Das Buch soll helfen, einen Überblick über das zu bekommen, was man „Wirtschaftswissenschaften" nennt.

Wie das Buch „funktioniert"

Alle folgenden Kapitel beginnen mit einer kurzen Beschreibung, was der Leser aus der Lektüre erfährt. In dieser Einleitung gebe ich eine erste Übersicht über das, was man „Wirtschaftswissenschaften" nennt, und ihre Grundprobleme. Die weiteren Kapitel erläutern dann wirtschaftswissenschaftliche Denkansätze je einzeln näher. Es geht dabei nicht um Vollständigkeit der Darstellung (sonst wäre dies nicht ein schmales Bändchen, sondern ein mehrbändiges Werk), sondern darum, die Logik dieser Denkansätze zu verstehen. Einige Nachbardisziplinen, die mit „Wirtschaft-" beginnen (z. B. Wirtschaftsrecht, Wirtschaftsinformatik), werden ebenfalls kurz besprochen.

Das ganze Buch hindurch werde ich mir erlauben, die Wirtschaftswissenschaften mit der Medizin zu vergleichen; aus dem Kontrast ist manches besser zu verstehen.

1.2 Grundprobleme der Wirtschaftswissenschaften: warum ökonomische Theorien inkonsistent sind

Problem 1: Was ist „Wirtschaft" bzw. „Wirtschaftswissenschaft"?
Das *erste* Grundproblem der Wirtschaftswissenschaften steckt in der Frage, womit sie sich überhaupt beschäftigen: Was ist „Wirtschaft" in den „Wirtschaftswissenschaften"?

Dieses Thema ist zugleich wichtig und derart verwickelt, dass nach meinem Kenntnisstand die Antwort noch nie sauber herauspräpariert wurde.

Wichtig ist es deshalb, weil sich Wissenschaften voneinander abgrenzen müssen, wie schon Kant feststellte – denn sonst würden sie alle dasselbe untersuchen. Ein Physiker z. B. wird selten sozialpsychologische Untersuchungen anstellen und umgekehrt. Ebenfalls nach Kant können sich Wissenschaften aufgrund ihrer Objekte (sie untersuchen unterschiedliche Gegenstände), ihrer Erkenntnisquellen und/oder ihrer Erkenntnisart unterscheiden (Kant 1989, Original 1783).

Offensichtlich beschäftigen sich Wirtschaftswissenschaften mit dem Objekt „Wirtschaft". Aber was ist das? Und welche Erkenntnisquellen bzw. Erkenntnisarten verwenden sie?

Tatsächlich sind sich Wirtschaftswissenschaftler gar nicht darüber einig, was das Besondere an ihrer Wissenschaft ist (ein zwar auf den ersten Blick erstaunlicher Befund, der aber immerhin einen Teil der Verwirrung mancher Studierender erklärt!).

Mögliche Herangehensweisen
Es gibt grundsätzlich mehrere Vorgehensweisen, wenn man wissen will, was „Wirtschaft" ist. Man kann (A) nach der Semantik fragen, also danach, was die Bedeutung des Wortes Wirtschaft ist, wobei, wie sich zeigen wird, unterschiedliche Autoren widersprüchliche Antworten geben. Man kann auch (B) fragen, was „Wirtschaft" in der Realität ist, also die je unterschiedlichen, damit bezeichneten Gegenstände studieren. Dazu wiederum kann man z. B. soziologische Methoden einsetzen („Wie wirken Gesellschaft und Wirtschaft aufeinander ein?"), historische („Wie unterscheidet sich die Wirtschaft der Antike von der modernen?"), philosophische („Was ist das Wesen bzw. die Funktion von Wirtschaft?") oder psychologische („Wie verhalten sich wirtschaftlich bzw. wirtschaftswissenschaftlich tätige Menschen?").

Selbstverständlich hängen A und B zusammen: Wer „Wirtschaften" mit dem „Knappheitsprinzip" identifiziert, beschreibt zunächst eine Erkenntnisart; da aber (fast) alles knapp ist, umfasst die Definition zugleich einen riesigen Realitätsbereich. Wer hingegen „Wirtschaften" primär als einen Realitätsbereich versteht (z. B. reale

Produktion und Verteilung), beschreibt ein Erkenntnisobjekt, zu dem eine, z. B. historische, Erkenntnisart gehört.

Hier findet zugleich auch ein Ringen um die Deutungshoheit statt: So beschweren sich manche Wissenschaftssoziologen über den Alleinvertretungsanspruch der Wirtschaftswissenschaftler (Hedtke 2014), der andere Erkenntnisarten ausblendet. Naturgemäß erschwert dieser Streit eine Einigung darüber, was Wirtschaftswissenschaften tun, und damit zugleich eine einfach nachvollziehbare Terminologie.

Was bedeutet das Wort „Wirtschaft"?

Einige Wirtschaftswissenschaftler schlagen vor, das Knappheits- oder ökonomische Prinzip zur Definition des „Wirtschaftens" heranzuziehen: Da Güter knapp sind, ist es Aufgabe wirtschaftlichen Handelns (und der Wirtschaftswissenschaften), mit den gegebenen Ressourcen möglichst viele und/oder möglichst werthaltige Güter zu erzeugen; oder umgekehrt ein vorgegebenes Güterbündel mit möglichst wenig Ressourcen herzustellen (z. B. Nordhaus und Samuelson 2010; Wöhe 2010).

Andere Autoren haben dieser Meinung widersprochen: Wenn sich die Wirtschaftswissenschaften mit knappen Gütern befassten, dann wären sie die Wissenschaft von allem – da Güter immer und überall knapp sind. Eine Wissenschaft von allem sei aber viel zu weit gefasst (Schneider 1987).

Dagegen wiederum und zugunsten des ökonomischen Prinzips als Grundlegung der Wirtschaftswissenschaften kann man argumentieren, dass viele Wissenschaften „alles" umfassen. Zum Beispiel bezieht sich die Chemie im Prinzip auf jeden beliebigen Stoff; sie grenzt sich jedoch durch ihre spezifische Untersuchungsweise von anderen Wissenschaften ab. Insofern könnte es richtig sein, dass die Ökonomie zwar „alles" untersucht, aber eben nur im Hinblick auf Knappheit. Die Frage ist dann, ob die Untersuchung von Knappheit als solche ein geeignetes Definitionskriterium ist.

Der Autor dieses Buches bezweifelt das, weil Knappheit nicht spezifisch für die Ökonomie ist; viele Wissenschaften haben mit Knappheit zu tun. Um es am Beispiel zu zeigen: In einem Chemiewerk beschäftigen sich auch Chemiker und Verfahrenstechniker damit, aus gegebenen Ressourcen (chemischen Substanzen) möglichst viel herauszuholen, aber sie sind deswegen keine Wirtschaftswissenschaftler.

Man könnte daher sagen, dass es nicht die Knappheit als solche ist, die das ökonomische vom chemischen Denken unterscheidet, sondern die Art, *wie* sie damit umgehen: Der Chemiker wird sich eher mit der Ausbeute an Stoffen beschäftigen, der Ökonom eher mit der finanziellen Bewertung der Stoffströme, dem Controlling der Prozesse zwecks Überwachung ihrer Effizienz, ggf. auch mit der Gewinnermittlung und -verteilung. Ich werde diese Idee weiter unten für die Definition der Wissenschaften wieder aufnehmen.

1.2 Grundprobleme der Wirtschaftswissenschaften ...

Aber tatsächlich gilt, dass man jeden Gegenstand und jede Handlung neben anderen Aspekten auch unter wirtschaftlichen betrachten kann: Selbst ein Kunstwerk ist insofern „wirtschaftlich", als das Werk einen Wert hat.

Andere Autoren verbinden den Begriff des „wirtschaftlichen Handelns" mit

- Fragen der Güterverteilung (z. B. der „gerechten" Verteilung von Einkommen),
- Gegenständen des Wirtschaftens (z. B. Geld, Zins, Investition usw.),
- Menschen und Organisationen, die wirtschaftlich handeln,
- Funktionsweisen von Märkten (z. B. zur Entstehung von Preisen),
- Zielorientierung im Allgemeinen oder Profitorientierung als Sonderfall (z. B. Maximierung von Gesundheit der behandelten Patienten oder von Gewinnen),
- Handlungen, die der Zielerreichung dienen (z. B. Controlling, Management usw.),
- Entscheidungsprozessen in Unternehmen oder Volkswirtschaften
- usw.: Die Liste ist nicht abschließend.

Die Vielfalt wissenschaftlicher Theorien
Insgesamt beschäftigen sich die Wirtschaftswissenschaften mit sehr vielen Dingen und Fragestellungen – von der Wirtschaftsverfassung bis zur Bepreisung einer Couchgarnitur. Um damit umgehen zu können, haben sie ganz unterschiedliche Perspektiven darauf entwickelt: So hat sich ein Teilbereich der Wirtschaftswissenschaften z. B. auf die Frage fokussiert, wie Preise entstehen; ein anderer hat über Managementaufgaben gearbeitet usw. Meines Erachtens ist dies der Grund, warum die Wirtschaftswissenschaften aus verschiedenen, nur lose miteinander verwandten Ansätzen bestehen.

Für *Teilbereiche* der Wirtschaftswissenschaften werden weitere Definitionen vorgeschlagen, z. B. sehen manche Autoren Märkte als zentrales Thema der *Volks*wirtschaftslehre an (deren Verhältnis zu anderen Wirtschaftswissenschaften noch zu klären sein wird) (Bofinger 2010).

Noch verwickelter wird es, wenn man nach dem Verhältnis der Definitionen von „Wirtschaftswissenschaften" und „Ökonomie" fragt. Die Wortwurzel „wirt" ist vieldeutig und kann „Gastfreund", aber auch „Gastwirt" bedeuten; die davon abgeleiteten Wörter umfassen Themen wie „Speise", „bewirten", „Gastmahl", „Hauswesen", „Güterversorgung" usw. „Ökonomie" stammt von οἶκος und νόμος ab. Oikos ist das Haus, die Wohnung, der Haushalt mitsamt dem umliegenden Hof und im übertragenen Sinn auch das Vermögen (da ja der Standardbetrieb der antiken Wirtschaft der Bauernhof war). Nomos meint so viel wie Brauch, Sitte, Regel. Die Ökonomie beschreibt also ursprünglich die regelgerechte Haushaltung.

In der Spätantike konnte der Begriff dann weitere Bedeutungen annehmen bis hin zu „Gottes Weltregierung" (Richter 2005, S. 2).

Heute ist von der ursprünglichen Bedeutung nicht mehr viel übrig geblieben; die „Haushaltswissenschaft" im engeren Sinne heißt heute „Ökotrophologie".

So gesehen steht die Ökonomie der Betriebswirtschaftslehre – der Untersuchung einzelner Betriebe – ursprünglich näher als der Volkswirtschaftslehre – der Untersuchung der gesamten Volkswirtschaft. Über den Begriff der „Nationalökonomie" (auch „politische Ökonomie" genannt – politisch im Sinne der Polis, d. h. des gesamten Stadtstaates), also die Verwaltung des Nationalhaushaltes, nahm die Ökonomie aber auch die Idee der Volkswirtschaftslehre auf. Nebenbei bemerkt: Der staats- und wirtschaftswissenschaftliche Doktortitel heißt bis heute Dr. rer. pol. (rerum politicarum, im Sinne der politischen Ökonomie).

Manche Autoren verstehen unter „Ökonomie" die Beschreibung wirtschaftlicher Zustände, d. h., wie sich Wirtschaftssubjekte tatsächlich verhalten, unter „Ökonomik" hingegen Vorgaben dafür, wie sie sich verhalten *sollten*. Diese Unterscheidung wäre nützlich, wenn sie von allen Autoren verwendet würde und auf einer zuverlässigen Definition der Wirtschaftswissenschaften insgesamt aufbauen könnte. (Für einen Mediziner, der an eine sehr präzise Sprache gewöhnt ist, wirkt die ökonomische Terminologie oft ärgerlich unscharf.)

Das Verhältnis der Volks- zur Betriebswirtschaftslehre wird ebenfalls unterschiedlich gesehen. Da sich die gesamte Volkswirtschaft letztlich aus der Summe der Aktivitäten der einzelnen Wirtschaftssubjekte ergibt, also auch Konsumenten und Betriebe umfasst, argumentieren manche Autoren, dass die Betriebswirtschaftslehre eigentlich ein Teil der Volkswirtschaftslehre ist (z. B. Woll 2007, S. 7).

Manche Autoren teilen die Wirtschaftswissenschaften ein in Wirtschaftsgeschichte („Was ist in der Vergangenheit passiert?"), Wirtschaftstheorie („Wie funktioniert Wirtschaft?") und Wirtschaftspolitik („Welche Zwecke können wie erreicht werden?").

Im englischen Sprachgebrauch entsprechen „economics" und „management science" in etwa der Volks- und Betriebswirtschaftslehre, allerdings kann der Ausdruck „economics" auch beides umfassen. Außerdem kann „economics" den Gegenstand (die Wirtschaft) meinen, aber auch die Wissenschaft davon (die Wirtschaftswissenschaft).

Meines Erachtens ist das, was den Gegenstand der Wirtschaftswissenschaften von den Gegenständen anderer Wissenschaften abgrenzt, die Fokussierung auf den finanziellen „Wert".

1.2 Grundprobleme der Wirtschaftswissenschaften ...

Daher schlage ich folgende Definition vor:

▶ **Definition** Wirtschaftswissenschaften befassen sich mit der finanziellen Bewertung von Gegenständen und Prozessen und damit verbundenen Optimierungsproblemen.

Diese Definition ist zugleich umfassend (und enthält z. B. Managementthemen ebenso wie Verteilungsfragen), zugleich aber auch einigermaßen spezifisch (und grenzt die Wirtschaftswissenschaften von anderen Wissenschaften ab, die sich nicht primär mit *finanziellen* Bewertungsfragen beschäftigen). Sie ist außerdem aufrichtig, insofern sie ausdrücklich andere Sichten auf die „Wirtschaft" zulässt, z. B. sozialpsychologische. Da diese Definition aktuell nur eine unter vielen ist, wird man damit leben müssen, dass verschiedene Autoren auch zukünftig unterschiedliche Definitionen verwenden.

Was ist Wirtschaftswissenschaft?
Weiter kann man fragen, was denn die Wirtschafts*wissenschaft* ausmacht. Denn dazu muss man nicht nur klären, was der Gegenstand dieser Wissenschaft ist (was umstritten ist), sondern auch, was das „wissenschaftliche" an der Beschäftigung damit ist. Das führt weit in die Wissenschaftstheorie hinein, die hier nicht umfassend, sondern nur ganz kursorisch dargestellt werden kann (Poser 2012).

Unter „Wissenschaft" kann man – vereinfachend – eine Tätigkeit (das systematische Gewinnen von Erkenntnissen), das Ergebnis dieser Tätigkeit und eine Institution verstehen (Kornmeier 2007, S. 5).

Während sich die Institution Wirtschaftswissenschaft relativ leicht anhand ihrer Bestandteile greifen lässt (sie umfasst die Hochschulen, Forschungseinrichtungen usw., die sich mit wirtschaftlichen, ökonomischen und ähnlichen Fragen befassen), sind bei der Wirtschaftswissenschaft als systematischem Gewinnen von Erkenntnissen bzw. als Ergebnis dieser Tätigkeit einige Fragen offen:

- Ihr Untersuchungsgegenstand wird, wie gesehen, von verschiedenen Autoren unterschiedlich definiert. Dadurch ist auch das Ergebnis ihrer Tätigkeit unterschiedlich. Die folgenden Probleme resultieren daraus.
- Umstritten ist, ob es überhaupt wissenschaftlichen Fortschritt in der Ökonomie gibt; die Gegenthese lautet, dass ökonomische Erkenntnisse keinen Wahrheitswert haben (weil sie z. B. nicht die Realität abbilden, sondern nur Gedankenexperimente) (Helmstädter 2002).
- Falls es Fortschritt gibt, so ist unklar, ob er kumulativer, substitutiver oder zirkulärer Natur ist – d. h., ob in der Ökonomie immer mehr Wissen angehäuft wird,

ob neues Wissen altes ersetzt, oder ob ehemals altes Wissen als neues wieder auftaucht (Helmstädter 2002).
- Umstritten ist weiterhin, ob die Wirtschaftswissenschaft nur deskriptive oder auch normative Aussagen lehren kann. Max Weber z. B. schreibt über Sozialwissenschaften (zu der nach seiner Einschätzung die Wirtschaftswissenschaften gehören): „Eine empirische Wissenschaft vermag niemanden zu lehren, was er soll, sondern nur was er kann und – unter Umständen – was er will" (Weber 1991, S. 27). G. v. Schmoller hingegen vertrat z. B. auch als Wissenschaftler sozialpolitische Forderungen (Winkel 2008, Teil 2, S. 110).
- Ein ähnlicher Streit betrifft die Frage, ob die Wirtschaftswissenschaften anwendungsorientiert oder rein theoretisch arbeiten. Soweit es die BWL betrifft, wurde er in den 1920er-Jahren z. B. von Schmalenbach und Rieger geführt, in den 1950er-Jahren von Mellerowicz und Gutenberg (Kornmeier 2007, S. 23).

Im Jahr 2009 lebte die Debatte beim „Kölner Ökonomenstreit" wieder auf – in diesem Fall auf die VWL bezogen:

Zitat
„'Wir sind als Universität in erster Linie der Wissenschaft verpflichtet', betonte der Kölner Ökonomie-Professor Axel Ockenfels Ende vergangener Woche vor rund 400 Studenten auf einer Podiumsdiskussion der Uni. Es sei ihre Aufgabe, erstklassige Wissenschaftler zu berufen und nicht in erster Linie wirtschaftspolitische Berater, sagte Ockenfels und fügte hinzu: ,Es kann nicht sein, dass Leute, die mit Forschung schon lange nichts mehr zu tun haben, uns sagen wollen, wer als Professor infrage kommt und wer nicht.' (…) Um die Personalpolitik der Kölner Volkswirte tobt seit Monaten ein heftiger öffentlicher Streit, der eine bundesweite Debatte über die richtige Ausrichtung der VWL ausgelöst hat. Im Kern geht es darum, ob sich das Fach zu sehr vom wirklichen Leben entfernt hat und zu viel Wert auf Theorie und mathematische Methoden legt. In zwei gegensätzlichen öffentlichen Aufrufen haben sich mehr als 270 Ökonomie-Professoren in die Diskussion eingeschaltet: 83 teilen die Kritik, 188 stärken der Fakultät dagegen den Rücken. (…) Zu den heftigsten Gegnern der Neuausrichtung gehören die emeritierten Kölner Wirtschaftspolitik-Professoren Hans Willgerodt (85) und Christian Watrin (78), aber auch einflussreiche Vertreter aus Unternehmen und Verbänden. Die weltweite Finanz- und Wirtschaftskrise zeige, wie problematisch die rein mathematische Betrachtung ganzer

1.2 Grundprobleme der Wirtschaftswissenschaften ... 9

> Volkswirtschaften sei, sagte Werner Görg, Vizepräsident der Kölner IHK und Vorstandschef der Gothaer Versicherung, am Freitag auf einer Podiumsdiskussion der Kölner IHK zu dem Thema. Die Welt sei zu komplex, als dass sie sich in formalen Modellen abbilden und analysieren lasse. Nötig sei daher eine ‚Rückbesinnung auf die ordnungspolitische Ausrichtung der Volkswirtschaftslehre' – auch und gerade an der Uni Köln." (Storbeck 2009)

Nebenbei bemerkt: Nach Lektüre des Kapitels über „Klassik und Neoklassik" wird sich der Leser eine Meinung zu diesem Streit bilden können.

- Außerdem ist bei manchen Themen unklar, ob sie zu den Wirtschaftswissenschaften oder anderen Wissenschaften gehören: ob z. B. rechtliche Überlegungen zu ökonomischen Vorgängen (Handelsrecht) der „juristischen" oder „ökonomischen" Wissenschaft zuzurechnen sind.

Wahrscheinlich lässt sich die Frage der Wissenschaftlichkeit für das Konglomerat der „Wirtschaftswissenschaften" insgesamt nicht beantworten, sondern nur jeweils für jede ihrer Teiltheorien (die weiter unten dargestellt werden).

Sind solche wissenschaftstheoretischen Überlegungen für jede Wissenschaft typisch? Nein, denn die Medizin z. B. kennt sie kaum. Das könnte auch daran liegen, dass die „Medizin" ziemlich leicht zu definieren ist (es geht um Krankheiten und ihre Behandlung und die Förderung von Gesundheit) und es daher auch relativ einfach ist, einen „wissenschaftlichen Fortschritt" als solchen zu erkennen – es handelt sich um Verfahren, die eine bessere Behandlung einer Krankheit ermöglichen oder Gesundheit fördern.

Problem 2: Widersprüchliche Inhaltsangaben
Das *zweite* **Grundproblem** hängt mit dem ersten zusammen. Da es verschiedene Definitionen dessen gibt, womit sich Wirtschaftswissenschaften überhaupt beschäftigen, sind auch die Ergebnisse der Wirtschaftswissenschaftler ganz unterschiedlich und beziehen sich auf ganz unterschiedliche Dinge. Auch die Geschichte der Wirtschaftswissenschaften wird ganz unterschiedlich dargestellt, was Studenten noch mehr verwirrt. Zum Beispiel gibt es eine „systematische Theoriegeschichte der (!) Ökonomie", die nur einen relativ schmalen, wenn auch einflussreichen, Zweig der Wirtschaftswissenschaften beschreibt und den ganzen Rest einfach „vergisst".

Auch sprechen sich manche Ökonomen gegenseitig ab, überhaupt wirtschaftswissenschaftlich zu arbeiten. So neigen z. B. Neoklassiker (s. u.) dazu, Fragen der Gerechtigkeit als außerhalb der Wirtschaftswissenschaften liegend zu betrachten.

Es gibt daher ganz unterschiedliche „Dogmengeschichten" (die versuchen, die Theoriegeschichte der Ökonomie darzustellen), die nicht nur in Einzelfragen voneinander abweichen (das tun auch Medizinbücher), sondern eben komplett andere Themen behandeln (das tun Medizinbücher nicht: Jedes Lehrbuch der inneren Medizin behandelt z. B. Herzkrankheiten). Im weiteren Verlauf des Buches werde ich zumindest die wichtigsten ökonomischen Ansätze vorstellen.

Nebenbei bemerkt erlaube ich mir daher, „Ökonomie" und „Wirtschaftswissenschaften" synonym zu verwenden, da die Terminologie derzeit ohnehin kein allgemein akzeptiertes Verständnis hergibt und man daher nicht sauber differenzieren kann.

Problem 3: Abneigung gegen historisches Arbeiten
Das *dritte* **Grundproblem** ist die Neigung mancher Wirtschaftswissenschaftler, historische Fragen für wertlos zu halten: Es lohne sich nicht, sich mit „falschen Gedanken toter Männer" zu beschäftigen. Dahinter steckt folgende Überlegung: Wenn die Formulierung einer ökonomischen Aussage richtig ist, so ist sie auch Bestandteil des aktuellen ökonomischen Denkens. Ist sie falsch (wurde sie überwunden), dann braucht man sich mit ihr nicht weiter zu beschäftigen.

So plausibel dies auf den ersten Blick aussieht, so falsch ist es bei näherer Betrachtung, und zwar aus mehreren Gründen.

Erstens verkürzt diese Aussage die Wirtschaftsgeschichte auf die Geschichte dessen, was Wirtschaftswissenschaftler über die Funktionsweise der Wirtschaft gesagt haben (also die Theorie der Wirtschaft); darüber hinaus kann man sich aber auch für wirtschaftliche Vorgänge und wirtschaftliches menschliches Handeln in der Vergangenheit interessieren (also die Geschichte der Wirtschaft), um besser zu verstehen, warum sich die moderne Wirtschaft genau so und nicht anders entwickelt hat. Gerade diese Herangehensweise ermöglicht die Erkenntnis, dass wirtschaftliches Handeln je nach historischer Situation unterschiedlich funktioniert. Eigentlich ist das eine Selbstverständlichkeit: Eine Sklavenhaltergesellschaft unterscheidet sich auch ökonomisch von einer modernen Gesellschaft. Aber tatsächlich weigern sich einige Strömungen der Wirtschaftswissenschaften, das einzusehen (dazu in den folgenden Kapiteln mehr).

Zweitens lehrt ein Blick auf die Medizin: Auch dort gibt es Diagnosen und Therapien, die längst verlassen sind (z. B. der Aderlass, der heute nur noch bei einigen seltenen Erkrankungen angewendet wird), aber andere Dinge sind seit der Antike gleich geblieben, z. B. die Forderung an den Arzt, immer das Ganze im Blick zu

1.2 Grundprobleme der Wirtschaftswissenschaften ...

haben und den Patienten mit Empathie zu behandeln. Ähnlich gibt es auch in der Ökonomie Themen, die seit 4000 Jahren aktuell sind (z. B. Gerechtigkeitsfragen), während andere sich erst später entwickeln konnten (eine Theorie der kapitalistischen Wirtschaft setzt voraus, dass es überhaupt so etwas wie „Kapitalismus" gibt!). Insofern gibt es durchaus Fragen, für deren Klärung eine historische Betrachtung nützlich ist.

Problem 4: Unklare Struktur der Wirtschaftswissenschaften
Das *vierte* Grundproblem besteht darin, dass man ohne Definition auch nicht zu einer allgemein akzeptierten Struktur der Wirtschaftswissenschaften kommt. Die Medizin ist relativ klar in eine Reihe von Fächern aufgeteilt: Innere Medizin, Gynäkologie, Augenheilkunde usf. Dies benötigte man auch in den Wirtschaftswissenschaften, aber deren Fächer fügen sich nicht zu einem Gesamtbild zusammen und sprechen sich sogar bisweilen gegenseitig die Zugehörigkeit ab (dem entspräche in der Medizin, dass ein Internist behauptet, ein Gynäkologe sei kein richtiger Arzt).

Bücher zur „Geschichte der Wirtschaftswissenschaften" behelfen sich daher manchmal, indem sie nicht ökonomische Fächer beschreiben, sondern die Lebensläufe und Werke bedeutender Ökonomen skizzieren. Das kann nützlich sein, aber nicht als alleinige Vorgehensweise. Insbesondere für ein Lehrbuch ist es eher ungeeignet. Ökonomen schreiben meist über mehrere Themen, daher ergibt sich eine Matrix wie in Tab. 1.1.

Zum Lernen ist es einfacher, die Inhalte nach Themen zusammenzufassen als nach Autoren, weil man sonst immer wieder von Thema zu Thema springt.

Daher sollen im Folgenden die „Fächer" der Ökonomie beschrieben werden, die ich auch als „Paradigmen" bezeichne. Ich trenne dabei nicht primär in Betriebs- und Volkswirtschaftslehre, weil diese Trennung international nicht sehr verbreitet ist und in Deutschland eher historische Gründe hat. Ebenfalls verwende ich nicht die Trennung in „allgemeine" und „spezielle Betriebswirtschaftslehre".

Tab. 1.1 Ökonomen und ihre Themen

	Thema 1	Thema 2	Thema 3	usw.
Ökonom 1	X	Y	Z	...
Ökonom 2	usw.			
Ökonom 3				
usw.				

Problem 5: Die Komplexität menschlichen Handelns
Das *fünfte* **Grundproblem** und ein weiterer der Gründe für die Mannigfaltigkeit wirtschaftswissenschaftlicher Ansätze liegt darin, dass sich Wirtschaftswissenschaften (auch) mit menschlichem Handeln befassen. Das ist aber der wohl komplexeste Gegenstand dieser Galaxie und daher schwieriger zu untersuchen als die Funktionsweise eines Muskels, eines Moleküls o. Ä.

Problem 6: Anfälligkeit für Ideologien
Das *sechste* **Grundproblem** besteht schließlich darin, dass Theorien über „richtiges" wirtschaftliches Handeln häufig in der Gefahr stehen, ideologisch missbraucht zu werden (man denke z. B. an die Frage, ob höhere Löhne volkswirtschaftlich „vertretbar" sind). Dadurch sind die Wirtschaftswissenschaften anfällig für interessengetriebene Desinformation.

1.3 Paradigmen der Wirtschaftswissenschaften

Insgesamt verwendet dieses Buch als Lösungsansatz, die wichtigsten wirtschaftswissenschaftlichen Theorien inhaltlich zu sortieren. Der Vorteil davon ist, dass man nicht nur erkennen kann, wo diese Theorien zusammenhängen und wo nicht, sondern es wird vor allem auch eine widerspruchsfreie Darstellung der historischen Entwicklung dieser Theorien möglich.

In den weiteren Kapiteln werden daher wichtige wirtschaftliche Untersuchungsgegenstände und -methoden im Überblick beschrieben. Unter einem „Paradigma" wird hier ein gedankliches Muster verstanden – genauer: eine Fragestellung, die ein bestimmtes wirtschaftliches Thema untersucht und häufig mit einer bestimmten Untersuchungsmethode verbunden ist. Abb. 1.1 zeigt diese Paradigmen im historischen Überblick.

Ein Beispiel: In einer ca. 4000 Jahre alten ägyptischen Schrift mit dem Titel *Der weise Ptahhotep* heißt es:

> **Zitat**
> „Wenn du jemand in leitender Stellung bist, der für viele zu sorgen hat, dann bemühe dich um lauter Vortrefflichkeit, so daß dein Verhalten ohne Tadel ist. Groß ist die Gerechtigkeit, dauernd und wirksam! Sie ist nicht verwirrt worden seit der Zeit des Osiris, und man bestraft den, der

1.3 Paradigmen der Wirtschaftswissenschaften

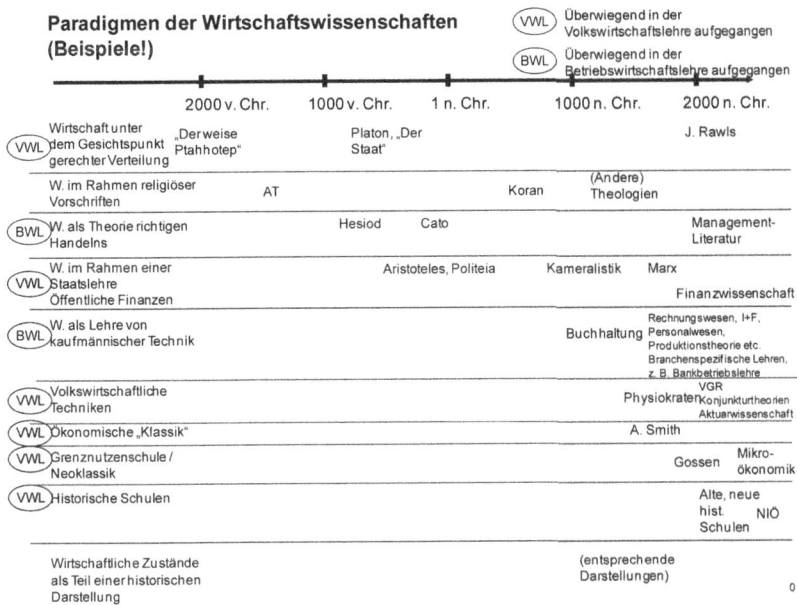

Abb. 1.1 Paradigmen der Wirtschaftswissenschaften (Schema mit Einzelbeispielen)

(ihre) Gesetze mißachtet. Der Habgierige betrachtet das (zwar) nicht, und Gemeinheit rafft Schätze zusammen, (aber) nie ist das Unrecht ‚gelandet' und hat überdauert. Ist das Ende da, bleibt nur das Recht. ... Unterdrücke die Menschen nicht, (denn) Gott straft mit gleichem." (Zit. nach Hornung 1996)

Es handelt sich um den ältesten mir bekannten Text, der sich mit „Wirtschaft" befasst. Offensichtlich geht es darin um „Gerechtigkeit", aber auch um religiöse Vorschriften und um „richtiges" Handeln (oder, wenn man mag: Managen).

Am Ende dieses Kapitels sind einige Worte der Vorsicht erforderlich: Vollständigkeit oder objektive Auswahl der Beispiele sind weder möglich noch angestrebt. Wenn die Darstellung einigermaßen anschaulich bleiben soll, ist eine gewisse Willkür kaum zu vermeiden; andere Autoren kommen zu anderen, ebenfalls berechtigten Einteilungen (Schefold 2009, S. 9 ff.). Auch ist zu berücksichtigen, dass die Paradigmen überlappen: Eine bestimmte Theorie kann z. B. mehreren

Paradigmen angehören. Die Darstellung unterscheidet zunächst nicht zwischen „wissenschaftlichen" und „nicht wissenschaftlichen" Autoren, weil sonst die älteren Ansätze nicht angemessen dargestellt werden könnten; sie sind aber wichtig, um die Entstehung des wirtschaftswissenschaftlichen Denkens zu verstehen.

Literatur

Bofinger, P.: Grundzüge der Volkswirtschaftslehre: Eine Einführung in die Wissenschaft von Märkten. Pearson, München (2010)
Hedtke, R.: Wirtschaftssoziologie. UVK, Konstanz/München (2014)
Helmstädter, E.: Die Geschichte der Nationalökonomie als Geschichte ihres Fortschritts. In: Issing, O. (Hrsg.) Geschichte der Nationalökonomie. Vahlen, München (2002)
Hornung, E.: Altägyptische Dichtung. Reclam, Stuttgart (1996)
Kant, I.: Prolegomena zu einer jeden künftigen Metaphysik, die als Wissenschaft wird auftreten können. Reclam, Stuttgart (1989) (Original 1783)
Kornmeier, M.: Wissenschaftstheorie und wissenschaftliches Arbeiten. Physica, Heidelberg (2007)
Nordhaus, W. D., Samuelson, P. A.: Volkswirtschaftslehre, mi-Wirtschaftsbuch, Landsberg am Lech (2010)
Poser, H.: Wissenschaftstheorie. Reclam, Stuttgart (2012)
Richter, G.: Oikonomia. de Gruyter, Berlin (2005)
Schefold, B.: Geschichte der Wirtschaftstheorie und Wirtschaftsgeschichte: Einleitung. In: Pierenkemper, T. (Hrsg.) Jahrbuch für Wirtschaftsgeschichte 2009/1. Akademie-Verlag, Berlin (2009)
Schneider, D.: Allgemeine Betriebswirtschaftslehre. Oldenbourg, München (1987)
Storbeck, O.: Ökonomenstreit: Kölner Volkswirte bleiben hart. Handelsblatt. **8**, 7 (2009)
Thielscher, C. (Hrsg.): Medizinökonomie. Band 1: Das System der medizinischen Versorgung. Gabler, Wiesbaden (2012)
Weber, M.: Die „Objektivität" sozialwissenschaftlicher und sozialpolitischer Erkenntnis. In: Sukale, M. (Hrsg.) Max Weber. Schriften zur Wissenschaftslehre. Reclam, Stuttgart, (1991)
Winkel, H.: Gustav von Schmoller. In: Starbatty, J. (Hrsg.) Klassiker des ökonomischen Denkens. Nikol, Hamburg (2008)
Wöhe, G.: Einführung in die Allgemeine Betriebswirtschaftslehre. Vahlen, München (2010)
Woll, A.: Volkswirtschaftslehre. Vahlen, München (2007)

Wirtschaft, Gerechtigkeit und Ethik 2

▶ Wie im ersten Kapitel gesehen, beziehen sich die ältesten Schriftzeugnisse zu wirtschaftlichen Themen auf die Verteilung von Gütern, insbesondere auf ihre gerechte Verteilung. In diesem Kapitel werden die Fragen von Wirtschaft, Gerechtigkeit und Ethik näher untersucht. Dazu wird

- zunächst die Frage besprochen, ob „Gerechtigkeit" überhaupt ein Thema der Wirtschaftswissenschaften ist,
- dann der Begriff der „Gerechtigkeit" definiert und in seinem Zusammenhang mit „Wirtschaft" skizziert,
- anschließend das Thema vergrößert, d. h. die Gerechtigkeit zur „Ethik" erweitert, um
- zuletzt das aktuelle Verständnis von „Wirtschaftsethik" und verwandter Begriffe, z. B. „Corporate Social Responsibility", zu besprechen.

2.1 Ist Gerechtigkeit Bestandteil der Wirtschaftswissenschaft?

Da es bei der Wirtschaft (auch) um die Produktion und Allokation (Verteilung) von Gütern geht, und da diese Verteilung häufig schreiend ungerecht ist – man denke nur an Millionen Kinder, die jedes Jahr verhungern, weil ihre Eltern kein Einkommen und damit keinen Zugang zu Lebensmitteln haben –, scheint es auf den ersten Blick so, als seien Gerechtigkeitsfragen selbstverständlich Gegenstand der Wirtschaftswissenschaften. Ganz so einfach ist aber doch nicht.

Für den Hauptstrom der Volkswirtschaftslehre, die Neoklassik, existiert „Gerechtigkeit" nicht. Friedrich von Hayek, der berühmte Wirtschaftsnobelpreisträger[1], nennt soziale Gerechtigkeit einen „Aberglauben":

> **Zitat**
> „Aber die nahezu allgemeine Verbreitung eines Glaubens beweist nicht, daß er gültig oder auch nur sinnvoll ist, so wenig wie der allgemeine Glaube an Hexen oder Gespenster die Gültigkeit dieser Begriffe bewiesen hat. Womit wir es im Falle der ‚sozialen Gerechtigkeit' zu tun haben, ist einfach ein quasi-religiöser Aberglaube von der Art, daß wir ihn respektvoll in Frieden lassen sollten, solange er lediglich seine Anhänger glücklich macht, den wir aber bekämpfen müssen, wenn er zum Vorwand wird, gegen andere Menschen Zwang anzuwenden. Und der vorherrschende Glaube an ‚soziale Gerechtigkeit' ist gegenwärtig wahrscheinlich die schwerste Bedrohung der meisten anderen Werte einer freien Zivilisation." (v. Hayek 1981)

Und der amerikanische Ökonom und Nobelpreisträger Robert E. Lucas meint, es sei nicht nur sinnlos, sondern sogar *gefährlich*, sich mit Gerechtigkeitsfragen zu beschäftigen, denn Verteilungsthemen könnten davon ablenken, die Produktion zu steigern:

> **Zitat**
> „Von den Tendenzen, die für eine gesunde ökonomische Theorie am gefährlichsten sind, ist die verführerischste und meiner Meinung nach giftigste diejenige, auf Verteilungsfragen zu fokussieren. In genau dieser Minute wird ein Kind in eine amerikanische Familie hineingeboren, und ein anderes Kind, das von Gott gleichermaßen geschätzt wird, wird in eine Familie in Indien hineingeboren. Die Ressourcen aller Art, die diesem neuen Amerikaner zur Verfügung stehen, werden in der Größenordnung des 15-fachen der Ressourcen liegen, die seinem indischen Bruder zur Verfügung stehen. Dies scheint uns ein furchtbares Unrecht zu sein, das direkte Korrekturmaßnahmen rechtfertigt, und vielleicht können und sollten einige Maßnahmen

---

[1] Genau genommen gibt es keinen Nobelpreis für Wirtschaftswissenschaften, sondern den von der Schwedischen Reichsbank gestifteten Alfred-Nobel-Gedächtnispreis für Wirtschaftswissenschaften, der zeitglich mit den eigentlichen Nobelpreisen verliehen wird.

2.1 Ist Gerechtigkeit Bestandteil der Wirtschaftswissenschaft?

> dieser Art ergriffen werden. Aber von der enormen Zunahme des Wohlstands von Hunderten von Millionen Menschen, die sich im Verlauf der industriellen Revolution in den letzten 200 Jahren ereignet hat, kann praktisch keine auf die direkte Umverteilung der Ressourcen von reich auf arm zurückgeführt werden. Das Potenzial, das Leben armer Menschen zu verbessern, indem verschiedene Wege zur Verteilung der aktuellen Produktion gefunden werden, ist nichts im Vergleich zu dem scheinbar grenzenlosen Potenzial, die Produktion zu steigern." (Lucas 2003)

Etwas vereinfacht liegt das an den neoklassischen Annahmen über Märkte und Homines oeconomicos, die weder Neid noch Altruismus kennen (und die in Kap. 8 ausführlicher erklärt werden): Im vollkommenen Markt gibt es keine Eintritts- oder Austrittsbarrieren. Jeder kann jede Leistung anbieten. Wenn eine Putzfrau mit ihrem Einkommen unzufrieden ist, kann sie morgen als Mittelstürmerin beim FC Barcelona anheuern. Dadurch ist auch die Konkurrenz aller Marktteilnehmer vollkommen: Wenn jemand zu viel Einkommen (Vermögen, Ansehen, …) hat, wird er sofort von den anderen Marktteilnehmern niederkonkurriert, bis sein Gehalt exakt seinem Arbeitsleid entspricht. Wie ich noch zeigen werde, kann in einem solchen Markt tatsächlich keine Ungerechtigkeit entstehen.

Nichtneoklassiker verweisen darauf, dass Märkte häufig nicht vollkommen sind und daher nicht unbedingt gerechte Zustände erzeugen. Für sie existieren also Fragen der Gerechtigkeit. Aber es ist nicht ganz einfach, ihr Verhältnis zur Wirtschaftswissenschaft zu bestimmen.

Ich hatte oben als Definition vorgeschlagen, dass Wirtschaftswissenschaften sich mit der finanziellen Bewertung von Gegenständen und Prozessen und ihrer Optimierung beschäftigen. Dann gehört die Frage nach gerechter Güterverteilung dazu, aber die Definition der Gerechtigkeit als solcher kommt (auch) von außerhalb. Es ist so ähnlich wie beim Controlling in einem Chemieunternehmen: Der Ökonom (hier: der Controller) muss verstehen, wie die Stoffströme fließen, und er muss sie monetär bewerten, aber der „Chemie" als solcher widmen sich (auch) die Chemiker.

2.2 Der Begriff der „Gerechtigkeit" im Hinblick auf wirtschaftliches Handeln

Merkwürdig, aber wahr: Bis vor Kurzem gab es nicht nur keine allgemein akzeptierte Definition von „Gerechtigkeit", sondern auch keinen Ordnungsrahmen, in dem verschiedene Gerechtigkeitsdefinitionen verortet werden können. Stattdessen wurden Theorien nach ihren Autoren sortiert und ziemlich unverbunden nebeneinandergestellt (so auch noch in der ersten Auflage dieses Buches).

An anderer Stelle (Thielscher 2022) habe ich mit naturwissenschaftlichen Methoden sowohl einen belastbaren Gerechtigkeitsbegriff entwickelt als auch einen Ordnungsrahmen für Theorien. Beides ist für ökonomische Analysen sehr nützlich, weshalb ich hier eine kurze Zusammenfassung biete.

Der Begriff der „Gerechtigkeit"
Kann man sagen, was „gerecht" ist? Nicht nur neoklassische Ökonomen, sondern auch Philosophen bestreiten das.

Ein typischer Vertreter der Tradition, der zufolge man nicht sagen könne, was „Gerechtigkeit" genau bedeute, ist Chaim Perelmann (1912–1984), ein unter Gerechtigkeitsphilosophen bekannter Autor. Er schrieb, dass man zwar Kriterien der formalen Gerechtigkeit definieren könne (darunter versteht er unparteiliche Rechtsprechung, also „Rechtmäßigkeit"), dass man aber nicht inhaltlich angeben könne, was „gerecht" ist, weil die Werte, die die Basis der jeweiligen Gerechtigkeitsvorstellung bilden, willkürlich seien (Perelmann 1967):

> **Zitat**
> „In einem normativen System ... bestimmen die allgemeinen Prinzipien [der Moral] nicht das, was ist, sondern was sein soll. Sie setzen den allgemeinen Wert fest, aus dem sich Normen, Imperative und Gebote ableiten lassen. Dieser Wert hat nun weder in der Logik noch in der Realität eine Basis. Da sich die Behauptung dieses Wertes weder aus einer logischen Notwendigkeit, noch aus einer erfahrungsmäßigen Universalität ergibt, ist der Wert weder allgemein noch notwendig. Er ist logisch und erfahrungsgemäß willkürlich."

Der Wert, aus dem sich spezifische (Gerechtigkeits-)Normen ergeben, ist also nach Perelmann „willkürlich". Er fährt fort:

2.2 Der Begriff der „Gerechtigkeit" im Hinblick …

> **Zitat**
> „Da er willkürlich, also unsicher ist, unterscheidet der Wert sich von der Realität … Unsere Anstrengung, Regeln so zu rechtfertigen, daß die Willkür so weit als möglich aus ihnen eliminiert wird, muß vor einem ungerechtfertigten Prinzip, einem willkürlichen Wert haltmachen … Jedes Gerechtigkeitssystem stellt nur die Entfaltung eines oder mehrerer Werte dar, deren willkürlicher Charakter sich aus deren Wesen selbst ergibt. Wir verstehen nun auch, daß es nicht nur ein einziges Gerechtigkeitssystem geben kann, sondern daß es ebensoviele Gerechtigkeitssysteme geben muß, wie es verschiedene Werte gibt. Wird also eine Regel von jemandem, der eine andere Formel der konkreten Gerechtigkeit und damit eine andere Einteilung der Wesenskategorien vertritt, als ungerecht betrachtet, so kann folglich nur der zwischen den Verfechtern der verschiedenen Formeln der Gerechtigkeit bestehende Antagonismus zur Kenntnis genommen werden. Jeder von ihnen stellt einen anderen Wert in den Vordergrund. Bei der Vielzahl der Werte, ihrer Gegensätzlichkeit und ihrer Willkürlichkeit ist die rationale Erörterung allein nicht in der Lage, zugunsten eines der Gegner zu entscheiden, da eine Übereinstimmung in den Prinzipien, die als Ausgangspunkt für die Erörterung dienen könnten, nicht gegeben ist."

Sind also alle Vorstellungen von Gerechtigkeit gleich gut, weil sie ohnehin beliebig sind? Ist es demnach aussichtslos, etwas Präzises über den Inhalt von „Gerechtigkeit" zu sagen? Ist z. B. eine Gerechtigkeitsvorstellung, bei der Menschen einer bestimmten Hautfarbe zur Sklaverei geboren sind, genauso gerecht wie jede andere? Ist „Gerechtigkeit" nichts als ein Gefühl, das sich einer rationalen Analyse entzieht? Haben die Verhungernden einfach Pech gehabt, und an ihrem Schicksal kann man leider nichts ändern?

Eine besonders wichtige Ausprägung dieses Gedankens, die in der Literatur häufig auftritt, betrifft das Verhältnis von Gerechtigkeit und Gleichheit: Ist es gerecht, immer alle gleich zu behandeln? Beim Strafrecht scheint das so zu sein; beim Steuerrecht aber nicht. Gibt es also unterschiedliche Gerechtigkeiten? (Graf v. Meldeghem 1988).

Während Perelmann offen lässt, ob es vielleicht irgendwann gelingt, „Gerechtigkeit" präzise zu beschreiben, bedauert Hans Kelsen (1881–1973), der als einer der bedeutendsten Rechtswissenschaftler des 20. Jahrhunderts gilt, ebenfalls, dass man den Begriff nicht inhaltlich füllen kann, hält das Thema aber für abgeschlossen:

> **Zitat**
> „Keine andere Frage ist so leidenschaftlich erörtert, für keine andere Frage so viel kostbares Blut, so viel bittere Tränen vergossen worden, über keine andere Frage haben die erlauchtesten Geister – von Platon bis Kant – so tief gegrübelt. Und doch ist diese Frage heute so unbeantwortet wie je. Vielleicht, weil es eine jener Fragen ist, für die die resignierte Weisheit gilt, dass der Mensch nie eine endgültige Antwort finden, sondern nur suchen kann, besser zu fragen." (Kelsen 2016)

Sehr alt ist die Vermutung, dass Gerechtigkeit „unnatürlich" ist. Sie wird schon von Kallikles vertreten, einem Gesprächspartner Sokrates' – im Dialog „Gorgias":

> **Zitat**
> „Denn nach der Natur ist alles häßlicher, was auch schlechter ist, nämlich das Unrechtleiden, nach dem Gesetz aber das Unrechttun. Denn das Unrechtleiden ist nicht der eines Mannes würdige Zustand, sondern eines Sklaven, für den der Tod besser ist als das Leben, weil er nicht imstande ist, wenn er beleidigt oder gemißhandelt wird, sich selbst zu helfen oder sonst jemandem, den er gern hat. Die Gesetzgeber aber sind, denke ich, die schwächlichen Menschen und die große Masse! In Rücksicht auf sich und ihren eigenen Vorteil geben sie die Gesetze, sprechen sie Lob und Tadel aus. Sie wollen die stärkeren Menschen, welche die Kraft haben, sich Vorteil anzumaßen, einschüchtern, damit sie es nicht ihnen gegenüber tun, und sagen deshalb, es sei häßlich und ungerecht, sich Vorteile anzumaßen, und das versteht man unter Unrechttun, sich Vorteile vor dem andern anzumaßen suchen. Denn sie sind, denke ich, zufrieden, weil sie schwächer sind, wenn sie nur den gleichen Teil behalten. Daher also wird dies durch das Gesetz als ungerecht und häßlich bezeichnet: das Streben, mehr zu haben als die meisten; und dieses nennt man Unrechttun. Die Natur selbst aber beweist, daß es gerecht ist, daß der Stärkere mehr habe als der Schwächere und der Fähige mehr als der Unfähige. Unter vielen anderen Beweisen hierfür zeigt sie unter den Tieren überhaupt und unter den Menschen in ganzen Staaten und Geschlechtern; daß das anerkanntes Recht ist, daß der Stärkere über den Schwächeren herrsche und mehr habe als jener. Denn mit welchem Rechte ist denn Xerxes gegen Hellas zu Feld gezogen? Oder sein Vater gegen die Skythen? Oder tausend andere Tatsachen der Art könnte

2.2 Der Begriff der „Gerechtigkeit" im Hinblick ...

man anführen. Aber ich denke, diese handeln nach der Natur und, beim Zeus, nach dem Gesetz der Natur, freilich nicht nach dem, das wir willkürlich aufstellen. Die Besten und Stärksten aus unserer Mitte nehmen wir von Jugend an her und suchen sie wie Löwen durch Sprüche und Zaubermittel untertänig zu machen und sagen ihnen, Gleichberechtigung müsse sein, und darin bestehe das Schöne und Gerechte. Wenn aber, glaube ich, ein Mann kommt mit einer hinreichend starken Natur, der schüttelt das alles ab, durchbricht die Fesseln mit Erfolg, tritt unsere Satzungen, Zaubersprüche und Formeln und alle die widernatürlichen Gesetze zu Boden, und er, der unser Sklave war, tritt offen als unser Herr auf, und da zeigt sich das Recht der Natur in glänzendem Lichte ...

O gewiß, mein Sokrates. Wie könnte denn ein Mensch glücklich werden, wenn er irgend jemandes Sklave ist? Nein, das ist das Schöne und Rechte von Natur, das ich dir jetzt frei und offen bekenne, daß derjenige, welcher richtig leben will, seine eigenen Begierden so groß als möglich werden lassen muß, ohne sie im Zaum zu halten; wenn sie aber recht groß sind, dann muß er imstande sein, ihnen zu fröhnen durch Tapferkeit und Einsicht und die Begierde zu befriedigen, worauf sie sich auch jedesmal richten mag. Aber das können, denke ich, die meisten nicht. Daher tadeln sie Männer dieser Art aus Ärger, um ihre eigene Ohnmacht zu verbergen, und bezeichnen die Zügellosigkeit als häßlich. Was ich in meiner früheren Auseinandersetzung sagte, sie knechten die von Natur besseren Menschen, und weil sie ihren Lüsten keine Befriedigung schaffen können, so loben sie die Besonnenheit und Gerechtigkeit um ihrer eigenen Feigheit willen. Denn was wäre für diejenigen, welche etwa von vornherein so glücklich sind, Königssöhne zu sein, oder die imstande sind, sich eine Herrschaft, Tyrannis oder einen Königsthron zu verschaffen, in Wahrheit häßlicher und schlimmer als deine Besonnenheit? Während sie ja alles Gute genießen könnten, ohne daß ihnen jemand in den Weg träte, würden sie sich selbst das Gesetz, Gerede und Geschimpfe der Masse zum Herrn erküren? Oder würden sie nicht unglücklich geworden sein von der Ehre der Gerechtigkeit und Besonnenheit, wenn sie ihren eigenen Freunden nicht mehr zuteilen könnten als ihren Feinden, und zwar als Herrscher im eigenen Staate? Nun, Sokrates, so steht's in der Wahrheit, der du ja nachzutrachten behauptest. Wohlleben, Zügellosigkeit, Freiheit, wenn sie festen Rückhalt hat, das ist die Tugend und Glückseligkeit. Das andere all ist Flitterstaat, widernatürliche Satzungen, menschlicher Aberwitz und taugt nichts." (Platon um 390 v. Chr.)

In ihrem sehr guten Buch zur Philosophie der Gerechtigkeit beschreiben Horn und Scarano vier Hauptprobleme, die eine Gerechtigkeitstheorie lösen muss (und die bisher ungelöst waren):

Zitat
„Was ist nun im eigentlichen Sinn gerecht oder ungerecht? Sind es Personen, deren Handlungen, Institutionen, abstrakte Verteilungstheorien, Verteilungsprozeduren, Verteilungsresultate oder Verteilungszustände? In der Theoriegeschichte von Gerechtigkeit wurden dazu äußerst unterschiedliche Auffassungen vertreten. Während viele ältere Theorien, angelehnt an Platon, zu personalistischen Auffassungen neigen, scheint der Schwerpunkt der modernen Debatten bei den institutionalistischen Ansätzen zu liegen. Vielleicht ist es sinnvoll, das Problem, an welchem Phänomen sich Gerechtigkeit vorrangig festmachen läßt, als *Frage nach dem Primärobjekt von Gerechtigkeit* zu bezeichnen. Umfassende Gerechtigkeitstheorien versuchen, ausgehend von dem von ihnen gewählten Primärobjekt, auch die aus ihrer Sicht sekundären Aspekte in die Theorie zu integrieren. Es gibt jedoch auch Ansätze, die sich ganz bewußt auf den Teilbereich der politischen Gerechtigkeit beschränken, um dadurch innerhalb pluralistischer Gesellschaften als eine geteilte Basis für öffentliche Argumentationen dienen zu können (vgl. zu einer solche Auffassung insbesondere Rawls ...).

Gerechtigkeitstheorien können die unterschiedlichste Gestalt annehmen, und je nach Theoriestruktur werden verschiedene Themen im Mittelpunkt stehen. Drei zentrale Fragestellungen verdienen jedoch besonders hervorgehoben zu werden. Die *erste* läßt sich als *Dissensproblem* bezeichnen. Dieses betrifft den Umgang mit den in der Gesellschaft und zwischen den Kulturen beobachtbaren Differenzen in bezug auf Gerechtigkeitsfragen. Lassen sich die auf den ersten Blick sehr unterschiedlichen Gerechtigkeitsvorstellungen unter einen einheitlichen Begriff bringen oder sogar auf ein Prinzip zurückführen? Oder sind sie in ihrer Vielfalt nicht weiter analysierbar und systematisierbar? Mit dieser Frage ist zugleich das Problem einer angemessenen Methode für normative Gerechtigkeitstheorien angesprochen.

Das Problem, um das es bei der *zweiten* Fragestellung geht, könnte als *Positivitätsproblem* bezeichnet werden. Es bezieht sich auf den Zusammenhang zwischen der normativen Idee der Gerechtigkeit und den existierenden gesellschaftlichen Institutionen, vor allem den bestehenden Rechtsordnungen. In der älteren Debatte wurde besonders die Frage diskutiert, ob Gerechtigkeit einen normativen und damit systemtranszendenten Aspekt darstellt oder ob sie durch eine bestehende Rechtsordnung erst generiert wird. Eine modernere Variante dieses Problems wird in der Auseinandersetzung mit dem Rechtspositivismus kontrovers erörtert: Läßt sich das existierende Recht überhaupt als Recht erkennen, ohne dabei normative Begriffe in Anspruch zu nehmen? Oder muß die positive Rechtsordnung nicht vielmehr normativ neutral beschrieben werden, um sie auf argumentativ nachvollziehbare Weise an den Ansprüchen der Gerechtigkeit messen zu können?

Die *dritte* Frage betrifft das *Egalitarismusproblem*, in dem es um den Zusammenhang zwischen Gerechtigkeit und Gleichheit geht. Muß man Gerechtigkeit im Sinn eines strikten Egalitarismus oder aber im Sinn einer adressatenrelativen Ungleichverteilung verstehen?

Einerseits läßt sich die Auffassung stark machen, unsere Grundintuition in Sachen Gerechtigkeit sei eine egalitaristische: und zwar entweder im Sinn eines distributiven Egalitarismus, bei dem die jeweiligen Güter gleich verteilt werden, oder im Sinn eines Verfahrensegalitarismus, der eine gleiche und faire Regelanwendung vorsieht, oder im Sinn eines Ergebnisegalitarismus, bei dem bestehende Ungleichheiten nivelliert oder kompensiert werden. Andererseits scheint es attraktiv, einen personenbezogenen Inegalitarismus zu vertreten, der stärker auf die individuellen Voraussetzungen und die soziokulturellen Kontexte der Verteilungsadressaten achtet." (Horn und Scarano 2002)

Allerdings wurden bei der Diskussion bisher naturwissenschaftliche (!) Erkenntnisse nicht ausreichend berücksichtigt oder waren noch nicht verfügbar. Nimmt man sie hinzu, kann man sehr wohl nachweisen, dass es eine inhaltlich ziemlich präzise definierbare Gerechtigkeit gibt (ausführlich dazu Thielscher 2022, dort sind auch die naturwissenschaftlichen Grundlagen – z. B. die Hirnanatomie – erklärt). Besonders bildgebende medizinische Verfahren sind für unseren Zweck sehr hilfreich. Dazu gibt man Probanden Gerechtigkeitsaufgaben und beobachtet gleichzeitig die Hirnaktivität. Die vielleicht bekannteste Studie dieser Art erschien 2008 (Hsu et al. 2008), inzwischen gibt es eine ganze Reihe solcher Untersuchungen. Im Kern kommt dabei heraus, dass sich bei Gerechtigkeitsfragen sehr zuverlässig Aktivitäten in der Insula, der Amygdala und im sogenannten präfrontalen Cortex nachweisen lassen, und zwar bei allen gesunden Menschen. Diese Hirnteile sind an der Verarbeitung von Gefühlen beteiligt. Es gibt also ein anatomisches Substrat für Gerechtigkeitsempfindungen – man könnte auch sagen: Gerechtigkeit ist im menschlichen Gehirn fest verdrahtet –, und es handelt sich dabei nicht um bloßes Nachdenken oder beliebige Ideen.

Das heißt: Kallikles und von Hayek haben schlicht unrecht, wenn sie behaupten, das Gerechtigkeitsempfinden sei bloß eingebildet oder ein Aberglaube.

Dazu passt, dass dieses Gerechtigkeitsempfinden schon sehr früh in der kindlichen Entwicklung auftritt. Bereits im Alter von 12 Monaten reagieren Kinder auf ungleiche Verteilungen. Bei einem dieser Experimente wurden Kindern im Alter von 6, 9, 12 und 15 Monaten Filme gezeigt, in denen eine Person Kekse an andere Personen verteilte; danach sahen die Kinder das Ergebnis der Verteilung auf zwei weiteren Bildschirmen: auf einem Bildschirm gleich, auf dem anderen ungleich. Während sehr junge Kinder (9 Monate alt oder jünger) beide Bildschirme gleich lange betrachteten, blickten die 12- bis 15-monatigen Kinder länger auf die ungleiche Verteilung. Dieser Effekt verstärkte sich bei Kindern, die in einem weiteren Test mehr Hilfsbereitschaft gezeigt hatten (sie hatten einem Experimentator ihr Spielzeug geliehen).

Man kann auch zeigen, dass 14 Monate alte Kinder spontan hilfsbereit sind – etwa, wenn sie einem Erwachsenen helfen, einen verlorenen Gegenstand wiederzufinden (Warneken und Tomasello 2007). 3-jährige Kinder reagieren angemessen auf Vertragsbrüche. Wenn ihr Spielpartner ohne Grund das gemeinsame Vorhaben sabotiert, beschimpfen sie ihn und sind selbst emotional stark engagiert. Ist der Spielpartner bloß unfähig, reagieren sie weniger heftig und versuchen eher, das Vorhaben zu erklären. Zerbricht der Spielapparat, schimpfen sie auf diesen (und nicht auf den Spielpartner; Kachel et al. 2018).

Im Alter von 5 Jahren geben Kinder Armen mehr Ressourcen als Reichen. Man stellte dazu Kindern Sticker zur Verfügung, die sie auf einen „armen" Teddy (dessen Stickerbuch leer war) und einen „reichen" Teddy verteilen konnten. Während die 3-Jährigen die Sticker noch gleichmäßig auf die Teddys verteilten, bevorzugten die 5-Jährigen den armen (Paulus 2014).

2.2 Der Begriff der „Gerechtigkeit" im Hinblick ...

Ein sehr interessantes Experiment zeigte, wie 3- und 5-jährige Kinder mit verschiedenen Formen von Ungerechtigkeit umgehen. Dazu wurde entweder dem Kind selbst oder einer Puppe von einer anderen Puppe ein Keks weggenommen. Variiert wurde außerdem der Grund: In je einem Fall wurde der Keks gestohlen, von einer vierten Person unfair umverteilt, auf einen leeren Platz gelegt oder nach vorheriger Frage erlaubterweise weggenommen.

Zum Beispiel befand sich im „Diebes"-Versuch ein Keks vor Puppe 1 auf einem Tisch, der sich im Uhrzeigersinn drehen lässt. Puppe 2 drehte den Tisch, sodass der Keks nun vor ihr lag. Das Kind hatte die Wahl, den Tisch ein weiteres Mal zu drehen, sodass der gestohlene Keks im „Cave" verschwand, dessen Inhalt für alle unerreichbar war.

In der Mehrzahl der Fälle machten schon die 3-Jährigen davon Gebrauch, deutlich seltener aber im Fall einer erlaubten Wegnahme. 5-Jährige unterschieden außerdem danach, ob der Keks vom Dieb selbst gestohlen oder von einem Vierten weitergereicht worden war.

Keinen Unterschied hingegen machte es, ob das Kind selbst oder eine Puppe unfair behandelt worden war.

Zusätzlich wurde in einem weiteren Teilversuch geprüft, ob die Kinder, wenn sie wählen können, den Keks in den „Cave" manövrieren oder dem Opfer (das Kind selbst bzw. die Puppe) zurückgeben. Ganz überwiegend wurde die Option „zurückgeben" gewählt. Die Forscher schließen daraus, dass das Verhalten der Kinder tatsächlich vor allem vom Mitleid mit dem Opfer (und nicht primär vom Wunsch, den Täter zu bestrafen) getrieben ist.

Etwa ab dem 8. Lebensjahr lehnen Kinder Verteilungen ab, die *sie selbst* bevorzugen, weil sie sie ungerecht finden (McAuliffe et al. 2017).

Insgesamt fangen Kinder bereits mit etwas über einem Jahr an, Verteilungsgerechtigkeit zu bemerken. Spätestens mit 3 Jahren wirken sie ungerechtem Handeln entgegen, und zwar auch dann, wenn sie selbst nicht betroffen sind. 5-Jährige helfen Bedürftigen, und 8-Jährige wollen nicht ohne Grund besser behandelt werden als andere.

Auch bei sozial lebenden Tieren kann man etwas feststellen, das unserem Gerechtigkeitsempfinden sehr nahekommt. Ein inzwischen klassisches Experiment stammt von Brosnan und de Waal (2003). Kapuzineraffenweibchen wurden darauf trainiert, dass sie dem Experimentator einen Stein reichten und dafür ein Stück Gurke bekamen. (Es wurden nur Weibchen ausgewählt, weil sich Weibchen und Männchen unterschiedlich verhalten und daher der Effekt besser messbar ist, wenn man nur ein Geschlecht untersucht.)

Die Äffchen sind damit auch einverstanden; d. h. tauscht man einige Male hintereinander Stein gegen Gurke, sind sie mit dieser „Bezahlung" ganz zufrieden.

Wenn aber ein anderer Affe für seinen Stein ein Stück Traube erhält – Kapuzineräffchen finden Trauben wertvoller als Gurken –, brechen sie in etwa der Hälfte der untersuchten Fälle die Zusammenarbeit ab.

Es lohnt sich, Videos von diesem Versuch anzusehen (einfach in einer Suchmaschine „de Waal Kapuzineraffe Gerechtigkeit" eingeben).

Die Autoren nennen ihren Artikel „monkeys reject unequal pay", etwa: „Affen schlagen eine ungleiche Bezahlung aus". Folgt man ihnen, dann ist die Vorstellung, dass gleiche Arbeit mit gleichem Lohn vergütet werden soll, schon bei Primaten nachweisbar. Genau gesagt kommentieren sie (Brosnan und de Waal 2003):

> **Zitat**
> „Es ist unwahrscheinlich, dass die Abneigung gegen Ungleichheit bei Menschen ganz von Neuem entstand. Wir sehen in der Evolution eine Reihe von Vorläufern dieser Abneigung gegen Ungleichheit (selbst wenn sie zunächst zu Nachteilen führt): Erstens ist dies die Fähigkeit, zu erkennen, dass Aufwand und Belohnung unter Individuen ungleich sind. Zweitens die Neigung zur Reaktion, wenn jemand anders mehr bekommt. Und drittens die Bereitschaft, die Belohnung des anderen zu beeinflussen, selbst wenn man dafür etwas hergeben muss."

Inwieweit Tiere darüber hinaus eine Art spontaner Hilfsbereitschaft zeigen können, in dem Sinne, dass sie anderen Tieren, die in Not sind, helfen, ist schwer zu sagen – noch weniger lässt sich bestimmen, was sie dazu treibt (man kann kaum mit Tieren über ihr Verhalten reden). In der Literatur findet man immerhin Einzelfälle, die in diese Richtung gehen (Bekoff und Pierce 2017).

Deutlicher ist, dass Tiere sich merken, wenn sie hereingelegt werden. Die Kooperationsbereitschaft von Kolkraben wurde mit der folgenden Apparatur untersucht (Massen et al. 2015):

Auf einem Holzbrett lagen zwei Stückchen Käse, etwa 70 cm vom Käfig entfernt. Wenn zwei Raben gleichzeitig an der Schnur zogen, konnten sie das Brettchen zu sich heranziehen und den Käse erreichen. Zog nur ein Rabe, rutschte die Schnur wirkungslos durch die Ösen. Hin und wieder kam es vor, dass ein Rabe beide Stückchen Käse fraß. Die Autoren der Studie konnten nachweisen, dass der Partner des „Betrügers" daraufhin seltener kooperierte, und wenn, sich dabei weniger anstrengte.

Die Bevorzugung gleicher Vergütung bei gleicher Leistung, die Abneigung gegen Betrüger und die Bereitschaft zur Kooperation sind demnach bei einer Reihe von sozial lebenden Tieren nachgewiesen worden. Tiere sind sogar bereit, auf eine Belohnung zu verzichten, wenn sie merken, dass andere Tiere für die gleiche Leistung besser bezahlt werden. Dieses Verhalten scheint in der Evolution sehr früh angelegt zu sein. Das passt gut zu dem Befund, dass gerechtigkeitsbezogenes Verhalten bei Menschen fest verdrahtet ist.

Menschliches Verhalten baut darauf auf, erschöpft sich aber nicht darin.

Insgesamt beruht „Gerechtigkeit" auf genau drei Prinzipien:

- Gleicher Lohn für gleiche Leistung (bzw. gleiche Strafe für gleiche Tat).
- Ist jemand in Not, muss man helfen.
- Verträge müssen eingehalten werden.

Damit lassen sich auch Horns Fragen beantworten:

Primär ist das Gerechtigkeitsempfinden; es richtet sich auf konkrete Handlungen und Ergebnisse, die es beurteilt. Da konfliktäre Verteilungen häufig sind, gibt es auch viele „gerechte" bzw. „ungerechte" Vorgänge und Gegenstände (von der Einkommensteuer über das Strafrecht bis zum Fußballergebnis). Selbstverständlich kann es Sinn machen, gesellschaftliche Strukturen daraufhin zu prüfen, ob sie gerechte Verteilungen fördern oder nicht (etwa: ob der Welthandel Güter gerecht verteilt). Aber die Grundlage der Gerechtigkeit ist das Empfinden, wie es sich im Primatenhirn abbildet.

Das Dissensproblem entsteht bei genauem Hinsehen nicht aus dem Konzept der Gerechtigkeit, sondern i) aus unterschiedlichen Deutungen der Umwelt, ii) Wahrnehmungsfehlern, iii) Unehrlichkeit und iv) unterschiedlicher Gewichtung der drei Anspruchsgrundlagen.

Der erste Fall tritt z. B. auf, wenn Teile der Umwelt unterschiedlich verstanden werden, z. B. die Mitmenschen. „Du sollst nicht ohne Grund anderen Menschen das Leben nehmen" ist eine Gerechtigkeitsregel, über die anthropologisch kein Dissens besteht. Wenn aber beispielsweise aufgrund von Notwehr oder fehlerhafter Wahrnehmung unterschiedlicher Ethnien oder aus anderen Gründen, etwa im Krieg, Menschen zu Nichtmenschen erklärt werden und/oder ihnen das Lebensrecht abgesprochen wird, dann kann es „gerecht" sein, sie zu töten.

Das Positivitätsproblem lässt sich mit Verweis auf die natürlichen Grundlagen des Gerechtigkeitsempfindens lösen: Wie gesehen, gibt es sogar ein anatomisches Substrat für die Gerechtigkeit. Es ist schlicht falsch, die Existenz der Gerechtigkeit zu bezweifeln.

Bleibt das Egalitarismusproblem: warum ist es manchmal gerecht, alle gleich zu behandeln, und manchmal ungerecht? Weil die Leistung, der Bedarf und die Verträge unterschiedlich sein können, und weil bei Bedarf gleich, bei (unterschiedlicher) Leistung ungleich behandelt werden soll. Wenn zwei Patienten denselben Blinddarmdurchbruch haben, werden sie gleich behandelt (operiert). Wer bei der Olympiade am schnellsten rennt, bekommt als einziger die Goldmedaille.

Wendet man das Ganze wieder ins Philosophische, dann ergibt sich daraus das folgende Modell. Es beschreibt Gerechtigkeit in drei Schritten:

- Zunächst wird das Verhältnis von „Moral" und „Gerechtigkeit" bestimmt;
- dann werden die Elemente besprochen, die „Gerechtigkeit" ausmachen;
- schließlich wird inhaltlich beschrieben, was „gerecht" ist.

Die Begriffe „Moral" und „Gerechtigkeit"

„Gerechtigkeit" (ebenso wie „Wahrheit") gehört zu einer Gruppe von Begriffen, die (auch) deshalb so schwer zu erfassen sind, weil sie von grundlegender Bedeutung für unser Denken, aber auch unser Zusammenleben sind. Ich verwende die in Abb. 2.1 dargestellte Logik zur Bestimmung der „Gerechtigkeit".

Geht man von der Gerechtigkeit im Schaubild nach links, so sieht man den Zusammenhang zwischen gutem Leben, Moral und Gerechtigkeit. Antike Autoren beginnen ihre Überlegungen zur Gerechtigkeit häufig beim „guten" oder „gelingenden" Leben (so z. B. Aristoteles). Das gute Leben bezieht sich einerseits auf die

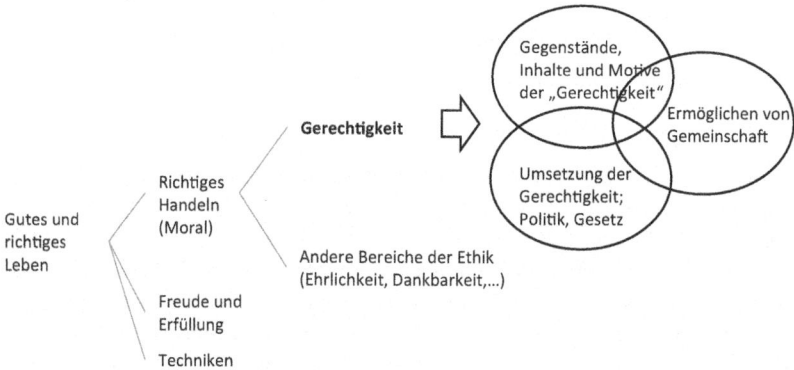

Abb. 2.1 Vom guten Leben zur Gerechtigkeit

2.2 Der Begriff der „Gerechtigkeit" im Hinblick …

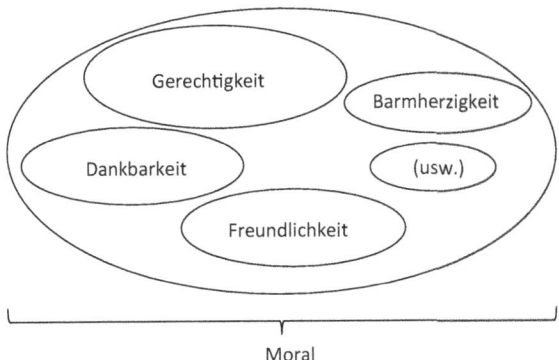

Abb. 2.2 Gerechtigkeit und Moral

richtige Interaktion mit anderen (das, was wir heute meist mit „Moral" bezeichnen – „Ethik" ist dann die Theorie der Moral), andererseits auf das eigene Erleben (Freude, Erfüllung). Hinzu kommen Techniken in allen denkbaren Teilbereichen, also Fragen der Effizienz („Wie baue ich am besten ein Haus, das gewissen Anforderungen entspricht?").

Nach der hier verwendeten Terminologie gehören auch Ehrlichkeit, Barmherzigkeit, Freundlichkeit, Dankbarkeit usw. zur Moral, aber nicht zur Gerechtigkeit (Abb. 2.2). (Das wird im alten Ägypten und im Alten Testament anders gesehen – und das liefert einen anderen, ebenfalls vertretbaren Gerechtigkeitsbegriff: Dort nämlich sind „Moral" und „Gerechtigkeit" weitgehend identisch. Erst mit Aristoteles, dem ich insoweit folge, treten die beiden Begriffe auseinander.)

Barmherzigkeit beispielsweise, zweifellos auch Thema der Moral, kann geradezu in einen Konflikt mit Gerechtigkeit kommen, wie es der Ausdruck „Gnade vor Recht ergehen lassen" sehr schön zeigt – der Richter kann demnach entweder „gerecht" oder „barmherzig" sein, z. B. die eigentlich angemessene Strafe nicht verhängen.

Der Unterschied besteht darin, dass „Gerechtigkeit" sich nur auf Situationen bezieht, in denen jemand einen Anspruch auf etwas hat und deswegen etwas erhält (oder eine Schuld hat und dafür eine Strafe bekommt), während Moral auch andere Situationen umfasst. Zum Beispiel gilt die Anforderung, ehrlich zu sein, immer, unabhängig davon, ob gerade etwas verteilt wird.

Man könnte darüber streiten, ob nicht auch die anderen Moralbegriffe sich auf Verteilungsfragen beziehen. So wird bei der Ehrlichkeit auch etwas zugeteilt, nämlich „wahre Aussagen". Es gibt aber eine Reihe an Unterschieden. Zum Beispiel funktioniert Ehrlichkeit ohne Empfänger: Eine ehrliche Aussage bleibt auch dann ehrlich, wenn sie niemand hört. Weiters hat Gerechtigkeit im Gegensatz zur Ehrlichkeit gleich auf zweierlei Weise mit „Macht" zu tun: Erstens gibt es jemanden, der die Macht hat, etwas zu verteilen; zweitens erhält der Empfänger etwas, das seine Lebensmöglichkeiten (ebenfalls „Macht") erweitert – bei Gütern – oder einschränkt – bei Strafen.

Die Unterscheidung zwischen Moral und Gerechtigkeit taucht in der Literatur öfters als „Gerechtigkeit im engeren Sinn" und „im weiteren Sinne" auf: „Im engeren Sinne" meint dann die Inhalte der Gerechtigkeit, also vor allem Fragen der gerechten Verteilung von Gütern, Respekt, Strafen usw. Im weiteren Sinn bedeutet Gerechtigkeit das, was die Gemeinschaft erhält mitsamt den dafür eingesetzten politischen und rechtlichen Mitteln.

Rechts von der Gerechtigkeit (Abb. 2.1) sind die wichtigsten – überlappenden – Aspekte bezeichnet, unter denen man Gerechtigkeit betrachten kann. Es handelt sich um Betrachtungsweisen, nicht um Bestandteile, daher sind sie nicht als Zweige des Gerechtigkeitsbegriffs gezeichnet.

Die Gegenstände, Inhalte und Motive der „Gerechtigkeit" beschreiben, auf welche Gegenstände sie sich bezieht und was gerechtes Handeln ausmacht; das sind z. B. Regeln des gerechten Handelns. Sehr viele Dinge können Gegenstand der Gerechtigkeit sein, z. B. Menschen, ihr Charakter, ihre Handlungen und Meinungen, Regeln und Gesetze, Ordnungen, abstrakte Theorien (z. B. die Theorie, dass „Weiße" mehr haben sollen als „Farbige"), Verteilungsmechanismen, Tauschverhältnisse, Resultate (z. B. von Wettbewerben) bis hin zur Verteilung natürlicher Wertstoffvorkommen. Auch kann man Fragen der Gerechtigkeit danach unterteilen, in welchem Umfeld sie zu untersuchen sind, etwa: Fragen der Politik, der Ökonomie, der Soziologie, der Rechtspflege, der Geschlechter, Generationen, Minderheiten, Globalisierung usw.

Es ist schwer, Gemeinschaft zu erhalten ohne Gerechtigkeit. Wer sich ungerecht behandelt fühlt, wird auch für die Gemeinschaft, die ihm Unrecht antut, wenig Sympathie empfinden. Man kann daher Gerechtigkeit auch verstehen als das, was Gemeinschaft überhaupt erst ermöglicht.

Schließlich gibt es die Frage, wie Gerechtigkeit umgesetzt wird – das betrifft Recht, Gesetz und Politik: Gibt es Gesetze (Verteilungen, Theorien, …), die von Natur aus gerecht sind, oder beruhen alle Gesetze allein auf Konvention bzw. Vertrag? Welche Politik ist „gerecht"?

Im Folgenden fokussiere ich auf Gegenstände, Inhalte und Motive der „Gerechtigkeit".

2.2 Der Begriff der „Gerechtigkeit" im Hinblick ...

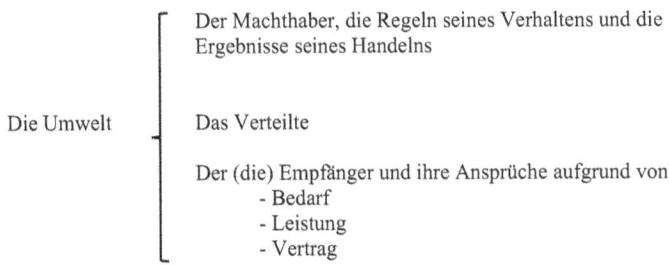

Abb. 2.3 Gerechtigkeitsmodell

Ein Modell mit vier Elementen

Zur genaueren Bestimmung dessen, was „Gerechtigkeit" ist, schlage ich ein Modell vor, das aus vier Elementen besteht: aus demjenigen, der etwas verteilt, dem Verteilten, den Empfängern und der Umwelt. Ich werde diese vier Elemente im Folgenden knapp beschreiben. Ich werde außerdem an einigen kurzen Bespielen zeigen, wie man Gerechtigkeitstheorien in diesen Rahmen „einsortiert" (Abb. 2.3).

1. Es gibt jemanden, der etwas verteilt:

Zunächst muss es jemanden (auch mehrere oder „etwas") geben, der bzw. das etwas zu verteilen oder zuzuteilen hat und der über die Verteilung entscheiden kann. Dieser „Jemand" kann eine Person – ein König, ein (Schieds-)Richter, ein Beamter –, aber auch ein Abstraktum sein, z. B. ein Gesetz, eine Vorschrift, das Schicksal oder Gott. Tatsächlich zielt der Begriff der „Gerechtigkeit" darauf, dass diese Entscheidungsmacht richtig angewendet wird. Diese Macht („Macht" hier im sehr weiten Sinne verstanden) kann verteilt sein, z. B. wenn ein Gremium entscheidet oder wenn zwei Parteien aus freien Stücken einen Vertrag schließen.

Der Machthaber (Richter, König, das Schicksal, …) *entscheidet* darüber, was er an wen verteilt bzw. wie verteilt wird (bei einem Gesetz). Die „Macht", etwas zu verteilen, ist für den Begriff der Gerechtigkeit sehr wichtig. Wer nur etwas überbringt (also im Auftrag eines anderen verteilt), handelt weder gerecht noch ungerecht.

„Gerechtigkeit" setzt also immer die Fähigkeit voraus, etwas verteilen zu können. Denn „gerecht" kann nur handeln, wer etwas zu entscheiden hat und dabei anderen etwas zuteilt oder wegnimmt. Daraus folgt: Gerechtigkeit setzt Macht voraus. Wer keine Macht hat – nichts zu verteilen hat –, *kann* nicht gerecht sein. (Außerdem gilt auch: Ohne Macht kann man keine Gerechtigkeit durchsetzen, z. B. dem Schwächeren gegen den Stärkeren zu seinem Recht verhelfen; das ist aber eher ein Problem der Umsetzung.)

Dass Gerechtigkeit und Macht irgendwie zusammenhängen, wurde immer schon gesehen. Verkannt wurde aber, dass geradezu gilt: Gerechtigkeit ist ein Maß für die richtige Anwendung von Macht bzw. für das Ergebnis dieser Anwendung gegenüber Abhängigen. Anders formuliert: Gerechtigkeit ist die Moral der Verteilung. Ohne Macht auszuüben, kann man richtig handeln, man kann auch gerechtfertigt sein, aber eben nicht „gerecht"; wer bei „Grün" über die Straße geht, handelt richtig, aber nicht gerecht. Das Wort „gerecht" bezeichnet einen Spezialfall des „moralisch guten" Handelns und der daraus resultierenden Resultate – nämlich dasjenige gute Handeln, das sich auf die Verteilung oder Zumessung von etwas (Gütern, Strafen, Spielergebnissen usw.) durch einen Machthaber bezieht, und die Ergebnisse dieser Handlung. – Das klingt langweilig, ist aber für die Lösung der Frage, was „gerecht" ist, *sehr* wichtig.

Ein paar Beispiele mögen dies weiter erläutern. Ein Vater, der seinen Kindern Taschengeld gibt, kann gerecht oder ungerecht handeln (Letzteres ist z. B. der Fall, wenn er ohne Grund eines der Kinder bevorzugt). Die Kinder können sich hingegen ihm gegenüber richtig (z. B. dankbar) verhalten, aber nicht gerecht.

Das ändert sich, wenn der Vater alt und pflegebedürftig wird, also die Macht auf die Kinder übergeht: Dann können die Kinder ihm gegenüber ungerecht handeln, z. B. ihn in ein billiges und schlechtes Heim abschieben.

Kreon (der König) kann über Antigone ein gerechtes Urteil sprechen, aber nicht umgekehrt. Wenn Kreon hingegen einen anderen, gleichrangigen König zum Symposion einlädt, kann er richtig handeln (z. B. den richtigen Wein anbieten), aber nicht gerecht. Erlangt er aber Macht über den ehemals Gleichrangigen, weil dieser z. B. als Gast von ihm abhängt, kann er wieder „gerecht" oder „ungerecht" handeln, etwa, indem er ihn als Abhängigen zu einem ungerechten Abkommen nötigt.

Ein Sonderfall ist der Vertrag. Dabei muss man zwei Fälle unterscheiden:

- Wenn eine Partei die andere dominiert (Kreon seinen Gast zu einem unfairen Vertrag drängen kann), hat sie ein Übergewicht an „Macht". Ein solcher Vertrag kann leicht ungerecht ausfallen.
- Wenn beide ungenötigt und freiwillig etwas tauschen, haben sie „Macht" nur über das, was sie beim Vertrag abgeben. Ein solcher Vertrag wird, wenn sich keiner der beiden übervorteilen lässt, meist „gerecht" sein; Letzteres entspricht der neoklassischen Welt, in der alle ohne Druck freiwillig und voll informiert agieren und jeder mit jedem konkurrieren kann. In der Realität kommt dies aktuell am ehesten in westlichen Märkten für billige Konsumgüter (Salz, Brötchen,

Getränke usw.) vor, in denen sich tatsächlich kaum jemand ungerecht behandelt fühlt (wenn man von der Herstellung dieser Güter absieht).

Der Mächtige muss selbst eine Wahl haben. „Gerecht" handelt er, wenn diese Wahl richtig ist. Es ist ungerecht, wenn der König seine Untergebenen ausplündert und ihr Geld in rauschenden Festen verjubelt; denn er hätte anders handeln können, z. B. die Feste weniger aufwendig gestalten. Der Zusammenhang zwischen Wahlfreiheit und Anwendbarkeit des Wortes „gerecht" wird in Grenzfällen deutlich: Ist es ungerecht, etwas Ungerechtes zu tun, wenn man selbst dazu gezwungen wird – handelte der DDR-Grenzschützer „ungerecht", wenn er den Befehl auszuführen hatte, auf einen Flüchtling zu schießen?

„Macht" ist hier freilich in einem sehr weiten Sinne zu verstehen. Sie kann aus formaler Macht bestehen (wie bei dem Schiedsrichter, der einen Strafstoß gibt), aber auch aus einem Informationsvorsprung (wenn etwa ein Kind ein anderes übervorteilt, weil jenes nicht weiß, was seine seltene Briefmarke wert ist) oder aus der Ungleichheit der Mittelverteilung (wenn ein reicher Unternehmer seinen Arbeitern ungerechte Löhne zahlt, weil sie im Gegensatz zu ihm auf die Arbeit angewiesen sind). Alles, was dazu befähigt, anderen etwas zuzuteilen oder wegzunehmen, ist insofern „Macht". Auch ein „Urteil", das bloß Richtigkeit oder Fehler feststellt und jemandem zuschreibt, kann „gerecht" oder „ungerecht" sein, selbst wenn es zunächst keine weiteren (rechtlichen) Konsequenzen hat: „Sei deiner Mutter gegenüber nicht ungerecht, sie konnte nicht anders." Auch ein Dieb handelt ungerecht, weil er die Macht hat, jemanden zu bestehlen. Schließlich kann die „Macht" bloße Verfügungsgewalt sein, z. B. beim Vertrag.

Der Begriff des „Mächtigen" kann ganz unterschiedliche Personen (Könige, Vorgesetzte, Richter u. v. a.) meinen, aber auch historische Entwicklungen, Strukturen oder das Schicksal als solches. Beispiele sind Aussagen der Form: „Es ist ungerecht, dass in bestimmten Regionen der Welt gehungert wird, die durch geschichtliche Entwicklungen, insbesondere den Kolonialismus, benachteiligt sind." Oder: „Es ist ungerecht, dass das Schicksal mir immer wieder übel mitspielt."

Zum „Machthaber" gehören Regeln, nach denen er entscheidet, Strukturen, in denen er handelt, und Ergebnisse seines Handelns. Auch diese Regeln, Strukturen und Ergebnisse können „gerecht" oder „ungerecht" sein. Eine Gesetzgebung, die Sklaverei zulässt, ist ebenso ungerecht wie die dazugehörige Struktur des Zusammenlebens (etwa, wenn US-amerikanischen Farbigen das Bürgerrecht verwehrt wurde).

Die Regeln, nach denen der Machthaber handelt, können seine eigenen oder von außen vorgegebene Regeln sein. Wenn er dabei zwar gerecht handelt, aber nicht aus eigener Motivation, sondern nur aus Angst vor Strafe, dann ist die Regel, nach der er handelt, gerecht, aber sein eigenes Motiv nicht.

Die „Macht" kann in solchen Fällen verteilt sein oder ganz auf die jeweiligen Strukturen übergehen, etwa, wenn in einer Sklavenhaltergesellschaft der Richter einen entlaufenen Sklaven verurteilt, und zwar entsprechend den gerade gültigen Gesetzen; der Richter urteilt dann ungerecht – wenn das Gesetz ihm keine Wahl lässt, ist es selbst ungerecht.

Ein spezieller Fall entsteht, wenn der Machthaber in eigener Sache entscheidet, denn daraus resultiert eine schier unerschöpfliche Quelle furchtbarer Ungerechtigkeiten, z. B. im Falle von Königen oder Diktatoren, die ganze Völker für ihre persönlichen Interessen missbrauchen oder in Kriege hetzen. Auch staatliche oder privatwirtschaftliche Monopole können höchst ungerechte Güterverteilungen durchsetzen.

Eine Reihe von Gerechtigkeitstheorien kann man in diesen Bereich „einsortieren", denn viele Philosophen haben sich für die Frage interessiert, wie man Regeln konstruieren kann, anhand derer sich das richtige Handeln des Mächtigen beurteilen lässt. Dazu gehört etwa die antike Vorstellung, jedem das Seine zu geben, die auf Platon zurückgeführt wird. Nach Aristoteles ist nun das Gerechte das Gleiche, also ein Mittleres zwischen zwei Ungleichheiten (bei Letzteren erhält entweder Person A oder B zu viel).

Dieses Gleiche wird im Fall des Öffentlichen „geometrisch" proportional bestimmt, sodass derjenige, dem mehr zusteht (z. B. aufgrund seiner Würde), mehr erhält; im Privaten hingegen ist das Maß „arithmetisch" – denn es ist gleich, ob ein guter oder ein schlechter Mensch einen Ehebruch begeht – die Strafe ist die gleiche. Kants kategorischer Imperativ (der als Regel des „Guten" die Gerechtigkeit umfasst) gehört ebenso hierher wie die Fairnessregeln, die Rawls entwickelt hat.

Anarchistische Theorien interessieren sich dafür, warum es überhaupt Macht gibt und wie man sie, falls man sie nicht benötigt und sie schädlich wirkt, überwinden kann. Hobbes argumentiert, dass die Funktion des „Leviathan" darin besteht, den Kampf aller gegen alle zu beenden; es ergeben sich dann Fragen der Art, wie man „Macht" kontrolliert, also politische Themen. Soziologen können z. B. untersuchen, wie Macht in Unternehmen funktioniert (etwa: Webers Untersuchung bürokratischer Organisationen).

Das führt weiter zur Arbeits- und Organisationspsychologie, der Untersuchung von Führungsstilen und Hierarchien usf. Nicht alle diese Untersuchungen befassen sich auf reflektierte Weise mit Gerechtigkeitsfragen; aber *jede* Untersuchung von Macht kann auch unter dem Gesichtspunkt der Gerechtigkeit gelesen werden.

Hier erkennt man eine wesentliche Einsicht aus dem Gerechtigkeitsmodell: Das Standardmodell der neoklassischen Ökonomie, der vollkommene Markt, kennt

2.2 Der Begriff der „Gerechtigkeit" im Hinblick ...

keine „Macht" – jeder handelt freiwillig, und jeder kann überall konkurrieren. Die Neoklassik *kann* daher keine Gerechtigkeitsüberlegungen anstellen, die über den freiwilligen Tausch hinausgehen. Daraus folgt weiterhin, dass sie sich in einer Welt bewegt, die auch keine Gerechtigkeit *braucht*.

2. Das Verteilte:

„Gerechtigkeit" bezieht sich auf etwas, das verteilt wird.

Schon Aristoteles wies darauf hin, dass und wie verschiedene Dinge verteilt werden können – Güter, Ämter, Strafen, aber auch Ehre usw. Mit der Produktion von Gütern (nicht: Strafen) befassen sich utilitaristische Theorien und die ihnen nahestehenden neoklassisch-ökonomischen Analysen, z. B. in Form der Paretoregel („Handle so, dass du niemanden besser stellen kannst, ohne einen anderen schlechter zu stellen") oder der Wohlfahrtstheorie. (Es wird hier auch deutlich, warum deontologische und utilitaristische Gerechtigkeitstheorien so schlecht miteinander korrespondieren: Sie interessieren sich primär für unterschiedliche Modellbereiche.)

M. Walzer hat versucht, verschiedene Sphären der Gerechtigkeit zu unterscheiden, die sich auf je spezifische Güter beziehen (z. B. Bildung, Nahrungsmittel usw.) und die je eigene Verteilungsmechanismen erfordern (Markt, Zuteilung nach Leistung bzw. politischer Entscheidung u. a.). Es sind aber nicht die Güter, die über die richtige Verteilungsweise entscheiden, sondern der Anspruch des Empfängers: Derselbe Hubschrauber, auf dessen unentgeltliche Zurverfügungstellung man im Falle einer Rettungsmaßnahme einen Anspruch hat, wird für Urlaubsflüge über den Markt vermittelt (s. u.).

Schließlich können auch Möglichkeiten (A. Sen nennt sie „Capabilities") und Anerkennung bzw. Respekt verteilt werden.

3. Der oder die Empfänger:

Empfänger können sich gerecht oder ungerecht behandelt fühlen und sind daher ebenfalls für das Modell elementar wichtig. Häufig sind Theorien, die sich auf die Frage beziehen, ob und, falls ja, welche Dinge Empfängern zustehen (ob es also gerecht ist, sie ihnen zu geben).

Die Grundregel lautet: Gleiches soll gleich behandelt werden und Ungleiches ungleich. Insoweit besteht (falls der Begriff der Gerechtigkeit überhaupt akzeptiert wird) Einigkeit in der Literatur. Die Frage ist nur, wann etwas gleich bzw. ungleich ist.

Die Lösung liegt in drei Anspruchsgründen der Empfänger, die sich in genau drei Bereiche einteilen lassen und die darüber entscheiden, was „gleich" ist: Bedarf, Leistung und Vertrag. Sie haben deswegen eine besondere Bedeutung, weil sie – immer zusammen mit anderen Einflussfaktoren wie dem gesellschaftlichen Umfeld – die jeweils angemessene Allokations *form* bestimmen.

Es gibt Lebensbereiche, in denen der *Bedarf* darüber entscheidet, was dem Empfänger zusteht. Das betrifft z. B. die Versorgung von Kindern oder Kranken. Der Bedarf eines Säuglings wird durch eine „politisch-soziologische Einrichtung" (in der Regel eine Familie, bei deren Fehlen eine Ersatzfamilie oder Waisenhaus) ohne Gegenleistung befriedigt; kaum jemand käme auf die Idee, dass ein Säugling seine Bedarfsgegenstände auf dem Markt erwerben sollte. Auch die Gesundheitsversorgung erfolgt in Europa nach Bedarf, nicht nach Leistung oder Vertrag: Jeder Patient bekommt das, was er braucht – nicht das, was er zahlen kann oder will. Und alle (Kassen-)Patienten bekommen das Gleiche.

In entwickelten Ländern gehört nicht nur das nackte Leben zum Bedarf, sondern auch ein Minimum an Respekt, Teilhabe sowie die Chance auf Selbstentwicklung und ein einigermaßen sinnvolles Leben. Daher ist J. Robertson (1989) zuzustimmen, wenn er fordert, eine gerechte Gesellschaftsstruktur solle Menschen „enablen": „The 21st-century economy must be systematically enabling. Instead of systematically creating and extending dependency, it must systematically foster self-reliance and the capacity for self-development." Damit nimmt er eine Idee der Aufklärung auf (Kants „sapere aude" – „Habe Mut, dich deines eigenen Verstandes zu bedienen").

In anderen Lebensbereichen – namentlich Bildung, Sport und Strafrecht – entscheidet die *Leistung* als Anspruchsgrund über Gleichheit oder Ungleichheit. Nur der Erste beim Wettbewerb erhält die Goldmedaille. Bedarf ist hier ganz gleichgültig. Auch wäre es ungerecht, wenn jemand eine Medaille kaufen könnte. Ebenso wenig kann jemand reklamieren, dass er einen Bedarf hat, ein bestimmtes Zeugnis zu erhalten, oder einen staatlich anerkannten Abschluss kaufen. Beim Strafrecht ist die „Leistung" eine Tat und wird als solche bestraft.

Bei der Leistung als Maßstab für Gleichheit kann ein Problem der Leistungsmessung auftreten, und zwar dann, wenn Aufwand und Ergebnis einer Leistung auseinanderfallen. Solange der Läufer, der am härtesten trainiert hat, auch als Erster ins Ziel kommt, ist alles in Ordnung. Ungerecht kann es werden, wenn zufällige Ereignisse das Ergebnis beeinflussen, z. B. einer der Läufer durch bessere Schuhe im Vorteil ist. – Dabei liegt der Schwerpunkt der Leistungsgerechtigkeit auf dem Einsatz des Handelnden, weniger auf seinem Resultat. Viele Menschen fänden es gerecht, wenn Sportlerinnen und Sportler, die gleich hart trainieren, auch ungefähr die gleiche Vergütung erhielten, selbst dann, wenn der männliche Athlet bessere Ergebnisse erzielt.

2.2 Der Begriff der „Gerechtigkeit" im Hinblick ...

Analog ist es im Strafrecht: Iustitia sollte eigentlich blind sein. Empirisch geht es vor Gericht und in der Schule allerdings nicht immer gerecht zu: So werden z. B. hässliche Menschen für dieselbe Tat strenger bestraft als Gutaussehende. Intelligente Kinder erzielen bei gleicher Arbeit bessere Schulnoten usf. Entwickelte Gesellschaften bemühen sich, solche Effekte einzugrenzen, z. B. durch gezielte Förderung benachteiligter Schüler oder durch die Eröffnung von (einigermaßen) fairen Lebensperspektiven für Behinderte.

Das bedeutet: Je nach Anspruchsgrundlage und Situation kann es gerecht sein, alle gleich zu behandeln (z. B. Säuglinge) oder alle unterschiedlich (z. B. Sportler in einem Wettbewerb). Daraus folgt aber nicht, dass es nicht (eine) Gerechtigkeit gibt!

Der dritte Anspruchsgrund ist ein *Vertrag*. – Beim Vertrag ist die Sachlage insofern komplexer als in den vorgenannten Fällen, als beide Vertragschließende „Macht" haben, jedenfalls wenn beide über in etwa gleiche Mittel verfügen und der Vertrag freiwillig geschlossen wurde. Jeder neue Vertrag schafft außerdem neues Recht.

Im Falle bloßen Wollens (anstelle von Bedarf oder Leistung) werden typischerweise Marktlösungen, also Verträge, zur Verteilung von Gütern eingesetzt; in diesem Fall ist es unbedeutend, ob jemand subjektiv etwas „braucht" oder „verdient hat" oder nicht. Es ist trotzdem nicht ungerecht, wenn er es nicht bekommt, z. B. weil er es sich nicht leisten kann. Wer ein teures Auto fahren möchte und nicht bezahlen kann, bekommt es nicht; wohl aber eine teure, lebenserhaltende Behandlung, die er sich nicht leisten kann.

Zwischen Vertrag einerseits und Bedarf/Leistung andererseits besteht ein weiterer Unterschied: Während bei Bedarf bzw. Leistung Dritte über die richtige Verteilung entscheiden (ein Arzt im Falle des Patienten, ein Schiedsrichter bei Sportlern), ist es beim Vertrag den Vertragschließenden überlassen, eine „gerechte" Aufteilung zu finden (innerhalb gewisser Grenzen; Wucherverträge z. B. sind nichtig – § 138 BGB – bzw. strafbar – § 291 StGB; häufig legt die Gesellschaft Grenzen fest, z. B. bei Mindestlöhnen). Von daher ist es auch schwer für Dritte, „gerechte" Preise zu definieren, die für alle Verträge gelten.

Diesen Anspruchsgründen auf gerechte Behandlung entsprechen Regeln, nach denen der Machthaber handeln soll. Dabei ist die Grundregel, wie beschrieben, Gleiches gleich zu behandeln und Ungleiches ungleich. Den drei Anspruchsgrundlagen entsprechen dabei drei Verhaltensregeln:

Ist jemand in Not, muss man helfen (Bedarf).

Gleicher Lohn bzw. gleiche Strafe für gleiche Leistung bzw. Tat (Leistung).

Versprechen muss man halten (Vertrag).

Selbstverständlich ist die Grenze zwischen diesen Anspruchsformen umstritten: Welche Gesundheitsleistungen beispielsweise kann man einfordern, auch wenn man sie nicht bezahlen kann, und welche nicht? Eine lebensrettende Operation dürfte dazu gehören, Zahnpasta wohl nicht, aber was ist mit Zahnersatz?

Und klarerweise gibt es Lebensbereiche, in denen sich die drei Regeln mischen, z. B. bei Arbeitsverträgen: Grundsätzlich können Arbeitgeber und Arbeitnehmer frei verhandeln (Vertrag), aber extrem unfaire Verträge sind nichtig, wenn sie gegen die guten Sitten verstoßen, z. B. weil der Arbeiter von seinem Hungerlohn nicht leben kann (das verstößt gegen das Bedarfsprinzip) oder weil der Lohn sehr unfair ist gemessen an der erbrachten Arbeit (das verstößt gegen das Prinzip, gleiche Leistung gleich zu behandeln, hier: des Arbeiters und des Arbeitgebers).

Schließlich können auch der oder die Empfänger unterschiedliche Dinge umfassen – insbesondere natürlich Menschen, aber auch Tiere; viele finden es ungerecht, wenn Säugetieren für die Entwicklung von Kosmetika Schmerzen zugefügt werden.

Häufig sind Gerechtigkeitstheorien, die sich auf die Frage beziehen, ob und, falls ja, welche Dinge Empfängern zustehen (es also gerecht ist, sie ihnen zu geben). Kant (u. a. in seiner *Grundlegung zur Metaphysik der Sitten*) trennt zwischen Subjekten, die Würde haben (und daher keinen Marktwert) und Objekten, bei denen es umgekehrt ist. Aus der Würde leiten sich Ansprüche ab, z. B. auf Leben oder Gesundheit, Anerkennung, „Sinn" usw.

In manchen Spielarten utilitaristischer Theorien wird die Trennung zwischen Würde und Wert aufgehoben. Bentham z. B. nimmt an, dass der Gesamtnutzen der Gesellschaft maximiert werden soll und dass dieser aus der Summe der Nutzen der Gesellschaftsmitglieder besteht (in seiner *Introduction to the Principles of Morals and Legislation*). – Ist es „gerecht", einen Menschen zu töten, um fünf andere zu retten? Dahinter steckt die Frage, ob man Leben gegeneinander aufrechnen kann (so die utilitaristische Annahme) oder nicht (kantianisch). Solche Konflikte wurden zuletzt insbesondere unter dem Namen des „Trolleyproblems" oder des „Fat man" (Edmonds 2017) diskutiert und spielen bei selbstfahrenden Automobilen eine gewisse Rolle (s. u.).

4. Das Umfeld:

Schon ohne das weitere Umfeld spielen, wie oben beschrieben, für die Frage der „Gerechtigkeit" eine ganze Reihe von Faktoren eine Rolle – Entscheidungsregeln, Gegenstände der Verteilung, Allokationsverfahren, Ansprüche der Empfänger usw. Weiter kompliziert wird die Frage dadurch, dass auch das soziotechnische

Umfeld mit seinen Strukturen mitentscheidet. In einer reichen Gesellschaft wird ein anderes Taschengeld gerecht sein als in einer armen. Schon antiken Autoren fiel auf, dass verschiedene Gesellschaften unterschiedliche Gerechtigkeitsvorstellungen entwickelten.

Durch die Vielzahl an verschiedenen Faktoren und Intuitionen, die darüber mitbestimmen, was „gerecht" ist, fällt es geradezu schwer, „sicher gerechte" Handlungen zu finden. Das gelingt noch am ehesten in Situationen, in denen es klare Vorschriften gibt (z. B. bei Entscheidungen eines Schiedsrichters in hochformalisierten Regelsystemen wie dem Schachspiel). Im Alltag erscheint dies oft schwierig bis unmöglich: Ist es gerecht, einem fünf- und einem siebenjährigen Kind Weihnachtsgeschenke im gleichen Wert zu schenken? (Wohl ja.) Ist es auch gerecht, ihnen das gleiche Taschengeld zu geben? (Wohl nein.) Man kann in diesen Fällen nur Korridore angeben („2–5 Euro pro Woche").

Soweit ich sehe, ist der Zusammenhang zwischen soziologischen, technischen und anderen Faktoren und der jeweiligen Gerechtigkeitskonzeption einer Gesellschaft bisher ungenügend erforscht.

Ein wichtiges Thema der „Umwelt" betrifft die Frage, wer zum Anwendungsbereich der Gerechtigkeit gehört. In der Antike war es selbstverständlich, dass man „Fremde", insbesondere Kriegsgefangene und deren Angehörige, versklaven durfte. Der neuzeitliche Nationalismus hat furchtbare Opfer gefordert. Zwar sind grundsätzlich Menschen in der Lage, andere Menschen für wertlos zu erklären (so, wie man auch das innere Gerechtigkeitsgefühl unterdrücken kann), aber spätestens seit Ende des Zweiten Weltkriegs setzt sich in internationalen Rechtssystemen zunehmend durch, dass Menschen über Menschenwürde verfügen, die unverlierbar ist und ihnen Grundrechte garantiert. Man kann den Begriff der Menschenwürde (Baldus 2016) sogar so deuten, dass sie den Umstand bezeichnet, dass jeder Mensch immer Subjekt von Gerechtigkeitsüberlegungen ist (Kants Selbstzweckformel: „dass du die Menschheit sowohl in deiner Person, als in der Person eines jeden anderen jederzeit zugleich als Zweck, niemals bloß als Mittel brauchst"). Gerechtigkeit ist so gesehen universal und kann nicht auf bestimmte Menschengruppen eingeschränkt werden. – Theorien zur „Umwelt" gibt es so viele, dass ich darauf verzichte, einzelne davon zu nennen.

2.3 Ethik und wirtschaftliches Handeln

Während sich das Gerechtigkeitsproblem lösen lässt, gilt das für die allgemeine Ethik (noch) nicht.

Moralische Fragen unterscheiden sich von anderen Themen nicht zuletzt dadurch, wie sie sich „anfühlen"; die persönliche Beteiligung ist in der Regel höher, wenn man über Schwangerschaftsabbrüche diskutiert, als wenn es um Sonderangebote im nächsten Discounter geht. Sehr anschaulich erläutert das das folgende Zitat:

Zitat
„Folgende Eigenschaften scheinen für eine erste, vorläufige und deskriptive Bestimmung dessen, was wir unter Moral verstehen (sollten), wesentlich zu sein:

a. Zunächst kommen als Gegenstände moralischer Bewertung Personen und ihre bewußten Handlungsmotive, ihre absichtlichen, freiwilligen und zu verantwortenden Handlungen sowie die absehbaren Handlungsfolgen in Frage, nicht aber den Akteuren unbewußte Motivlagen, unabsichtliche oder erzwungene Handlungen sowie nicht absehbare Handlungsfolgen.
b. Allgemein läßt sich die Funktion der Moral in der Lösung von Konflikten (etwa zwischen den Interessen verschiedener Akteure) oder Problemfällen (in denen unklar ist, wie man sich verhalten sollte) sehen.
c. Der Inhalt der Moral besteht primär in jenen Normen, die die Mitglieder der jeweiligen Moralgemeinschaft binden und die so deren Zusammenleben regeln und den Schutz ihrer wesentlichen Interessen erst ermöglichen.
d. Im Unterschied zum Recht handelt es sich bei der Moral jedoch um ein System wechselseitiger Forderungen, das als informelles Regelsystem die Koordinierung von Handlungen ermöglicht.
e. Auch die spezifische Verbindlichkeit moralischer Normen – ihre Abhängigkeit von der subjektiven Anerkennung durch die Normadressaten – unterscheidet sich von jener des Rechts, die unabhängig von der Anerkennung durch die Adressaten ist und auf äußerem Zwang beruht.
f. Die Moral geht mit einer besonderen Form des moralischen Drucks einher, der sich entweder in moralischen Vorwürfen anderer oder in moralischen Selbstvorwürfen, also im Gewissen manifestiert.
g. Die Prinzipien der Moral sind für die Akteure von besonderer Wichtigkeit; sie sind Teil ihrer Identität als moralische Akteure und damit gegenüber einem willkürlichen Wechsel immun.

2.3 Ethik und wirtschaftliches Handeln

h. Wenn wir die Richtigkeit von Meinungen und Regeln im Bereich der Moral überprüfen, beziehen wir uns dabei auf relativ abstrakte und allgemeine moralische Normen, die miteinander in einem systematischen Zusammenhang stehen.
i. Die Systematisierung der Normen sowie die Herstellung von Kohärenz in ihrer Anwendung im Rahmen moralischer Urteile kann als Überlegungsgleichgewicht verstanden werden, in dem die Deutung der konkreten Handlungssituation und ihrer Erfordernisse auf der einen und die Konkretisierung der abstrakten Normen auf der anderen Seite in einen Ausgleich gebracht werden müssen.
j. Dabei kommt dem Kriterium der Universalisierbarkeit (wie es annäherungsweise etwa auch in der ‚goldenen Regel' [Kants, d. A.] formuliert ist) besondere Wichtigkeit zu, denn die Akteure beanspruchen mit dem moralischen Urteil, daß man in einer konkreten Situation so und so handeln sollte, daß sich alle in vergleichbaren Situationen auf dieselbe Weise zu verhalten haben.
k. Zumindest die grundlegenden moralischen Normen erheben zudem den Anspruch auf unbedingte bzw. kategorische Geltung und generieren moralische Gründe, die alle anderen Erwägungen – etwa solche der Klugheit und des Eigeninteresses – übertrumpfen.
(...)

Unter den Grundfragen der Moralphilosophie (...) nehmen die folgenden drei eine herausgehobene Stellung ein:

a. Gibt es eine Rechtfertigung, die alle vernünftigen Personen davon überzeugen kann, moralisch zu sein und/oder eine bestimmte Moral als gut und richtig zu akzeptieren (die Frage nach einer möglichen Letztbegründung und das Problem des Amoralismus)?
b. Welche der verschiedenen moralphilosophischen Theorien bzw. welche Art von Moral ist die richtige? Wie kann man beweisen, daß eine Moral besser ist als andere (die Frage der Theoriewahl und das Problem des Pluralismus)?
c. Welche konkreten Normen ergeben sich aus der als richtig ermittelten Moral für den Anwendungsfall (die Frage der substantiellen Moral und das Problem der Anwendung)?

Vor diesem Hintergrund lassen sich die Aufgaben der Moralphilosophie, die die verschiedenen Ansätze auf je ihre Weise und möglicherweise auch arbeitsteilig, aber doch im Dialog miteinander zu bewältigen haben, wie folgt umreißen:

a. rekonstruktive Explikation, Klärung und Systematisierung der unserer moralischen Praxis zugrundeliegenden Überzeugungen und der zu ihrer Rechtfertigung angeführten Argumente;
b. kritische Überprüfung gängiger moralischer Überzeugungen, Regeln und Prinzipien und ihrer Rechtfertigungen anhand von Standards wie Konsistenz und Überzeugungskraft;
c. praktische Orientierung im ethischen Handeln;
d. konstruktive Rechtfertigung von Normen und Prinzipien und Suche nach Antworten auf die drei oben genannten Grundfragen." (Celikates und Gosepath 2009)

Im Kern lassen sich die wesentlichen ethischen Theorien einigermaßen präzise auf sieben Haupttypen zurückführen:

1. Tugendethiken, die das richtige Handeln im Charakter verorten (z. B. Aristoteles)
2. Deontologische Ansätze, die die richtige Absicht betonen (z. B. Kant)
3. Konsequenzialistische Theorien, die in den Folgen einer Handlung das wesentliche Kriterium der Richtigkeit des Handelns sehen. Eine Sonderform ist der bereits erwähnte Utilitarismus
4. Vertragstheorien (z. B. Hobbes)
5. Mitleidsethiken, die als Quelle ethischen Handelns das Mitgefühl betonen (z. B. Schopenhauer)
6. Diskursethiken, die die Richtigkeit des Handelns daran prüfen, ob sie in einem offenen, herrschaftsfreien Diskurs besteht (z. B. Habermas)
7. Theorien, die es ablehnen, über Moral sinnvolle Aussagen erreichen zu können

Eine Sonderform ist die Ökonomie der Ethik, die neoklassische Modelle auf die Ethik anwendet; d. h., sie unterstellt ein Homo-oeconomicus-Verhalten und versucht daraus ethisches Verhalten zu erklären. Außerhalb der ökonomischen Neoklassik ist sie auf begrenztes Echo gestoßen.

2.3 Ethik und wirtschaftliches Handeln

Diese Theorien haben durchaus Einfluss auf die wirtschaftliche Realität. Zum Beispiel werden medizinische Leistungen in England mithilfe von QALYs rationiert. QALYs sind „quality-adjusted life years", also die Verbesserung an Lebenszeit und Lebensqualität, die eine Maßnahme bringt. Kostet z. B. ein Medikament mehr als 30.000 Pfund pro QALY, wird es nicht bezahlt. QALYs zielen darauf, den Gesamtnutzen einer Gesellschaft zu optimieren, und sind ein typisch utilitaristisches Konzept. In Deutschland mit seinem naturrechtlich geprägten Grundgesetz („Die Würde des Menschen ist unantastbar") wäre ein solches Vorgehen wahrscheinlich verfassungswidrig (Kluger et al. 2020).

Je nachdem, welche dieser Theorien man vertritt, ergeben sich je unterschiedliche Anforderungen an wirtschaftliches Handeln. Zum Beispiel wird ein Tugendethiker sich fragen, wie man ethisches Verhalten bei den Handelnden beeinflussen kann, und Führungsstile, Ausbildung u. Ä. betonen. Ein Diskursethiker wird eher versuchen, eine herrschaftsfreie Diskussion über richtiges wirtschaftliches Handeln anzustoßen.

Das Trolleyproblem
In der Diskussion spielen utilitaristische und kantianische bzw. deontologische Theorien eine herausragende Rolle. Man kann ihre Resultate sehr schön am sogenannten Trolleyproblem verdeutlichen. 1967 veröffentlichte P. Foot dazu ein Gedankenexperiment (Foot 1967), das sehr wirkmächtig wurde; ähnliche Überlegungen hatte es allerdings vorher schon gegeben (Welzel 1951).

Mit dem Aufkommen selbstfahrender Autos hat das Problem erheblich an Bedeutung gewonnen, insbesondere die Frage, warum Befragte im Trolleyproblem anders entscheiden als im „Fat-man"-Fall.

Das Grundproblem lautet wie folgt (s. Abb.):

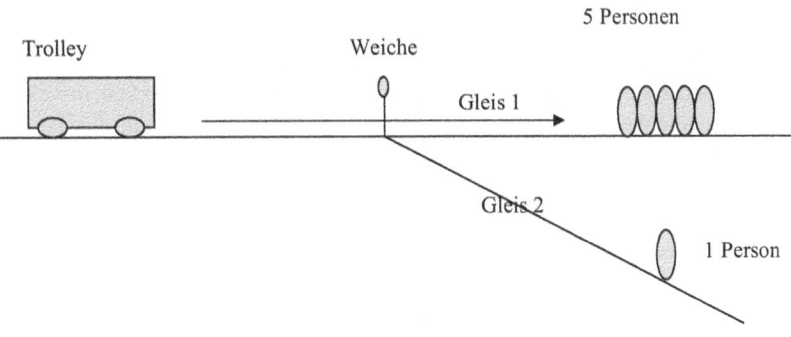

Ein unbemannter, außer Kontrolle geratener Triebwagen („Trolley") rast eine Eisenbahnstrecke entlang, auf der 5 Personen angekettet sind. Dabei wird er in Kürze eine Weiche passieren. Sie stehen neben der Weiche. Sie haben die Wahl, die Weiche umzulegen. Wenn Sie das tun, wechselt der Triebwagen auf ein anderes Gleis, an dem eine Person festgekettet ist. Legen Sie die Weiche um?

Die meisten Befragten bejahen diese Frage. – Nun kann man das Problem variieren, z. B. wie folgt:

1. Dynamitwagen. In diesem Fall gibt es nicht zwei, sondern drei Gleise. Der Triebwagen rast aktuell auf einen Waggon zu, auf dem Dynamit gelagert ist; stoßen die beiden zusammen, erfolgt eine Detonation, die sowohl fünf Personen auf dem zweiten Gleis, als auch eine Person auf dem dritten Gleis tötet. Sie haben die Wahl, die Weiche auf eines der Gleise zwei oder drei umzulegen.
2. Unklare Weiche. Wie der Originalfall („Trolley mit zwei Gleisen"), nur ist noch nicht entschieden, in welche der zwei Richtungen der Triebwagen fahren wird.
3. Fall 2 ist der Originalfall („Trolley mit zwei Gleisen").
4. Fat man. Wieder rast ein Triebwagen auf fünf Personen zu. Sie stehen auf einer Brücke. Vor Ihnen lehnt sich ein sehr dicker Mann über die Brüstung. Sie brauchen ihm nur einen kleinen Schubs zu geben und er fällt auf das Gleis, wobei er den Triebwagen blockiert, aber selbst stirbt.
5. Krankenhaus. In einem Krankenhaus werden fünf Patienten heute noch sterben, wenn sie nicht sofort ein benötigtes Organ transplantiert bekommen. Ein Patient, der soeben in der krankenhauseigenen Ambulanz wegen einer Bagatelle behandelt wurde, hat zufällig genau diese Organe. Sie als Geschäftsführer des Krankenhauses könnten ihn zu einer an sich nicht nötigen Behandlung überreden, dabei betäuben und seine Organe entnehmen, ohne dass Ihnen jemand auf die Schliche kommt.

Ein Kantianer, der dem kategorischen Imperativ folgt („Behandle jeden Menschen als Zweck, nie als Mittel") würde genau im ersten Fall („Dynamit") die Weiche umlegen und in keinem der anderen handeln. Allerdings ist nicht ganz klar, in welche Richtung er die Weiche stellt: Muss er würfeln oder darf er gegen die einzelne Person entscheiden?

Auch eine an sich naheliegende Regel der Art „Wenn alles andere gleich ist, tötet man besser einen als fünf" funktioniert nicht immer. Stellen Sie sich z. B. vor, dass ein sadistischer Polizist in einem totalitären Land Sie zur Entscheidung zwingt: Entweder Sie töten einen von fünf unschuldigen Gefangenen oder er tötet alle fünf. Hat man das Recht, vielleicht sogar die Pflicht, einen zu töten? Welchen? Es scheint, als sei der kategorische Imperativ in diesen Fällen nicht eindeutig – was auch nicht überrascht, weil Kant keine Metrik entwickeln wollte, um in jedem konkreten Dilemma zu entscheiden; vielmehr wollte er ethische Regeln identifizieren, die immer korrekt sind (unabhängig von der Situation), allerdings nur unter idealisierten Bedingungen.

Schwierig ist für ihn besonders der zweite Fall: Das Schicksal hat noch nicht entschieden, in welche Richtung der Triebwagen fährt. Darf man in diesem Fall entscheiden, dass das kleinere Übel vorzuziehen ist und die Weiche umlegen, oder macht auch das die eine Person zum bloßen Mittel?

Die Fälle drei bis fünf sind hingegen kantianisch klar: Nichts tun ist ethisch geboten.

Ein Utilitarist hingegen wird in jedem Fall handeln (die Weiche umlegen, den dicken Mann schubsen usw.), weil er zwar ein Leben opfert, aber dafür 5 rettet; sogar im Krankenhausfall ist es für ihn schwer zu erklären, warum der Arzt den unbeteiligten Patienten nicht tötet (s. Tab. 2.1).

Insgesamt werden in „Dynamitwagen" sowohl Kantianer, als auch Utilitaristen handeln; in „Krankenhaus" handeln beide nicht. Wenn man Versuchspersonen fragt, wie sie sich verhalten, erhält man ein eindeutiges Muster (Tab. 2.2, Thielscher et al. 2019): in „Dynamitwagen" handeln alle, in den folgenden Problemen werden es immer weniger, in „Krankenhaus" handelt keiner. Es scheint, als ob Menschen sowohl utilitaristische, als auch kantianische Überlegungen anstellen. In „Dynamitwagen" und „Krankenhaus" sind sich Utilitarismus und Deontologie einig (beide handeln bzw. beide handeln nicht), und entsprechend handeln die Befragten gleich (alle handeln bzw. handeln nicht). In den Fällen 2–4 sind Utilitarismus und Deontologie uneinig. Hier scheinen einige Befragten im Zweifel kantianisch, andere utilitaristisch zu handeln.

Solche Dilemmasituationen helfen, den Unterschied zwischen kantianischen Ethiken (die die Weiche nicht umlegen, da das den einzelnen Arbeiter zum Mittel zum Zweck degradiert) und utilitaristischen Ethiken (die die Weiche umlegen und den dicken Mann schubsen, weil fünf Tote schlechter sind als ein Toter) zu unterscheiden. Aber im eigentlichen Sinn „lösen" lassen sie sich nicht, erst recht nicht mit Gerechtigkeitsüberlegungen, weil „Leben" nicht von einer Person auf die andere verteilt werden kann. Das macht man sich leicht klar, wenn man sich vorstellt, dass der Triebwagen nicht Arbeiter überfährt, sondern irgendeinen Gegenstand (z. B. Koffer): dann würde man ganz leicht einen gerechten Ausgleich für den entstandenen Schaden finden.

Tab. 2.1 Übersicht zum Trolleyproblem. (Quelle: Thielscher et al. 2019)

Problem	Kurzbeschreibung	Utilitaristische Entscheidung	Kantianische Entscheidung	Empirischer Befund (%)
1. Dynamitwagon	Trolley rast auf Dynamitwagen zu und wird 5 Menschen auf Gleis 2 und einen weiteren auf Gleis drei töten. Sie können die Weiche umstellen, wodurch 5 oder einer getötet werden	Weiche umlegen	Weiche umlegen	>95
2. Unklare Weiche	Der Triebwagen wird entweder einen oder fünf töten mit jeweils 50/50-Chance. Sie haben die Wahl, die Richtung eindeutig zu bestimmen	Weiche umlegen	Weiche umlegen (?)	>50
3. Trolleyproblem, Originalfassung	Der Triebwagen wird fünf Personen töten, es sei denn, Sie legen die Weiche um	Weiche umlegen	Nichts tun	~50
4. Fat man	Der Triebwagen wird fünf Personen töten, es sei denn, Sie schubsen den dicken Mann von der Brücke	Schubsen	Nichts tun	<50
5. Krankenhaus	Fünf Personen sterben an ihren Krankheiten, wenn Sie nicht eine andere Person töten und ihre Organe transplantieren	Nichts tun (?)	Nichts tun	~0

Tab. 2.2 Entscheidungen der Befragten (*** ist zeilen- bzw. spaltenweise signifikant auf 0,001-Niveau); angeben ist jeweils, wie viel Befragte handeln oder nicht handeln. Die Zahlen summieren nicht immer zu N, da manche Befragten keine Entscheidung treffen wollten

	Kannten das Problem vor der Befragung noch nicht (n = 30)		Kannten das Problem vorher schon (n = 20)	
	Bevor Diskussion über Utilitarismus und Deontologie	Nach Diskussion	Bevor Diskussion über Utilitarismus und Deontologie	Nach Diskussion
Dynamitwagen***	21:3	23:1	16:0	16:0
Unklare Weiche***	21:9	23:4	12:6	12:6
Trolley, Originalproblem***	23:5***	9:9***	17:2***	11:9***
Fat man***	7:18	8:17	4:12	3:15
Krankenhaus***	0:25	0:25	0:19	0:19

2.4 Wirtschaftsethik

In den letzten Jahren hat die „Wirtschaftsethik" erheblich an Bedeutung gewonnen (Korff 2009). Dabei tritt ihr Gegenstand unter verschiedenen Namen auf (geläufig sind z. B. auch „Corporate Social Responsibility", „Corporate Citizenship" u. a.).

Die Wirtschaftsethik nimmt recht unterschiedliche Eigenschaften an, je nachdem, welches Verständnis von „Wirtschaft" und „Ethik" man nutzt. Man kann sich dies wie eine Matrix vorstellen (Tab. 2.3).

Tab. 2.3 Wirtschaftsethiken

		Definition von „Wirtschaft"			
		Neoklassisch	Managementtheorie	Institutionenökonomie	(usw.)
Definition von „Ethik"	Tugendethik				
	Deontologisch				
	Konsequenzialistisch				
	(usw.)				

Jede Zelle dieser Matrix entspricht je einer Ausprägung von Wirtschaftsethik. Natürlich können diese Theorien überlappen, d. h. mehrere Zellen berühren. Auch gibt es Autoren, die die Existenz von „Wirtschaftsethik" überhaupt ablehnen: So z. B. ist N. Luhmann (1993) der Meinung, dass das Projekt der „Ethik" gescheitert ist und daher auch die Wirtschaftsethik; nach Milton Friedman (2004) besteht die einzige soziale Verantwortung eines Unternehmens darin, Gewinne zu machen (damit steht er in der Tradition Adam Smiths – s. dazu die Darstellung in Kap. 7). Andere halten die Zusammensetzung „Wirtschaftsethik" für einen Widerspruch in sich (z. B. Collins 1994).

Der Gegenstand der Wirtschaftsethik kann – soweit ihre Existenz akzeptiert wird – genau wie die „Wirtschaft" selbst recht unterschiedliche Dinge untersuchen:

- Personen und ihr Verhalten,
- Unternehmen (Unternehmensethik),
- Wirtschaftsordnungen,
- Prozesse (im Unternehmen, aber auch z. B. die Globalisierung),
- Zielsetzungen,
- Instrumente,
- Theorien u. a.

So definiert beispielsweise ein englischsprachiges Lehrbuch: „Business ethics is the study of business situations, activities, and decisions where issues of right and wrong are addressed" (Crane und Matten 2010).

Sie kann dabei beschreibend – deskriptiv – oder normativ vorgehen.

Diese enorme Breite macht die Wirtschaftsethik sehr interessant und vielfältig – allein die Unternehmensethik füllt Bibliotheken, die ethische Theorie der Wirtschaftsordnungen Büchereien –, aber auch etwas verwickelt und schwer überschaubar.

Zwei Beispiele für wirtschaftsethische Sichtweisen
Im deutschen Sprachraum wurden zwei wirtschaftsethische Schulen besonders erfolgreich, die im Folgenden stellvertretend für andere Ansätze kurz skizziert werden: diejenige Karl Homanns und die Peter Ulrichs.

Karl Homann (1993) geht von der Überlegung aus, dass moderne Gesellschaften nach bestimmten Regeln funktionieren, die unumkehrbar sind. Beispielsweise werden Bedürfnisse mittels (kapitalistischer) Märkte befriedigt; Abstimmungs- und Preisfindungsprozesse sind dadurch unpersönlich geworden.

2.4 Wirtschaftsethik

Wesentlich für die Erklärung des Verhaltens Einzelner ist seiner Meinung nach die (häufig vorkommende) Dilemmastruktur, wie sie im Gefangenendilemma beschrieben ist. „Ethik" bedeutet dann, Strukturen einzurichten, die dazu führen, dass die gefangenen Homines oeconomici – Homann benutzt dieses Erklärungsmodell sowohl zur Begründung der Ökonomie als auch der Wirtschaftsethik – nicht betrügen. Hingegen ist es nicht zielführend, weil wirkungslos, ethisches Verhalten zu propagieren, indem man an die Moral der einzelnen Akteure appelliert; stattdessen solle man die Wirtschaftsordnung so einrichten, dass der Einzelne gezwungen wird, mit seinem Egoismus zugleich die Gesamtwohlfahrt zu fördern: „Moral muss auf den Code der Wirtschaft umformuliert bzw. in ihn übersetzt werden."

Insgesamt setzt also Homann nicht nur die neoklassische Sicht auf wirtschaftliches Handeln voraus (z. B. die Homo-oeconomicus-Annahme), sondern auch die (kapitalistische) Verfasstheit der Wirtschaftsbeziehungen. In diesem Rahmen muss Ethik sich bewegen, und zwar am besten, indem sie sich selbst ökonomisch-neoklassischer Methoden bedient.

Bei Peter Ulrich (2008) ist die Sichtweise genau umgekehrt. In seiner „integrativen Wirtschaftsethik" nimmt er an, dass die Wirtschaft den Menschen zu dienen hat, nicht umgekehrt der Mensch bestimmten Zwecken, z. B. der Profitmaximierung Weniger: „Es gehört zu den prägenden Merkmalen des integrativen Ansatzes, dass er in diesem Sinne Wirtschaftsethik als ein Stück politische Ethik der Einbettung der Marktwirtschaft in eine wohlgeordnete Gesellschaft freier Menschen versteht."

Die Verfassung der Wirtschaftsbeziehungen (z. B. die Verteilung von Einkommen) ist kein naturgesetzlicher Vorgang, der nicht beeinflussbar wäre, sondern wird von Menschen gestaltet. Daher haben Menschen auch das Recht, auf diese Verfassung einzuwirken.

Ulrich bezweifelt nicht nur die philosophischen Grundannahmen der wirtschaftsethischen Konzeption Homanns (etwa die neoklassischen Annahmen); er deutet auch an, dass eine Wirtschaftsethik, die es für unmöglich hält, in bestehende ökonomische Machtverhältnisse einzugreifen, zugleich mächtigen Interessen dienen kann: „Wir beginnen gerade zu bemerken, dass sich hinter dieser Harmonievorstellung [dass der Egoismus des Einzelnen zugleich der Wohlfahrt aller dient, Anm. d. V.] eine Ideologie verbirgt, die versucht, Partikularinteressen als das Gemeinwohl oder den ‚Wohlstand für alle' zu verkaufen. (…) [Weil] einige von der Marktwirtschaft besonders profitieren und gleichzeitig erzählen, wir würden alle etwas davon haben" (Ulrich 2009). In einem System nach Ulrich können Appelle durchaus erfolgreich sein, z. B. in Form der Ausbildung, aber auch der Konsumenteninformation (etwa bei der Ächtung ethisch unerwünschter Produkte).

Freilich wurde auch Ulrichs Ansatz kritisiert, vor allem in der Richtung, dass es ihm schwerfalle, konkrete Empfehlungen für wirtschaftliches Handeln zu geben. Außerdem ist eine Fundierung ethischer Normen außerordentlich schwierig (s. o.). Bekanntlich hielt es schon die spartanische Gesellschaft für ethisch angemessen, die unterworfene Urbevölkerung brutal zu unterdrücken, sogar durch regelmäßig wiederkehrende Morde zu Ausbildungszwecken („Krypteia").

Im Kern geht es also bei dieser Auseinandersetzung darum, ob die Ethik oder die neoklassische Theorie den Rahmen setzt, dem sich die jeweils andere Theorie anzupassen hat. Das hat weitreichende Konsequenzen, z. B. ist nicht nur altruistisches Verhalten, sondern auch Berufsethos im neoklassischen System nicht vorgesehen.

Letztlich sind in der Praxis ethische und ökonomische Vorhaben nicht immer leicht zu differenzieren. Wenn z. B. ein Unternehmen sich selbst einen ethischen Code gibt, so kann das sehr unterschiedliche Gründe haben:

- Das Unternehmen hofft, dadurch ein besseres Image zu gewinnen und deshalb mehr Profit zu machen. (Schon diese Aussage ist im Grunde eine unzulässige Vereinfachung: Wer ist denn das Unternehmen? Die Mitarbeiter? Die Kapitalgeber? Die Geschäftsführung? Und kann ein Unternehmen überhaupt etwas „tun" oder können dies nur die beteiligten Personen? Neuhäuser 2011)
- Das Unternehmen versucht auf diese Weise, seine Mitarbeiter von schädlichen Aktivitäten abzuhalten; dies wiederum kann geschehen, weil solche unerwünschten Handlungen dem Unternehmen direkt oder indirekt (z. B. weil sie Strafzahlungen auslösen) schaden oder weil es zur „Verantwortung des Unternehmens" zählt.
- Das Unternehmen bzw. seine Vertreter haben den Wunsch, etwas „Richtiges" zu tun (z. B. sich als ehrbarer Kaufmann zu verhalten, die Umwelt zu schützen usw.).

All dies kann man wiederum aus den eingangs beschriebenen Perspektiven (den Feldern der Matrix) sehen und entsprechend interpretieren: „Richtiges Verhalten" bzw. „Moral" kann in neoklassischer Sicht als Ersatz für Gesetze gesehen werden (Moral senkt die Kosten wirtschaftlicher Transaktionen, weil man auch dann ein bestimmtes Verhalten des Geschäftspartners erwarten kann, wenn Gesetze nicht greifen; so z. B. Wieland 1993), es kann aber auch aus der Motivation (der

2.4 Wirtschaftsethik

„Pflicht" im Sinne Kants) oder aus anderen theoretischen Ansätzen hergeleitet sein.

Lösungsvorschläge

1. Gibt es ein Naturrecht, insbesondere ein Recht auf gerechte Behandlung?

Wenn es ein Naturrecht gibt, kann man Gerechtigkeitsforderungen leicht daraus herleiten; ein großer Teil des Streits um „Gerechtigkeit" erübrigt sich dann. Utilitaristen und Rechtspositivisten würden einwenden, dass es so etwas wie „Naturrecht" und „Bedarf" ebenso wenig gibt wie „Würde". Aber das scheint empirisch falsch zu sein, wenn man diese Begriffe anthropologisch herleitet. „Gerechtigkeit" kann man auch, aber eben nicht nur „empfinden". Sie scheint biologisch schon bei Primaten verankert zu sein. Bei Menschen kann man Gehirnareale nachweisen, die auf Ungerechtigkeit reagieren. Gerechtigkeitsempfinden setzt sehr früh in der kindlichen Entwicklung ein.

Insofern kann man anthropologisch argumentieren, dass es ein „Naturrecht" gibt, das natürlich, nämlich in Gehirnfunktionen angelegt ist (wobei dieses Empfinden, wie bei Kallikles, willentlich unterdrückt werden kann).

2. Sphären der Gerechtigkeit

In der Terminologie Walzers, aber mit anderer Begründung und anderem Zuschnitt, schlage ich vor, „Sphären der Gerechtigkeit" zu unterscheiden. Dabei wird Kants Unterscheidung von Würde und Wert erweitert auf Lebensbereiche, in denen unterschiedliche Gerechtigkeitsvorstellungen herrschen. Es sind dies drei Sphären, nämlich solche, in denen Ansprüche erworben werden durch

- Bedarf,
- Leistung,
- Vertrag.

3. Wirtschaftsethik

Wirtschaftliches Handeln folgt einerseits Regeln, die sich Gesellschaften selbst geben, andererseits quasinaturgesetzlichen, nämlich psychologischen Mechanismen. Es ist sehr wichtig, das zu unterscheiden, weil es wirtschaftswissenschaftliche

Strömungen gibt, die die letzteren Mechanismen zugleich verkürzen und verabsolutieren: Alles wirtschaftliche Handeln folge nun einmal egoistischen Nutzenerwägungen, und man könne daher gar nichts beeinflussen. Das ist nicht nur falsch, sondern auch wohlfahrtsschädlich.

Ein Beispiel: 1980 betrug das Verhältnis zwischen Weltgüterproduktion und Finanzvermögen etwa 1:1; 2015 war es 1:4. Dadurch setzte auch eine massive Machtverschiebung ein, weg von Produktionsunternehmen, hin zu Finanzunternehmen („Finanzialisierung"). Dieser Vorgang ist eben nicht naturgesetzlich, sondern von Menschen gemacht, und kann (z. B. durch Finanztransaktionssteuern, Kapitalverkehrsregelungen u. a.) auch beeinflusst werden. Ob er auch beeinflusst werden *soll,* ist natürlich eine andere Frage, die nur moralisch geklärt werden kann.

Literatur

Baldus, M.: Kämpfe um die Menschenwürde. Suhrkamp, Berlin, S. 175 (2016)
Bekoff, M., Pierce, J.: Sind Tiere die besseren Menschen? Kosmos, o. O. (2017)
Brosnan, S., de Waal, F.: Monkeys reject unequal pay. Nature **425**, 297–299 (2003)
Celikates, R., Gosepath, S.: Philosophie der Moral. Suhrkamp, Frankfurt, S. 10 ff. (2009)
Collins, J.W.: Is business ethics an oxymoron? Bus. Horiz. **37**(5), 1–8 (1994)
Crane, A., Matten, D.: Business ethics. Oxford University Press, Oxford (2010)
Edmonds, D.: Würden Sie den dicken Mann töten? Reclam, Stuttgart (2017)
Foot, P.: The problem of abortion and the doctrine of the double effect. Oxford Rev. **5**, 5–15 (1967)
Friedman, M.: Kapitalismus und Freiheit. Piper, München (2004) (Original 1962)
Graf von Maldeghem, C.P.: Die Evolution des Gleichheitssatzes. Lang, Frankfurt a. M. (1988)
Hayek, F. v.: Recht, Gesetzgebung und Freiheit, Bd. 2. Verlag Moderne Industrie, Landsberg am Lech, S. 98 (1981)
Homann, K.: Wirtschaftsethik. Die Funktion der Moral in der modernen Wirtschaft. In: Wieland, J. (Hrsg.) Wirtschaftsethik und Theorie der Gesellschaft. Suhrkamp, Frankfurt a. M. (1993)
Horn, C., Scarano, N.: Philosophie der Gerechtigkeit, Suhrkamp, Berlin, S. 11 f. (2002)
Hsu, M., Anen, C., Quartz, S.R.: The right and the good: distributive justice and neural encoding of equity and efficiency. Science. May 23; 320(5879): 1092–1095 (2008)
Kachel, U., Svetlova, M., Tomasello, M.: Three-Year-Olds' reactions to a partner's failure to perform her role in a joint commitment. Child Dev. **89**(5), 1691–1703 (2018)
Kelsen, H.: Was ist Gerechtigkeit? Reclam, Stuttgart, S. 9. (2016) (Original 1953)
Korff, W. (Hrsg.): Wirtschaft und Ethik. Berlin University Press, Berlin (2009)
Kluger, S., Obermann, K., Tausch, V., Chadasch, C., Ditscheid, E., Thielscher, C.: Is QALY-based rationing illegal in countries with a natural-law-constitution? a multidisciplinary systematic review. Ethics Med Public Health **14**, 100484 (2020)

Lucas, R.E.: The industrial revolution: past and future. Federal Bank of Minneapolis 2003 Annual Report Essay. May 1. https://www.minneapolisfed.org/article/2004/the-industrial-revolution-past-and-future (2004). Zugegriffen: 31. Dez. 2019

Luhmann, N.: Wirtschaftsethik – als Ethik? In: Wieland, J. (Hrsg.) Wirtschaftsethik und Theorie der Gesellschaft. Suhrkamp, Frankfurt a. M. (1993)

Massen, J.J,. Ritter, C., Bugnyar, T.: Tolerance and reward equity predict cooperation in ravens (Corvus corax). Sci Rep. (2015) Oct 7;5:15021

McAuliffe, K., Blake, P.R., Steinbeis, N., Warneken, F.: The developmental foundations of human fairness. Nat. Human Behav. **1**(42) (2017)

Neuhäuser, C.: Unternehmen als moralische Akteure. Suhrkamp, Berlin (2011)

Paulus, M.: The early origins of human charity: developmental changes in preschoolars' sharing with poor and wealthy individuals. Front. Psychol. **5**, 344 (2014)

Perelmann, C. Über die Gerechtigkeit. Beck, München, S. 73 ff. (1967)

Platon: Sämtliche Werke. Lambert Schneider, Berlin 1940. Stephanusseite 484 ff. (Platons Werke werden häufig nach der Seitenzählung des Druckes von Henricus Stephanus zitiert.) www.zeno.org. (Original um 390 v. Chr.)

Robertson, J.: Future wealth. Cassell, London, S. 13. (1989) www.jamesrobertson.com/book/futurewealth.pdf

Thielscher, C.: Wirtschaft und Gerechtigkeit. SpringerGabler, Wiesbaden (2022)

Thielscher, C., Krol, B., Heinemann, S., Schlander, M.: Ethical decomposition as a new method to analyse moral dilemmata. In: David, K., Geihs, K., Lange, M., Stumme, G. (Hrsg.), INFORMATIK 2019: 50 Jahre Gesellschaft für Informatik – Informatik für Gesellschaft, S. 37–49. Gesellschaft für Informatik e. V., Bonn (2019)

Ulrich, P.: Integrative Wirtschaftsethik: Grundlagen einer lebensdienlichen Ökonomie. Haupt, Bern (2008)

Ulrich P.: Es gibt eine Alternative zur Gewinnmaximierung. Frankfurter Allgemeine Zeitung, 12.07.2009

Warneken, W., Tomasello, M.: Helping and cooperation at 14 months of age. Infancy **11**(3), 271–294 (2007)

Welzel, H.: Zum Notstandsproblem. ZStW Z. Gesamte Strafrechtswissen. 63(1), 47–56 (1951). In der Habilitationsschrift von K. Englisch soll der Fall bereits 1930 erwähnt sein (wurde vom Autor dieses Beitrags nicht überprüft)

Wieland, J.: Die Ethik der Wirtschaft als Problem lokaler und konstitutioneller Gerechtigkeit. In: Wieland, J. (Hrsg.) Wirtschaftsethik und Theorie der Gesellschaft. Suhrkamp, Frankfurt a. M. (1993)

Wirtschaft und Religion 3

▶ In diesem Kapitel wird das Verhältnis von Religion, Wirtschaft und Wirtschaftswissenschaften näher beleuchtet. Auf den ersten Blick mag es scheinen, als ob in unserer weitgehend säkularisierten (weltlichen) Gesellschaft die Religion nur noch von marginaler Bedeutung wäre, erst recht im Hinblick auf ökonomische Vorgänge. Dieser Eindruck täuscht allerdings, wie sich im Verlauf des Kapitels zeigen wird; vorab mögen einige Stichworte als Belege dienen: Religiöse Vorstellungen prägen nicht nur ganze Wirtschaftsstile (vgl. den „konfuzianischen" Kapitalismus Asiens mit dem „calvinistischen" der USA und der u. a. aus der christlichen Soziallehre entwickelten sozialen Marktwirtschaft), sondern beeinflussen auch – vermittelt über theologisch beeinflusste Ethiken – das Handeln Einzelner.

Der in der Einleitung (Abschn. 1.3) zitierte ägyptische Text handelte nicht nur von Wirtschaft und Gerechtigkeit, sondern auch von Göttern und göttlicher Ordnung. Religiöse Texte haben sich immer auch zu wirtschaftlichen Fragen geäußert, wie die folgenden Beispiele zeigen. Im Alten Testament – im 3. Buch Mose 25, 35–46 (Luther-Übersetzung 1984) – heißt es:

„Verbot des Zinsnehmens

35 Wenn dein Bruder neben dir verarmt und nicht mehr bestehen kann, so sollst du dich seiner annehmen wie eines Fremdlings oder Beisassen, dass er neben dir leben könne; 36 und du sollst nicht Zinsen von ihm nehmen noch Aufschlag, sondern sollst dich vor deinem Gott fürchten, dass dein Bruder neben dir leben könne. 37 Denn du sollst ihm dein Geld nicht auf Zinsen leihen noch Speise geben gegen Aufschlag. 38 Ich bin der HERR, euer Gott, der euch aus Ägyptenland geführt hat, um euch das Land Kanaan zu geben und euer Gott zu sein."

Auch der Koran kennt ein Zinsverbot, z. B. in Sure 2 (Übersetzung: Scheich Abdullah As-Samit (F. Bubenheim) und Dr. Nadeem Elyas):

„Diejenigen, die Zins verschlingen, werden nicht anders aufstehen als jemand, den der Satan durch Wahnsinn hin und her schlägt. Dies (wird sein), weil sie sagten: ‚Verkaufen ist das gleiche wie Zinsnehmen.' Doch hat Allah Verkaufen erlaubt und Zinsnehmen verboten. Zu wem nun eine Ermahnung von seinem Herrn kommt, und der dann aufhört, dem soll gehören, was vergangen ist, und seine Angelegenheit steht bei Allah. Wer aber rückfällig wird, jene sind Insassen des (Höllen)feuers. Ewig werden sie darin bleiben."

Im Neuen Testament gibt es hingegen kein Zinsverbot. Allerdings haben die Kirchenväter ebenfalls das Zinsnehmen verboten, wobei sich Augustinus nicht auf das Neue Testament, sondern auf die Autorität Aristoteles' beruft, der Zinsen mit dem Argument ablehnte, es sei unnatürlich, wenn sich Geld „von selbst vermehre" – es sei lediglich als Tauschmittel gedacht. Spätere christliche Autoren weichten das Zinsverbot immer weiter auf, bis es schließlich ganz verschwand.

Was ist „Religion"?
Um das Thema dieses Kapitels zu untersuchen, muss zunächst der Begriff der „Religion" geklärt werden. Wie viele Begriffe hat sich auch der Inhalt des Wortes „Religion" über die Zeit verändert. So leitete Cicero das Wort von „relegere" – sorgfältig bedenken – ab und betonte damit die richtige Ausführung frommer Handlungen. Eine von vielen möglichen modernen Definitionen lautet so: „Religionen sind Deutungssysteme mit einem unüberbietbar hohen Allgemeinheitsanspruch" (Graf et al. 2009, S. 567).

Was man unter „Religion" versteht, hängt u. a. davon ab,

- ob man Religion von innen oder von außen betrachtet. Ein Geistlicher, der eine Predigt hält, geht in der Regel davon aus, dass er selbst Teil der Religion ist, über die er spricht, und trifft dadurch gewisse Annahmen über sie (z. B. dass die Bibel Gottes Wort enthält). Ein Soziologe hingegen, der mit weltlichen Methoden von außen auf religiöse Phänomene schaut, geht von anderen Voraussetzungen aus (z. B. dass die Bibel ein rein historisches Phänomen ist);
- aus welcher – christlichen, islamischen, buddhistischen usw. – Perspektive man das tut (z. B. wird ein islamischer Geistlicher etwas anderes unter Religion verstehen als ein jüdischer) – falls man „Religion" von innen betrachtet;
- welche Aspekte von Religion man in den Vordergrund der Betrachtung stellt (etwa: religiöse Handlungen, Deutungssysteme, historische Entwicklung usw.);

- ob man den Begriff auf die je einzelnen Dinge bezieht, die unter „Religion" subsumiert werden, oder ob man versucht, das „Wesen" der Religion zu erfassen.

Diese enorme Breite möglicher Definitionen hat eine Reihe von Effekten. Manche Autoren gehen so weit, den Begriff der „Religion" überhaupt abzulehnen, weil er ihrer Meinung nach zu viele unterschiedliche Dinge zusammenfasst. Diesen Autoren folge ich nicht, sondern verwende im Folgenden eine sehr einfache Definition, die für den Zweck dieses Kapitels völlig ausreicht: Religion beschäftigt sich mit Übernatürlichem und seinem Wirken auf diese Welt. Ebenso simpel definiere ich „Theologie" als die wissenschaftliche Beschäftigung mit Religion.

Es gibt kaum einen Gegenstand oder Vorgang, den man nicht auch unter religiösen Aspekten betrachten könnte. Darin ähnelt sie, wie im Eingangskapitel gezeigt, den Wirtschaftswissenschaften. Das wiederum bedeutet, dass man, wenn man untersuchen möchte, wie Religion und Wirtschaftswissenschaften zusammenhängen, sehr viele unterschiedliche Kombinationen betrachten kann, je nachdem, was man unter „Religion" bzw. „Wirtschaftswissenschaften" versteht. Um das weitere Vorgehen handhabbar zu machen, werde ich aus allen möglichen Kombinationen nur die folgenden besprechen:

1. Wie wirkt Religion auf die Wirtschaft?
   - Was sagt die christliche (islamische, jüdische usw.) Religion zu wirtschaftlichen Themen und zu ihrer wirtschaftswissenschaftlichen Deutung?
   - Wie beeinflusst die durch diese Religionen geprägte Kultur wirtschaftliches Handeln bzw. wirtschaftswissenschaftliches Denken?
2. Wie wirkt Wirtschaft auf die Religion?
   - Wie beeinflussen wirtschaftliche Umstände die Entwicklung von Religion?
   - Wie deuten ökonomische Theorien religiöse Phänomene und welche Empfehlungen treffen sie?

3.1 Religiöse Aussagen zu wirtschaftlichen (nicht: wirtschaftswissenschaftlichen) Vorgängen

Religionen beeinflussen in aller Regel das Verhalten ihrer Anhänger, häufig durch Ge- und Verbote; dies wirkt sich selbstverständlich auch auf wirtschaftliches Handeln aus. Daraus ergibt sich zugleich eine gewisse Nähe zur Ethik, die sich ja auch damit beschäftigt, was man tun (und lassen) soll. – Es lässt sich also untersuchen, was genau die jeweilige Religion fordert oder verbietet. Das soll hier an einigen Beispielen aus der christlichen Religion exemplarisch durchgespielt werden.

Wie oben bereits erwähnt, kann man dieses Thema „von innerhalb der Religion" oder von außerhalb beginnen. Startet man innen, so kann man sich z. B. fragen, was das Neue Testament zum Thema „Geld" sagt und was das für die heutige Zeit bedeutet. Dazu kann man eine Konkordanz befragen, die zu einem Suchbegriff alle Stellen der Bibel auflistet, in denen er vorkommt. So verweist die Konkordanz der Thompson Studienbibel auf elf Stellen im Neuen Testament: Mt 25, 18 („Der aber einen [Zentner] empfangen hatte, ging hin, grub ein Loch und verbarg das Geld seines Herrn."), Mt 28, 12 f. („Und sie kamen mit den Ältesten zusammen, hielten Rat und gaben den Soldaten viel Geld ..."), Mk 6, 9 („und [er] gebot ihnen, nichts mitzunehmen auf den Weg als allein einen Stab, kein Brot, keine Tasche, kein Geld im Gürtel, ...") usw. Häufig verwendet die Lutherübersetzung Begriffe, die anders lauten, aber ebenfalls Geld meinen, z. B. „Zentner" (Edelmetall), „Mammon" (Lk 16, 13: „Ihr könnt nicht Gott dienen und dem Mammon"), „Silber", „Gold", „Groschen", „Münze" usw.

Ähnlich kann man im griechischen Originaltext nach den Begriffen „argyrion", „argyros", „chräma", „chrämata", „didrachmon" usw. suchen.

Selbstverständlich wird man auch Wörter wie „reich", „arm", „Steuer" usw. analysieren, wenn man sich ein vollständiges Bild machen will. Daraus kann man dann Regeln zum Umgang mit „Geld" herleiten und sich überlegen, was das für wirtschaftliche Vorgänge bedeutet.

Exkurs: Eine (heute) verborgene Pointe

Der bekannte Satz Jesu „Gebt dem Kaiser, was des Kaisers ist, und Gott, was Gottes ist" hat eine Pointe, die mit Euro-Münzen schwer nachvollziehbar ist. Das Gleichnis lautet in der Einheitsübersetzung, Mt 22, 15–22:

> „Die Frage nach der kaiserlichen Steuer
>
> 15 Damals kamen die Pharisäer zusammen und beschlossen, Jesus mit einer Frage eine Falle zu stellen. 16 Sie veranlassten ihre Jünger, zusammen mit den Anhängern des Herodes zu ihm zu gehen und zu sagen: Meister, wir wissen, dass du immer die Wahrheit sagst und wirklich den Weg Gottes lehrst, ohne auf jemand Rücksicht zu nehmen; denn du siehst nicht auf die Person. 17 Sag uns also: Ist es nach deiner Meinung erlaubt, dem Kaiser Steuer zu zahlen, oder nicht? 18 Jesus aber erkannte ihre böse Absicht und sagte: Ihr Heuchler, warum stellt ihr mir eine Falle? 19 Zeigt mir die Münze, mit der ihr eure Steuern bezahlt! Da hielten sie ihm einen Denar hin. 20 Er fragte sie: Wessen Bild und Aufschrift ist das? 21 Sie antworteten: Des Kaisers. Darauf sagte er zu ihnen: So gebt dem Kaiser, was dem

3.1 Religiöse Aussagen zu wirtschaftlichen (nicht: ...   59

Kaiser gehört, und Gott, was Gott gehört! 22 Als sie das hörten, waren sie sehr überrascht, wandten sich um und gingen weg."

Die Falle besteht darin, dass Jesus, wie er auch antwortet, von den Fragenden bloßgestellt werden kann. Wenn er zustimmt, dass Juden dem römischen Kaiser Steuern zahlen, begeht er Verrat an seinem Volk; verneint er es, können die Frager ihn bei den römischen Besatzern als Aufständischen anzeigen.

In Vers 19 lässt sich Jesus von den Fragenden eine Münze geben. Im Urtext steht dort „dänarion", also Denar. Diese Münze mit dem Bild des damaligen römischen Kaisers Tiberius gab es in einer lateinischen Version, in Lyon geprägt, mit der Aufschrift „TI(BERIUS) CAESAR DIVI AUG(USTI) F(ILIUS) AUGUSTUS", also: Tiberius Caesar, Sohn des göttlichen Augustus und selbst Augustus, und in einer griechischen aus Alexandria mit dem Text „TIBERIOS KAISAR SEBASTOS/THEOS SEBASTOS", also: Tiberios Caesar Augustus/Gott Augustus. In beiden Fällen bezeichnet sich Tiberius als Gott, was aus Sicht der Pharisäer eine Lästerung des jüdischen Gottes war. Dieses gotteslästerliche Zeug, sagt Jesus, kann der Kaiser ruhig haben – und überführt seine Herausforderer zugleich der Heuchelei, denn sie selbst hatten ja blasphemische Münzen bei sich (Thiede 1998). – Übrigens waren diese Denare so häufig, dass man sie heute noch für einige hundert Euro kaufen kann.

◄

Eine andere Annäherung ist, zu untersuchen, was Theologen bzw. die Kirche zu wirtschaftlichen Fragen gesagt haben. Da jedes Ding auch einen wirtschaftlichen Aspekt hat, hat sich auch jeder Theologe zu wirtschaftlichen Themen geäußert (oben war bereits Augustinus zitiert worden). Aus diesem immensen Bestand greife ich beispielhaft und willkürlich ausgewählt ein Beispiel heraus.

Relativ gut lässt sich die Haltung der römisch-katholischen Päpste nachvollziehen, weil sie sie immer wieder in Enzykliken mitgeteilt haben. Es lohnt sich, eine längere Passage der Enzyklika „Caritas in veritate" von Benedikt XVI. zu analysieren, weil dadurch sehr plastisch wird, wie aus theologischen Erwägungen Schlussfolgerungen für die wirtschaftliche Situation – hier: Globalisierung, Finanzkrise u. a. – gezogen werden:

Zitat
„ENZYKLIKA CARITAS IN VERITATE VON PAPST BENEDIKT XVI. AN DIE BISCHÖFE AN DIE PRIESTER UND DIAKONE AN DIE PERSONEN GOTTGEWEIHTEN LEBENS AN DIE CHRISTGLÄUBIGEN LAIEN

UND AN ALLE MENSCHEN GUTEN WILLENS
ÜBER DIE GANZHEITLICHE ENTWICKLUNG DES MENSCHEN
IN DER LIEBE UND IN DER WAHRHEIT
EINLEITUNG

1. Caritas in veritate – die Liebe in der Wahrheit, die Jesus Christus mit seinem irdischen Leben und vor allem mit seinem Tod und seiner Auferstehung bezeugt hat, ist der hauptsächliche Antrieb für die wirkliche Entwicklung eines jeden Menschen und der gesamten Menschheit. Die Liebe – ‚caritas' – ist eine außerordentliche Kraft, welche die Menschen drängt, sich mutig und großherzig auf dem Gebiet der Gerechtigkeit und des Friedens einzusetzen. Es ist eine Kraft, die ihren Ursprung in Gott hat, der die ewige Liebe und die absolute Wahrheit ist. Jeder findet sein Glück, indem er in den Plan einwilligt, den Gott für ihn hat, um ihn vollkommen zu verwirklichen: In diesem Plan findet er nämlich seine Wahrheit, und indem er dieser Wahrheit zustimmt, wird er frei (vgl. Joh 8, 32). (...)

2. Liebe ist der Hauptweg der Soziallehre der Kirche. Jede von dieser Lehre beschriebene Verantwortung und Verpflichtung geht aus der Liebe hervor, die nach den Worten Jesu die Zusammenfassung des ganzen Gesetzes ist (vgl. Mt 22, 36-40). Sie verleiht der persönlichen Beziehung zu Gott und zum Nächsten einen wahren Gehalt; sie ist das Prinzip nicht nur der Mikro-Beziehungen – in Freundschaft, Familie und kleinen Gruppen –, sondern auch der Makro-Beziehungen – in gesellschaftlichen, wirtschaftlichen und politischen Zusammenhängen. (...)

Ich weiß um die Entstellungen und die Sinnentleerungen, denen die Liebe ausgesetzt war und ist, mit der entsprechenden Gefahr, daß sie mißverstanden, aus der ethischen Lebenspraxis ausgeschlossen und in jedem Fall daran gehindert wird, in rechter Weise zur Geltung zu kommen. Im gesellschaftlichen, rechtlichen, kulturellen, politischen und wirtschaftlichen Bereich, also in den Zusammenhängen, die für diese Gefahr am anfälligsten sind, wird die Liebe leicht als unerheblich für die Interpretation und die Orientierung der moralischen Verantwortung erklärt. Daher ist es notwendig, die Liebe und die Wahrheit nicht nur in der vom heiligen Paulus angegebenen Richtung der ‚veritas in caritate' (Eph 4, 15) miteinander zu verbinden, sondern auch in der entgegengesetzten und komplementären von ‚caritas in veritate'. Die Wahrheit muß in der ‚Ökonomie' der Liebe gesucht, gefunden und ausgedrückt werden, aber die Liebe muß ihrerseits im Licht der Wahrheit verstanden, bestätigt und praktiziert werden. (...)

9. Die Liebe in der Wahrheit – caritas in veritate – ist eine große Herausforderung für die Kirche in einer Welt der fortschreitenden und um sich greifenden Globalisierung. Die Gefahr unserer Zeit besteht darin, daß der tatsächlichen Abhängigkeit der Menschen und der Völker untereinander keine ethische Wechselbeziehung von Gewissen und Verstand der Beteiligten entspricht, aus der eine wirklich menschliche Entwicklung als Ergebnis hervorgehen könnte. Nur mit der vom Licht der Vernunft und des Glaubens erleuchteten Liebe ist es möglich, Entwicklungsziele zu erreichen, die einen menschlicheren und vermenschlichenderen Wert besitzen. Das Teilen der Güter und der Ressourcen, aus dem die echte Entwicklung hervorgeht, wird nicht allein durch technischen Fortschritt und durch bloß vom Kalkül bestimmte Beziehungen gewährleistet, sondern durch das Potential der Liebe, die das Böse durch das Gute besiegt (vgl. Röm 12, 21) und die Menschen dafür öffnet, in ihrem Gewissen und mit ihrer Freiheit aufeinander einzugehen.

Die Kirche hat keine technischen Lösungen anzubieten und beansprucht keineswegs, ‚sich in die staatlichen Belange einzumischen'. Sie hat aber zu allen Zeiten und unter allen Gegebenheiten eine Sendung der Wahrheit zu erfüllen für eine Gesellschaft, die dem Menschen und seiner Würde und Berufung gerecht wird. (…) Diese Sendung der Wahrheit ist für die Kirche unverzichtbar. Ihre Soziallehre ist ein besonderer Aspekt dieser Verkündigung: Sie ist Dienst an der Wahrheit, die befreit. (…)

21. Papst Paul VI. hatte eine differenzierte Sicht der Entwicklung. Mit dem Begriff ‚Entwicklung' wollte er das Ziel anzeigen, den Völkern vor allem zu einer Überwindung von Hunger, Elend, endemischen Krankheiten und Analphabetismus zu verhelfen. Das bedeutete vom ökonomischen Gesichtspunkt aus ihre aktive Teilnahme am internationalen Wirtschaftsprozeß unter paritätischen Bedingungen; vom sozialen Gesichtspunkt aus ihre Entwicklung zu gebildeten und solidarischen Gesellschaften; vom politischen Gesichtspunkt aus die Konsolidierung demokratischer Regime, die imstande sind, Freiheit und Frieden zu sichern. Während wir nun nach vielen Jahren mit Besorgnis auf die Entwicklungen und auf die Perspektiven der Krisen schauen, die in diesen Zeiten einander folgen, fragen wir uns, wie weit die Erwartungen Papst Pauls VI. von dem in den letzten Jahrzehnten angewendeten Entwicklungsmodell befriedigt worden sind. Wir erkennen so, daß die Befürchtungen der Kirche bezüglich der Fähigkeiten

des rein technisch orientierten Menschen, sich realistische Ziele zu setzen und die zur Verfügung stehenden Mittel in angemessener Weise zu handhaben, begründet waren. Der Gewinn ist nützlich, wenn er in seiner Eigenschaft als Mittel einem Zweck zugeordnet ist, welcher der Art und Weise seiner Erlangung ebenso wie der seiner Verwendung einen Sinn verleiht. Die ausschließliche Ausrichtung auf Gewinn läuft, wenn dieser auf ungute Weise erzielt wird und sein Endzweck nicht das Gemeinwohl ist, Gefahr, Vermögen zu zerstören und Armut zu schaffen. Die von Papst Paul VI. herbeigewünschte wirtschaftliche Entwicklung sollte so geartet sein, daß sie ein reales, auf alle ausdehnbares und konkret nachhaltiges Wachstum hervorruft. Es trifft zu, daß die Entwicklung ein positiver Faktor war und weiterhin ist, der Milliarden von Menschen aus dem Elend befreit und in letzter Zeit vielen Ländern die Möglichkeit gegeben hat, wirksame Partner in der internationalen Politik zu werden. Man muß jedoch zugeben, daß ebendiese wirtschaftliche Entwicklung durch Verzerrungen und dramatische Probleme belastet war und weiterhin ist, die durch die augenblickliche Krisensituation noch mehr in den Vordergrund treten. Diese stellt uns unaufschiebbar vor Entscheidungen, die zunehmend die Bestimmung des Menschen selbst betreffen, der im übrigen nicht von seiner Natur absehen kann. Die auf dem Plan befindlichen technischen Kräfte, die weltweiten Wechselbeziehungen, die schädlichen Auswirkungen einer schlecht eingesetzten und darüber hinaus spekulativen Finanzaktivität auf die Realwirtschaft, die stattlichen, oft nur ausgelösten und dann nicht angemessen geleiteten Migrationsströme, die unkontrollierte Ausbeutung der Erdressourcen – all das veranlaßt uns heute, über die notwendigen Maßnahmen zur Lösung von Problemen nachzudenken, die im Vergleich zu den von Papst Paul VI. unternommenen nicht nur neu sind, sondern auch und vor allem einen entscheidenden Einfluß auf das gegenwärtige und zukünftige Wohl der Menschheit haben. (...)

27. In vielen armen Ländern hält als Folge der Nahrungsmittelknappheit die extreme Unsicherheit des Lebens an und läuft Gefahr, sich noch zu verschärfen: Der Hunger rafft noch zahllose Opfer unter den vielen Menschen gleich dem ‚Lazarus' hinweg, denen es nicht gestattet ist, mit dem Reichen an derselben Tafel zu sitzen – wie Papst Paul VI. es gewünscht hatte. Den Hungrigen zu essen geben (vgl. Mt 25, 35.37.42) ist ein ethischer Imperativ für die Weltkirche, die den Lehren ihres Gründers Jesus Christus über Solidarität und Teilen entspricht. Den Hunger in der Welt zu beseitigen,

ist darüber hinaus in der Ära der Globalisierung auch ein Ziel geworden, das notwendigerweise verfolgt werden muß, um den Frieden und die Stabilität auf der Erde zu bewahren. Der Hunger hängt weniger von einem materiellen Mangel ab, als vielmehr von einem Mangel an gesellschaftlichen Ressourcen, deren wichtigste institutioneller Natur ist. Das heißt, es fehlt eine Ordnung wirtschaftlicher Institutionen, die in der Lage sind, sowohl einen der richtigen Ernährung angemessenen regulären Zugang zu Wasser und Nahrungsmitteln zu garantieren, als auch die Engpässe zu bewältigen, die mit den Grundbedürfnissen und dem Notstand im Fall echter Nahrungsmittelkrisen verbunden sind – Krisen, die natürliche Ursachen haben können oder auch durch nationale und internationale politische Verantwortungslosigkeit hervorgerufen werden. Das Problem der Unsicherheit auf dem Gebiet der Ernährung muß in einer langfristigen Perspektive in Angriff genommen werden, indem man die strukturellen Ursachen, die sie hervorrufen, beseitigt und die landwirtschaftliche Entwicklung der ärmsten Länder fördert. Dies kann geschehen durch Investitionen in die ländliche Infrastruktur, in Bewässerungssysteme, in Transportwesen, in die Organisation von Märkten, in die Bildung und Verbreitung von geeigneten landwirtschaftlichen Techniken – also durch Investitionen, die geeignet sind, die menschlichen, natürlichen und sozioökonomischen Ressourcen, die auf lokaler Ebene am zugänglichsten sind, bestmöglich zu nutzen, so daß die Nachhaltigkeit dieser Investitionen auch langfristig gewährleistet ist. All das muß verwirklicht werden, indem man die lokalen Gemeinschaften in die Auswahl des Ackerlandes und die Entscheidungen bezüglich seiner Nutzung mit einbezieht."

Ähnlich kann man die Haltung der evangelischen Kirchen zu wirtschaftlichen Vorgängen betrachten oder diejenige der orthodoxen Kirchen, anderer Religionen usf. Vgl. dazu die entsprechenden Denkschriften und die weiterführende Literatur.

3.2 Theologische Aussagen zur wirtschaftswissenschaftlichen Theorie

Eine verwandte, aber doch unterscheidbare Fragestellung ist, was Theologen zur wirtschafts *wissenschaftlichen* Theorie sagen.

Ein Beispiel ist der Theologe, Philosoph und Ethiker Karl Homann, der oben bereits zu ethischen Fragestellungen zitiert wurde: Nach seiner Einschätzung muss sich eine Ethik an die Rahmenbedingungen, wie die Ökonomie sie vorgibt, anpassen. Das gilt ihm zufolge auch für die Theologie:

> **Zitat**
> „Die Theologie muss auf die religiöse Botschaft fokussieren – das ist selbstverständlich. Aber sie muss die Botschaft unter den grundlegend veränderten Strukturen der modernen Welt verständlich machen und zur Geltung bringen. Dafür ist sie auf die Erkenntnisse der Einzelwissenschaften, in unserem Falle der Ökonomik, angewiesen. Sie muss versuchen, immer aufs Neue eine Verbindung zwischen Glaubensinhalten und den Erkenntnissen der Einzelwissenschaften herzustellen. Vor allem muss sie alle Versuche unterlassen, Moral gegen die grundlegenden Erkenntnisse der Einzelwissenschaften durchsetzen zu wollen. Moral setzt sich in und mit den Gesetzmäßigkeiten dieser Welt durch und nicht gegen sie." (Homann et al. 2009)

Selbstverständlich kann Moral keine physikalischen Gesetze außer Kraft setzen; bei ökonomischen „Gesetzen", z. B. den Verhaltensannahmen der Neoklassik, mag das anders sein. In der oben zitierten Enzyklika hat sich Benedikt XVI. jedenfalls mehr Freiheit gegenüber der ökonomischen Theorie zugetraut: Eine Theorie, die menschliches Verhalten nur im Hinblick auf ihre wirtschaftliche Zielsetzung, insbesondere die Gewinnerzielung, betrachtet, hält er für unvollständig.

Eine weitere mögliche Herangehensweise besteht darin, sich zu fragen, was eine christliche Sozialethik leisten kann und muss, um für die ökonomische Theorie interessant zu sein. So formuliert z. B. Eilert Herms: Eine solche Sozialethik muss spezifisch sein, d. h., sie muss eigene Erkenntnisse einbringen; sie hat ihre Erkenntnisse in eine Theorie der Gesellschaft einzubetten; und sie hat sich zu beschränken auf ein Orientierungswissen, das nicht einzelne Fälle entscheiden will (Herms 1993).

Theologische Aussagen können auch indirekt auf Wirtschaftsverfassungen einwirken, und zwar vermittelt über religiös geprägte Wirtschaftswissenschaftler. Das lässt sich sehr gut an der sozialen Marktwirtschaft demonstrieren: So war ihr Namensgeber Alfred Müller-Armack ebenso wie andere Gründungsväter von der christlichen Sozialethik beeinflusst, von der sie den Gedanken übernahmen, dass Wirtschaftsordnungen nicht nur das ökonomische Handeln Einzelner berücksichtigen sollten, sondern auch soziale Themen.

Alle angeführten Beispiele wirken bewusst etwas beliebig ausgesucht: „Die Geschichte der Begegnungen von Theologie und Ökonomie ist bisher ungeschrieben" (Haas 2010, S. 121). Vielleicht kann man sie auch nicht schreiben, weil sie zu umfangreich ist, und muss sich auf spezifischere Fragen beschränken („Die katholische Soziallehre des 19. Jahrhunderts und ihre Auswirkung auf das ökonomische Denken").

3.3 Wie religiös geprägte Kulturen wirtschaftliches Handeln beeinflussen

Vielleicht die bekannteste wissenschaftliche Publikation, die sich dieser Frage widmet, stammt von Max Weber. In seiner Schrift *Die protestantische Ethik und der Geist des Kapitalismus* geht er der Frage nach, was die Ursache des „ganz vorwiegend protestantischen Charakters des Kapitalbesitzes und Unternehmertums sowohl, wie der oberen gelernten Schichten der Arbeiterschaft, namentlich aber des höheren technisch oder kaufmännisch vorgebildeten Personals der modernen Unternehmungen [ist]". Im Kern führt er dies darauf zurück, dass durch die Reformation mit ihrem Priestertum aller Gläubigen die weltliche Arbeit gegenüber der geistlichen aufgewertet wurde, was zu einer aktiveren Lebenshaltung führte. Im Calvinismus und Puritanismus seien persönliche Askese und Prädestinationslehre (dieser Begriff wird hier nicht weiter erörtert) hinzugekommen – das Ideal war der hart Arbeitende, der wenig von dem Erarbeiteten für sich selbst ausgibt, was zu Kapitalakkumulation führte und damit den entstehenden Kapitalismus anfachte.

Obwohl diese Schrift bis heute umstritten ist, so sind doch eine Reihe von Thesen relativ breit akzeptiert: z. B. der Umstand, dass der beginnende Kapitalismus durch die beschriebene, religiös geprägte Haltung befördert wurde; dass die Aufwertung der weltlichen Arbeit dazu führte, dass sich religiöse Haltungen in weltlichen Tätigkeiten widerspiegeln konnten.

Ein anderes Beispiel aus unserer Zeit sind die auffallenden Unterschiede des kapitalistischen Stils in verschiedenen Regionen der Welt, trotz aller Globalisierung. So unterscheidet z. B. der bereits zitierte Artikel von F. W. Graf in Anlehnung an andere Autoren drei Typen von Kapitalismen (Graf et al. 2009, S. 572 ff.):

Zitat

„a) den angloamerikanische Kapitalismus, der durch minimalistische politische Regelsysteme bzw. eine weitgehende Deregulierung der ökonomischen Prozesse geprägt ist und, rein ökonomisch gesehen, derzeit am effizientesten funktioniert;

b) das ‚rheinische Modell' der ‚sozialen Marktwirtschaft' bzw. das Konzept eines sozialstaatlichen Korporatismus, in dem ein dritter Weg jenseits von liberalem Konkurrenzkapitalismus und sozialistischer Planwirtschaft gesucht und die Vermittlung von Klassenkonflikten in Institutionen des systematischen Dialogs zwischen den gesellschaftlichen Gruppen zur bestimmenden Integrationsidee erhoben worden ist – mit dem Resultat der fortschreitenden Erosion alter Sozialstaatsinstitutionen, wachsender struktureller Arbeitslosigkeit und vielen politischen Lähmungserscheinungen (‚Reformstau');

c) schließlich den asiatischen crony capitalism, der stark bestimmt ist durch patriarchalische Familienstrukturen, persönliche Beziehungen, spezifische mentale Bindungen der Arbeitnehmer an die Unternehmen und Strategien der Selbstlegitimation des politischen Apparates durch konfuzianische Werte. Angesichts der großen internen Vielfalt der asiatischen Kulturräume treten einige westeuropäische und amerikanische Autoren dafür ein, den strapazierten Begriff des auf ‚Asian values' beruhenden Kapitalismus noch einmal zu differenzieren und auf der Negativfolie der verschiedenen horizontalen Konkurrenzkapitalismen westlicher Prägung zwischen dem vertikalen Ichiban-Kapitalismus in Japan und dem Guanxi- oder Beziehungskapitalismus im chinesischen Kulturraum zu unterscheiden; diese Autoren gehen deshalb von vier Haupttypen des Kapitalismus aus.

> Dabei spielen neben den religiös-mentalen Differenzen zwischen Japan und dem sinischen Kulturraum auch die erheblich divergierenden Wirtschaftsstrukturen und Wirtschaftspolitiken sowie die unterschiedlichen Gestaltungen der Arbeitgeber- und Arbeitnehmerbeziehungen eine wichtige Rolle. (…) Insoweit gilt: Die drei (oder vier) Kapitalismen sind geprägt durch konkurrierende Arrangements zwischen Prozessen des Marktes und den sozialen und politischen Institutionen, die freien Wettbewerb entweder begrenzen oder fördern sowie die am ökonomischen Prozess beteiligten Akteure entweder belasten oder entlasten. Die unterschiedlichen Arrangements zwischen Markt und Institutionenordnung sind ihrerseits stark beeinflusst durch die tiefgreifend verschiedenen religiösen und soziokulturellen Traditionen der drei (oder vier) kapitalistischen Welten."

Nebenbei sind alle diese Untersuchungen sehr starke Argumente dafür, dass Schmoller und Coase recht hatten, als sie feststellten, dass wirtschaftswissenschaftliche Analyse auch die Rahmenbedingungen untersuchen muss, unter denen wirtschaftliches Handeln stattfindet (s. u.).

3.4 Wie wirtschaftliche Umstände die Entwicklung von Religion beeinflussen

Man kann die Frage auch andersherum stellen, also nicht „Wie beeinflussen religiöse Traditionen die Wirtschaft?", sondern „Welchen Einfluss hat die wirtschaftliche Entwicklung auf die Religion?" (Lachmann 2013).

Diese Frage kann man wiederum „von innen" stellen. Häufig findet man z. B. die Annahme, dass gute wirtschaftliche Verhältnisse den rechten Glauben bedrohen. So liest man im 5. Buch Mose, 7–14 (Luther-Übersetzung 1984) die zweifache Mahnung, den HERRN nicht zu vergessen, wenn man satt ist:

> **Zitat**
> „7 Denn der HERR, dein Gott, führt dich in ein gutes Land, ein Land, darin Bäche und Brunnen und Seen sind, die an den Bergen und in den Auen fließen, (…) 9 ein Land, wo du Brot genug zu essen hast, wo dir nichts mangelt, (…) 10 Und wenn du gegessen hast und satt bist, sollst du den HERRN, deinen Gott, loben für das gute Land, das er dir gegeben hat.

> 11 So hüte dich nun davor, den HERRN, deinen Gott, zu vergessen, sodass du seine Gebote und seine Gesetze und Rechte, die ich dir heute gebiete, nicht hältst. 12 Wenn du nun gegessen hast und satt bist und schöne Häuser erbaust und darin wohnst 13 und deine Rinder und Schafe und Silber und Gold und alles, was du hast, sich mehrt, 14 dann hüte dich, dass dein Herz sich nicht überhebt und du den HERRN, deinen Gott, vergisst, der dich aus Ägyptenland geführt hat (…)"

Man kann natürlich diese Frage auch von außen stellen und z. B. untersuchen, wie sich die Einziehung der Kirchensteuer durch den Staat auf die religiöse Praxis auswirkt, und dies mit der Situation in den USA vergleichen, wo die Kirchen sich selbst um ihre finanziellen Mittel kümmern müssen.

3.5 Wie ökonomische Theorien religiöse Phänomene deuten

Weiters kann man religiöse Phänomene mit Instrumenten ökonomischer Theorien untersuchen. Man muss hier im Plural sprechen, weil es, wie gesehen, ja ganz unterschiedliche ökonomische Traditionen gibt, die zu ganz unterschiedlichen Ergebnissen führen.

So kann man neoklassisch vorgehen und untersuchen, wie sich ein Homo oeconomicus religiös verhält – etwa plausibel machen, dass ein reicher Mensch (im Modell), der viel Geld, aber wenig Zeit hat, mehr Geld für Priester ausgibt, die ihm die religiöse Arbeit abnehmen, als ein Armer. Es gibt allerdings Autoren, die diesen Ansatz für wenig fruchtbar halten (Rothschild 1981, S. 167).[1]

Eine andere Herangehensweise besteht darin, den ökonomischen Wert der Religion zu ermitteln: Da die Religion ihre Mitglieder zu einem bestimmten Verhalten anregt („Du sollst nicht stehlen"), entstehen der Gesellschaft Vor- oder Nachteile. Wenn etwa die christlichen Kaufleute ehrlich sind, dann haben ihre Vertragspartner weniger Kosten bei der Vertragsanbahnung und -umsetzung (weil sie sich auf die Aussagen der Kaufleute verlassen können und nicht selbst mühsame Recherchen über das angebotene Produkt anstellen müssen). Hier besteht

---

[1] Rothschild formuliert sehr scharf: „Es ist typisch für die Kopplung von formaler Generalität mit materieller Inhaltsleere im Entscheidungsmodell der Gleichgewichtstheorie, (…) daß man den ‚ökonomischen' Denkstil ohne weiteres auf andere Bereiche ausdehnen kann."

eine gewisse Nähe zu Ansätzen, die evolutionistische Überlegungen anstellen, etwa der Form: Religionen haben sich in der Evolution entwickelt, weil sie im Überlebenskampf Vorteile bieten (wobei zu klären wäre, ob die Menschheit überhaupt schon lange genug religiös ist, um durch genetische Veränderungen Religion zu befördern).

Ein ganz anderer Ansatz wäre wiederum, Managementlehren auf kirchliche Einrichtungen anzuwenden, z. B. zu fragen, ob durch verändertes Führungsverhalten diakonische Werke ihre religiösen Ziele besser erreichen können.

Literatur

Graf, F.W., et al.: Interdependenzen von Religion und Wirtschaft. In: Korff, W. (Hrsg.) Handbuch der Wirtschaftsethik. Berlin University Press, Berlin (2009)
Haas, H.-S.: Theologie und Ökonomie. Kohlhammer, Stuttgart (2010)
Herms, E.: Das neue Paradigma. In: Wieland, J. (Hrsg.) Wirtschaftsethik und Theorie der Gesellschaft. Suhrkamp, Frankfurt a. M. (1993)
Homann, K., et al.: Ökonomik und Theologie. Roman Herzog Institut, München (2009)
Lachmann, W.: Religion, Wirtschaft, Wirtschaftsethik. Zeitschrift für Marktwirtschaft und Ethik. **1**, 10 (2013)
Rothschild, K.W.: Einführung in die Ungleichgewichtstheorie. Springer, Berlin (1981)
Thiede, C.P.: Ein Fisch für den römischen Kaiser. Luchterhand, München (1998)

4 Wirtschaften als „richtiges" Handeln: Management

> In diesem Kapitel geht es um ein ebenfalls altes Paradigma der Wirtschaftswissenschaft, nämlich die Theorie vom „richtigen" Handeln. Dabei wird das Wort „richtig" hier verstanden im Sinne von „effizient" bzw. „geeignet, ein bestimmtes, ökonomisch geprägtes Ziel zu erreichen".
>
> Dieses Ziel grenzt das Paradigma von der Ethik ab, die sich ja auch mit „richtigem" Handeln beschäftigt, allerdings allgemeine Regeln dafür sucht, was richtig im Sinne von „gut" ist. Bei der Ethik geht es also darum, was „moralisch richtig" ist, während die wirtschaftswissenschaftliche Theorie das richtige Handeln für ein vorgegebenes Ziel („10 % Umsatzsteigerung") untersucht. Bei gemeinnützigen Organisationen, die einem moralischen Ziel verpflichtet sind (z. B. Krankenhäuser in kirchlicher Trägerschaft), besteht eine Überlappung.
>
> „Management" kann sich dabei auf einzelne Unternehmen beziehen (in diesem Sinne wird das Wort meist verwendet), aber man kann natürlich auch ganze Staaten „managen".

Ein sehr frühes westeuropäisches Beispiel ist Hesiods *Werke und Tage*, das um 700 v. Chr. entstand. Breiten Raum nehmen darin Anweisungen zum richtigen Führen eines Bauernhofes ein.

Auch klingt bei Hesiod bereits das Problem der Güterknappheit, also das „ökonomische Prinzip" an:

> **Zitat**
> „Verborgen halten ja Götter den Menschen die Nahrung. Leicht nämlich erwürbest du sonst an einem Tag so viel, daß es dir sogar übers Jahr hin reichte, und gingest du auch müßig." (Hesiod 2007, S. 7)

Das Wort Ökonomie taucht bei Hesiod noch nicht auf, obwohl es gut passen würde. Οἶκος (oikos) bedeutet, wie bereits erwähnt, Haus, Haushaltung, Wirtschaft: nämlich das „Haus" mitsamt Nebengebäuden und allen Einwohnern inkl. Freien und Sklaven. Ökonomie ist mithin die Lehre vom Wirtschaften; in der Antike zunächst der agrarischen Hauswirtschaft, heute des Betriebes. Zuerst erwähnt wird das Wort bei Pittakos aus Lesbos (ca. 650 v. Chr. bis ca. 570 v. Chr.) (Schefold 1994, S. 216), danach begegnet es regelmäßig – bis heute.

Auch in Xenophons *Oikonomikos* (um 380 v. Chr.), den römischen Agrarschriftstellern (M. Porcius Cato, 234–149 v. Chr., M. Terentius Varro, 116–27 v. Chr., Lucius Iunius Moderatus Columella, um 1 n. Chr. bis um 70 n. Chr.) finden sich ausführliche Beschreibungen über die richtige Verwaltung von landwirtschaftlichen Gütern, mit insgesamt präziserer Beschreibung z. B. des dazugehörigen Personalwesens etc. als bei Hesiod und bis hin zur ersten in der Literatur auffindbaren Unterscheidung von variablen und Fixkosten reichend (Schneider 2001, S. 109).

Wenn man bedenkt, dass Agrarbetriebe den Standard des antiken Produktionsbetriebs darstellten, und wenn man davon absieht, dass die römischen Autoren noch nicht zwischen agrarischer Ingenieurtechnik und Betriebswirtschaft unterscheiden, ist es gedanklich von Columella zur modernen „Management"-Literatur nicht sehr weit.

Was ist eigentlich „Management"?
Die „Theorie richtigen Handelns" kann auch andere Namen annehmen, z. B. „Management", „Unternehmensführung", „Strategie" usf. All diese Begriffe gehen in der Literatur auf recht unklare Weise durcheinander, was nachfolgend am Begriff des „Managements" gezeigt werden soll. Das Wort selbst geht auf lat. „manus": die Hand zurück, aus dem über italienisch „mano" zunächst „maneggiare" wird im Sinne von handhaben, bewerkstelligen, von dem schließlich das Wort „managen" stammt. Im Folgenden werden einige Definitionen von „Management" zitiert.

4 Wirtschaften als „richtiges" Handeln: Management

- „Management is the organ of society specifically charged with making resources productive by planning, motivating, and regulating the activities of persons towards the effective and economical accomplishment of a given task (Drucker).
- Management is the art of working through other people (Owen).
- Management ist eine komplexe Aufgabe: Es müssen Analysen durchgeführt, Entscheidungen getroffen, Bewertungen vorgenommen und Kontrollen ausgeübt werden (Ansoff).
- Management ist die schöpferischste aller Künste, denn sein Medium ist das menschliche Talent selbst (McNamara).
- Die Unternehmungspolitik umfaßt ... jene Gesamtheit von Problemen (Aufgaben), die gelöst werden muß, wenn das Verhalten der Gesamtunternehmung bestimmt wird (Rühli).
- Management kann ... definiert werden als die Verarbeitung von Informationen und ihre Verwendung zur zielorientierten Steuerung von Menschen und Prozessen (Wild).
- Management is the process of planning, organizing, leading, and controlling the efforts of organizational members and the use of other organizational resources in order to achieve stated organizational goals (Stoner).
- Unternehmensführung ist ... ein auch durch systembezogene Merkmale charakterisiertes Phänomen (Beyer).
- Management consists of two very basic functions: decision making and influence (Anthony).
- The essence of management is the creation, adaption, and coping with change (Leontiades).
- Management ist ein System von Steuerungsaufgaben, die bei der Leistungserstellung und -sicherung in arbeitsteiligen Systemen erbracht werden müssen (Steinmann/Schreyögg)." (Macharzina 1999)

Diese Definitionen nennen also drei Hauptthemen des Managements in unterschiedlicher Gewichtung: Zielbildung und -erreichung, Information und Entscheidungsfindung sowie Personalsteuerung und Organisation.

„Management" kann sich außerdem auf eine Funktion (des Managements) oder eine Institution (das Management) beziehen, d. h. entweder auf eine Tätigkeit oder auf die Menschen, die diese Tätigkeit ausüben.

Noch weniger präzise ist der landläufige Sprachgebrauch: Etwas „managen" heißt häufig einfach nur „etwas tun, aktiv sein".

Die Frage liegt nahe, ob sich ein solches, recht schwammiges Konzept überhaupt wissenschaftlich handhaben lässt. Auch wirkt sich aus, dass es sich um einen interessengetriebenen Ansatz handelt (es geht ja darum, Ziele zu erreichen, die von einzelnen Personen oder Organisationen angestrebt werden); dadurch besteht die Gefahr, dass wissenschaftliche Ergebnisse von nichtwissenschaftlichen Interessen beeinflusst werden. Obendrein ist „Management" als Theorie der Zielerreichung immer auch darauf angewiesen, alle Ressourcen entsprechend einzusetzen; d. h., es geht immer um die ganze Organisation (und nicht um separierbare Teilbereiche, die sich besser untersuchen lassen).

Die Literatur zum „Management" reicht daher von ernst zu nehmenden wissenschaftlichen Bemühungen über Kochbuchniveau („Die sechs Wahrheiten der Menschenführung") bis hin zu blankem Unsinn.[1]

Im Folgenden sollen einige der ernst zu nehmenden Ansätze beispielhaft nachverfolgt werden.

4.1 Unternehmensführung als Zielbildungs- und Zielerreichungsprozess

Die aktuell auflagenstärkste Einführung in die allgemeine Betriebswirtschaftslehre definiert: „Die Unternehmensführung hat die Aufgabe, den Prozess der betrieblichen Leistungserstellung und -verwertung so zu gestalten, dass das (die) Unternehmensziel(e) auf höchstmöglichem Niveau erreicht wird (werden)" (Wöhe 2016, S. 47).

Unternehmensziele wiederum sind „Maßstäbe, an denen unternehmerisches Handeln gemessen werden kann". Man kann darüber streiten, inwieweit hier ein Zirkelschluss vorliegt: Unternehmensführung dient der Zielerreichung; die Ziele dienen dazu, den Erfolg der Unternehmensführung zu messen.

Bei den Unternehmenszielen geht das zitierte Lehrbuch weiter darauf ein, wer sie letztlich bestimmt – die Eigentümer des Unternehmens („Shareholder") oder auch andere („Stakeholder"), z. B. Mitarbeiter des Unternehmens, die vom Unternehmen betroffene Öffentlichkeit usw. –, und kommt zum Ergebnis, dass unternehmerisches Handeln „vorrangig durch die Interessen der Eigenkapitalgeber bestimmt wird". Weiters zählt es verschiedene denkbare Ziele auf (ökonomische, soziale und ökologische Ziele) und erläutert, dass diese Ziele danach eingeteilt werden können,

- wer die Ziele setzt,

---

[1] Ich verzichte nur deswegen darauf, Beispiele anzuführen, weil ich niemanden bloßstellen möchte.

4.1 Unternehmensführung als Zielbildungs- und Zielerreichungsprozess

- was der Inhalt der Ziele ist,
- welches „Ausmaß" die Ziele haben,
- wie sie sich über die Zeit verändern,
- ob mehrere Ziele sich gegenseitig befördern, behindern oder unabhängig voneinander sind,
- welche Ziele wichtiger sind als andere.

Der eigentliche Zielerreichungsprozess wird als eine Art Kreislauf verstanden (Abb. 4.1).

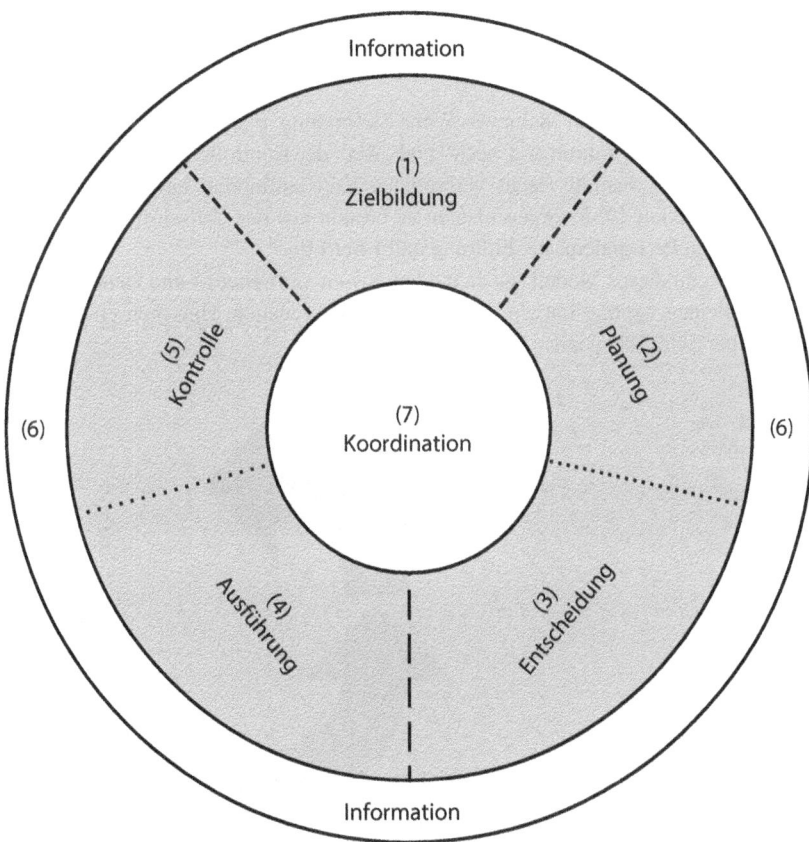

Abb. 4.1 Zielerreichungsprozess als Kreislauf

Demnach beginnt die unternehmerische Tätigkeit mit der Zielbildung. Darauf folgt die Planung, die wiederum nach ihrem Planungshorizont in strategische (5–10 Jahre), taktische (2–5 Jahre) und operative Planung (bis 1 Jahr) eingeteilt wird; sie beruht auf einer Analyse der Umwelt (z. B. Marktentwicklung, Wettbewerbssituation) und des Unternehmens selbst. Insoweit verschiedene Pläne entwickelt wurden, wird anschließend der beste ausgewählt und ausgeführt. Danach wird überprüft, ob Plan und Ausführung gelingen und ggf. angepasst. – Der ganze Prozess wird begleitend koordiniert und die Unternehmensführung erhält geeignete Informationen.

PDCA-Zyklus und verwandte Modelle
Dieses Modell ist in der Betriebswirtschaftslehre sehr weit verbreitet. Es begegnet auch in der Form des „Deming-Kreises" (benannt nach W. E. Deming), auch „PDCA-Zyklus" genannt (Abb. 4.2).

Dabei entspricht „Plan" dem, was Wöhe Zielfindung, Planung und Entscheidung nennt, „Do" der Ausführung, „Check" und „Act" der Kontrolle.

Ein anderes, ebenfalls recht verbreitetes Kreislaufmodell hatten H. Koontz und C. O'Donnell 1955 vorgeschlagen; es besteht aus den Teilschritten Planung, Organisation, Personaleinsatz, Führung und Kontrolle.

Auch wenn dieses Modell seit Jahrzehnten weit verbreitet ist und Generationen von Kaufleuten geprägt hat, so weist es doch bei genauem Hinsehen eine Reihe erheblicher Schwächen auf:

Abb. 4.2 Der Deming-Kreis

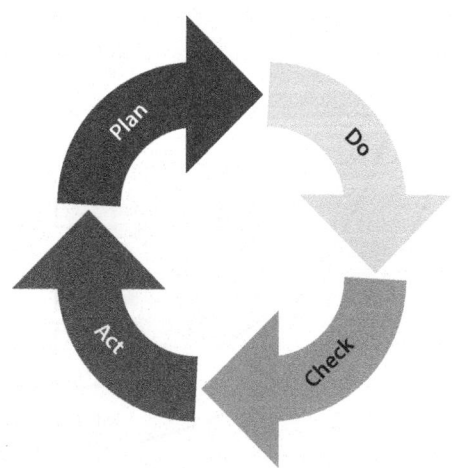

Erstens ist es so allgemein, dass es auf jede Problemlösung passt – ob man einen Nagel in die Wand schlagen oder einen Stahlkonzern feindlich übernehmen möchte. Dadurch ist der Abstand zwischen dem Modell und der tatsächlichen Problemlösung so weit, dass das Modell zur Lösung wenig beiträgt. Es kommt mir auch einigermaßen absurd vor, wenn einem derart simplen Modell in der Literatur bescheinigt wird, dass es „auf der wissenschaftlichen Methode basiert" oder sogar seine Anwendung ein „wissenschaftlich korrektes Vorgehen" garantiert.

Die Allgemeinheit des Modells ist verknüpft mit dem Problem, dass es nur den Prozess der Problemlösung beschreibt und nicht seine Inhalte. Wenn man einen Nagel einschlagen will und nicht weiß, wie das geht, möchte man ja nicht erklärt bekommen, dass man sich zuerst einen Plan zurechtlegen soll, dass man dann den Plan ausführen soll usw., sondern, in welchem Winkel man den Nagel und den Hammer hält und wie man verhindert, dass man sich auf den Daumen haut.

Es ist so, als ob man in der Medizin darüber nachdenken würde, was „Gesundheit an sich" bedeutet. Mit dieser Frage kommt man nicht sehr weit. Die moderne Medizin ist deshalb so erfolgreich, weil sie so viele verschiedene Krankheiten differenzieren kann. Es macht nämlich Sinn, über so etwas wie „Tuberkulose" zu forschen, aber nicht über „alle Krankheiten auf einmal". Entsprechend lernen Mediziner nicht, dass sie sich einen Plan zurechtlegen sollen, den Plan ausführen und ggf. ändern, sondern sie lernen, *was* der Plan ist („Insulin gegen Diabetes"). Für die Betriebswirtschaftslehre bedeutet das, dass sie auch Aussagen der Form machen sollte: „Wenn ein Folienhersteller in Ungarn nicht genügend Folien verkauft, liegt das meist daran, dass die Folien nicht zu den dort hergestellten Glasflaschen passen".

In diesem Zusammenhang ist sehr interessant, dass es in der Betriebswirtschaftslehre aktuell eine Diskussion über „Evidence-based Management" gibt. Der Begriff ist angelehnt an „Evidence-based Medicine"; darunter versteht man das Bemühen, medizinische Entscheidungen auf möglichst gute, meist statistische Untersuchungen zu gründen (und nicht auf Vermutungen, Spekulationen und Ähnliches). Die höchste Aussagekraft hat demnach die doppelblinde, randomisierte Studie, bei der die Wirkung einer Maßnahme, z. B. eines Medikaments, getestet wird, indem man einem Teil der Patienten das Medikament und einem anderen Teil eine unwirksame Tablette gibt (wobei weder Arzt noch Patient wissen, wer was bekommt, daher „doppelblind") und dann die Ergebnisse vergleicht. Die Medizin hat in den letzten 2000 Jahren schmerzhaft lernen müssen, wie leicht man sich täuschen kann (s. Exkurs).

Allerdings ist es nicht leicht, das Konzept der Evidenzbasierung auf die Betriebswirtschaftslehre zu übertragen; mit Unternehmen kann man z. B. kaum doppelblinde

Studien durchführen.[2] – Aber vielleicht kann man aus der Medizin zumindest lernen, spezifischere Themen zu untersuchen, z. B. das Verhalten vergleichbarer Unternehmen einer Branche oder spezifische Vorgänge, z. B. die Finanzkrise, statt Trinkhallen und Nahrungsmittelkonzerne in einer Untersuchung über „Führung" zu vermischen.

Exkurs
Aretaios von Kappadokien, der im 1. Jahrhundert n. Chr. lebte, galt bis ins 19. Jahrhundert als vorbildlich in seiner Darstellung von Krankheitsgeschichten. An seiner Untersuchung der Lungenentzündung kann man sehr schön sehen, wie ein fast richtiges Modell zu vollkommen falschen Empfehlungen führen kann:

„Über Lungenentzündung. Auf Grund der beiden bestimmenden Prinzipien, der Nahrung und der Atemluft, leben die Lebewesen, von ihnen ist die Atmung bei weitem entscheidender; denn wenn jemand den Atem anhält, wird er nicht lange ausreichen, vielmehr stirbt der Mensch sofort. Es gibt unzählige Organe: den Anfang bildet die Nase, als Weg dient die Luftröhre, als Raum die Lunge, der Brustkorb ist schützende Umkleidung und Behälter der Lunge. [Soweit alles richtig.] Aber die übrigen dienen dem Lebewesen lediglich als Werkzeuge; die Lunge dagegen enthält auch die Ursache für die Anziehung; denn den Raum in der Mitte zwischen ihr nimmt ein warmes Organ ein, das Herz, der Ursprung des Lebens und der Atmung; dies vermittelt auch der Lunge das Verlangen nach der Anziehung der kalten Luft; denn es erhitzt sie; das Herz übt aber einen Zug auf sie aus. [Das stimmt nicht ganz: der Zug stammt vom Zwerchfell, den Muskeln des Brustkorbs und der Atemhilfsmuskulatur.] Erstens erstreckt sich, wenn das Herz erkrankt ist, der Aufschub des Todes nicht über einen langen Zeitraum. Wenn aber die Lunge erkrankt ist, und zwar auf Grund einer geringfügigen Ursache, dann lebt der Patient, wenn es ihm auch infolge von Atembeschwerden schlecht geht. [Das ist richtig, aber als Beleg für die Zugfunktion des Herzens nicht geeignet.] …

Dies ist es, was wir als Lungenentzündung bezeichnen: eine Entzündung der Lunge mit akutem Fieber, wenn ein Schweregefühl im Brustkorb damit verbunden ist; sie verläuft ohne Schmerzen, wenn nur die Lunge entzündet ist. Denn auf Grund ihrer Beschaffenheit ist sie ohne Schmerzempfindung; sie ist in ihrer Substanz locker und der Wolle ähnlich; knorpelige Bronchienäste durchziehen sie, und diese sind ohne Schmerzempfindung; Muskeln sind überhaupt nicht vorhanden, und es gibt nur kleine, feine Nerven, die für die Bewegung zuständig sind; ebendies ist die Ursache für das Fehlen einer Schmerzempfindung. Wenn aber außerdem auch eine der umgebenden Häute entzündet ist, mit denen sie an den Brustkorb herankommt,

---

[2] Eine auch heute noch sehr interessante Diskussion dazu findet man in: Die Betriebswirtschaft, Heft 3/2013.

4.1 Unternehmensführung als Zielbildungs- und Zielerreichungsprozess

ist auch Schmerz damit verbunden. [Wenn man davon absieht, daß die Bronchien kleine Muskelfasern haben, ist alles ganz richtig beobachtet.] ...
Die Behandlung der Lungenentzündung. Die Entzündung der Lunge ist bei denjenigen, bei denen ein nur kurze Zeit dauernder Erstickungsanfall auftritt, ein hochgradig akutes und zeitlich begrenztes Leiden. [Richtig.] Die Heilmittel müssen nun entgegengesetzt sein und eine schnelle Wirkung haben. Man soll sofort die Venen am Ellenbogen durch einen Schnitt öffnen, und zwar besser beide zugleich, rechts und links, als nur aus einer größeren Blut zu entziehen, damit die Ableitung der Flüssigkeiten von jeder der beiden Regionen der Lunge her erfolgt. Doch nicht bis zur Bewußtlosigkeit; denn die Bewußtlosigkeit fördert noch den Erstickungsanfall. Aber auch wenn sie nur noch wenig atmen, muß man sofort anhalten und den Blutstrom unterbrechen. Denn wenn die Ursachen aus dem Blut herrühren, nimmt der Aderlaß die Ursache selbst mit sich fort; und wenn Schleim, Schaum oder irgendeine andere Flüssigkeit als Ursache wirken, machen die Entleerungen der Venen den Raum der Lunge für das Passieren des Atems weiter" (zit. nach Kollesch und Nickel 2005, S. 164 ff.).

Insgesamt klingt Aretaios' Therapieempfehlung plausibel, ist aber grundfalsch und dürfte über Jahrhunderte viele Patienten das Leben gekostet haben.

Das zweite Problem des Deming-Kreises und verwandter Konzepte ist ihre regelmäßig mangelhafte empirische Fundierung und damit verbunden die Überschätzung rationalen Verhaltens. Bei Letzterem findet sich eine Parallele zum neoklassischen Modell, das ebenfalls von rational entscheidenden Individuen ausgeht (s. Kap. 7). Nun ist es richtig, dass Menschen rational handeln, aber eben nicht nur. Auch sind Entscheidungsprozesse nicht so sauber strukturiert, wie in der Literatur häufig angenommen, sondern durch sehr viele unerwartete Vorgänge gekennzeichnet.

Reale Unternehmen
Soweit es überhaupt in der Realität untersucht wurde, werden Vorgänge in Unternehmen eher von Erwartungen als von Analysen gesteuert, die ihrerseits mehr oder weniger rational sind (Schreyögg 1984, S. 208). So wird z. B. von Mitarbeitern erwartet, dass sie „Probleme lösen". Wenn aber keine Probleme da sind, schaffen sie sich welche. Dabei kann es sogar so sein, dass die Mitarbeiter ihre eigentlich überflüssigen Handlungen selbst als Problemlösung missdeuten. Auch wird von Mitarbeitern erwartet, dass sie „aktiv" sind. Zum Beispiel muss eine Marketingkampagne nicht darauf beruhen, dass ein Imageproblem vorliegt, sondern kann dem Umstand geschuldet sein, dass es eine Marketingabteilung gibt, deren Aufgabe die Produktion von Werbung ist. Entscheidungsprozesse (auch in

Form von Budgetierung) dienen häufig nicht dem Treffen einer Entscheidung, sondern der nachträglichen Rechtfertigung bzw. Legitimation der Entscheidungsträger. Eine Unternehmensplanung kann, statt zu planen, schlicht dazu dienen, erwünschte Verhaltensweisen einzufordern (oder „einzuschleifen").

In einem Fallbeispiel zum Qualitätsmanagement konnten diese verwickelten Zusammenhänge aufgedröselt werden: Nach der Einführung eines Qualitätsmanagementsystems stieg die *gemessene* Qualität an; aber nicht, weil die Mitarbeiter ihr Verhalten geändert hätten, sondern deshalb, weil sie gelernt haben, welche Daten sie dem Qualitätssicherer liefern müssen, damit er zufrieden ist. In anderen Fällen mag sich allein die Aufforderung des Unternehmens, die Qualität zu verbessern, tatsächlich positiv auf die Qualität auswirken, einfach weil die Mitarbeiter manchmal tun, was man ihnen sagt bzw. sich mehr mit dem Thema beschäftigen. – Aus medizinischer Perspektive wirkt es geradezu „neurotisch", wenn ein Konflikt (z. B. zwischen dem Bedürfnis der Kapitalgeber nach Verzinsung und dem Interesse der Arbeitnehmer an geregelten Arbeitszeiten) über ein Konstrukt gelöst wird, das nicht rational ist (z. B. die Budgetierung im o. g. Sinn, die faktisch nur dazu dient, Leistungssteigerung zu erzwingen), von dem aber alle Beteiligten so tun, als sei es rational.

Insgesamt wird man, wenn man belastbare Aussagen gewinnen will, das Thema wohl komplett neu aufsetzen müssen und das komplexe Wirkungsgefüge aus persönlichen Interessen der Mitarbeiter, firmeninterner Politik, „hidden agendas", den Interessen der Eigentümer, rechtlichen Rahmenbedingungen usw. empirisch sehr viel genauer studieren, als es bisher erfolgt ist. – Es gibt gerade in Deutschland eine Traditionslinie, an die man anknüpfen könnte. Max Weber hat z. B. in seiner Schrift *Wirtschaft und Gesellschaft*, die 1922 kurz nach seinem Tode erschien, Verwaltungsorganisationen in dieser Weise untersucht.

Ein zwar nicht als Kreislauf gestaltetes, sonst aber vergleichbares und ebenfalls recht bekanntes Modell des Managements entwickelte Michael E. Porter 1985. Darin beschreibt er Unternehmen als eine Reihe von Tätigkeiten, durch die Produkte entworfen, hergestellt, vertrieben und geliefert werden. Entlang dieser „Wertkette" entstehen Wertschöpfung und Gewinn. Soweit sich Unternehmenstätigkeiten auf diese Wertschöpfung beziehen, sind sie „primär", während alle anderen „sekundär" bzw. „unterstützend" sind (Abb. 4.3).

4.2 Management als Informationsverarbeitung

Abb. 4.3 Managementmodell nach Michael E. Porter (Gabler-Wirtschaftslexikon 1988)

4.2 Management als Informationsverarbeitung

Eine andere, nämlich historisch orientierte Deutung des Managements bieten Steinmann und Schreyögg (2000, S. 29 ff.). Ihnen zufolge entstand die Notwendigkeit, Managementwissen zu entwickeln, als Unternehmen im Rahmen der industriellen Revolution so groß wurden, dass sie nicht mehr – wie vorher – vom alles wissenden Eigentümer gesteuert werden konnten. Die Autoren entwickeln dies am Beispiel der amerikanischen Eisenbahngesellschaften. Dort wurde nach einer Reihe von Eisenbahnunfällen eine neue Organisationsstruktur geschaffen, bei der die Verantwortung für die Streckennutzung auf verschiedene Manager aufgeteilt wurde. Das hatte zur Folge, dass es zwar niemandem mehr im Unternehmen gab, der über alle Informationen verfügte, aber durch die Aufteilung von Wissen und Verantwortlichkeit konnten die Aufgaben des Unternehmens trotzdem besser bearbeitet werden. Man kann Unternehmen und ihr Management also als ein Verfahren verstehen, Komplexität der Umwelt zu verarbeiten.

Hier besteht eine inhaltliche Nähe zur Systemtheorie Luhmanns (Luhmann 1987).

Obwohl dieser Ansatz plausibel erscheint, ist dem Autor keine Darstellung bekannt, der es gelungen wäre, die Theorie in die Praxis zu transferieren, d. h. die Frage zu klären, wie genau Unternehmensführung die beschriebene Informationsverarbeitung leistet.

4.3 Führungsstile

Eine ganze Reihe von theoretischen Ansätzen beschäftigt sich mit Führungsstilen und leitet daraus Managementempfehlungen ab. Aus der Bandbreite dieser Vorschläge und Untersuchungen seien hier wiederum einige beispielhaft skizziert.

So wurden Führungslehren entwickelt, die an der Person des Vorgesetzten und/oder an seinem Führungsverhalten ansetzen. Letzteres bildet die Grundlage des sogenannten Verhaltensgitters von Blake und Mouton: Demnach wird das Verhalten in (nur) zwei Achsen beschrieben: der Mitarbeiter- und Produktorientierung. Beides wird auf einer Skala von 1 bis 9 gemessen. „1.1" bedeutet demnach einen Leitungsstil, der sich weder um die Belange des Unternehmens und seiner Produkte noch um die der Mitarbeiter kümmert. „9.9" ist hingegen in beiden Richtungen vorbildlich. Bisher konnte nicht nachgewiesen werden, dass ein „9.9"-Stil zu besseren Ergebnissen führt.

Andere Ansätze haben – bisher erfolglos – versucht, den „Charakter" erfolgreicher Führungspersonen zu ermitteln. Wieder andere Theorien bemühen sich, Managementstile in Abhängigkeit von der jeweiligen Produktreife zu optimieren.

Während frühere Managementmodelle davon ausgingen, dass Mitarbeiter im Wesentlichen rational handeln und dabei vor allem von ihrem Lohn angetrieben werden, haben die berühmten Hawthorne-Experimente in den 1920er-Jahren nachgewiesen, dass dabei auch andere Effekte eine Rolle spielen. Eigentlich hatte man untersuchen wollen, welchen Effekt die Beleuchtungsstärke auf die Leistung der Arbeiter hatte. Dazu wurde zunächst die Helligkeit verbessert, was zu Produktivitätszunahme führte. Überraschenderweise nahm die Produktivität weiter zu, als man das Licht anschließend wieder abdunkelte. Tatsächlich arbeiteten die Versuchspersonen schneller, weil sie sich beobachtet und auch persönlich aufgewertet fühlten. Daraus entwickelte sich die „Human-Relations-Bewegung", die davon ausgeht, dass zufriedene Arbeiter auch gute Arbeiter sind. (Es zeigte sich später, dass ein Teil der Hawthorne-Ergebnisse gefälscht war; eigentlich ein Treppenwitz der Wissenschaftsgeschichte: dass tatsächlicher wissenschaftlicher Fortschritt auf einer Fälschung beruhte.) Nebenbei bemerkt basiert der Hawthorne-Effekt auf dem Verhalten der Versuchspersonen; der verwandte Rosenthal-Effekt hingegen wird vom Versuchsleiter verursacht. Wenn man z. B. einem Lehrer glaubhaft mitteilt, dass einer seiner Schüler hochbegabt sei (unabhängig davon, wie begabt das Kind tatsächlich ist), dann macht dieser Schüler auch überdurchschnittliche Fortschritte.

In diesen Zusammenhang gehören auch Managementempfehlungen, z. B. die Prinzipien nach H. Fayol (1929):

4.3 Führungsstile

> **Zitat**
>
> „– Arbeitsteilung führt zur Spezialisierung der Funktionen und damit zur Produktivitätssteigerung.
> – Autorität ist das Recht zu befehlen. Sie geht mit Verantwortung einher.
> – Disziplin ist die Befolgung der Regeln. Sie wird gewährleistet durch kompetente Leitung, klare Dienstordnungen und gerechte Anwendung von Sanktionen.
> – Einheit der Auftragserteilung bedeutet, daß der Angestellte für eine Tätigkeit nur von einem Vorgesetzten Befehle empfangen darf.
> – Einheit der Leitung bedeutet, daß es nur einen Leiter und einen Plan geben darf." Usw.

Auch die Diskussion um verschiedene Organisationsstrukturen, z. B. Linien- vs. Matrixorganisation, oder über ein optimales Vergütungssystem kann man in diesem Zusammenhang sehen, ebenso einzelne Führungsinstrumente wie die „Balanced Scorecard" (die einfach die wichtigsten Unternehmensziele und ihre Erreichung übersichtlich auflistet und nachverfolgt), „Benchmarking" (bei dem man analysiert und nachstellt, wie Branchenführer agieren), Strategiefindungskonzepte (z. B. die BCG-Matrix, das Konzept des Produktlebenszyklus', das Lernkurvenmodell, das 7S-Modell u. v. a.), Kostensenkungsprogramme usw.

Insgesamt ist es bisher nicht gelungen, diese völlig desintegrierten Ansätze in einer Theorie zusammenzufassen. Insofern bleiben sie unverbunden nebeneinander bestehen, und jeder Manager kann sich daraus aussuchen, was ihm gerade zusagt.

Wahrscheinlich deswegen sind Fallstudien in der Managementliteratur so beliebt: wenigstens dort kann der Autor behaupten, den präzisen Grund für den jeweiligen Erfolg (oder Misserfolg) gefunden zu haben. (Es ist nachträglich nicht nur einfacher, den Grund zu finden, sondern auch ungefährlich – es kann ja niemand nachweisen, dass der Verlauf anders gewesen wäre, wenn man diese oder eine andere Ursache behoben hätte.) Allerdings vermitteln sie auch nur kasuistisches Wissen; d. h., der Erkenntnisgewinn bezieht sich eben auf den untersuchten Fall und ist für anders gelagerte Fälle ungeeignet.

Da es nicht möglich ist, belastbare Aussagen über „richtiges" Management zu machen, klammern sich viele Manager an empirisch unbelegte Behauptungen – als nähmen sie gegen eine unbekannte Krankheit Kräutertabletten, die wahrscheinlich nicht schaden und vielleicht etwas nutzen.

4.4 Teilaspekte des Managementgeschehens

Natürlich kann man Teile des Managementgeschehens herausgreifen und für sich betrachten. In diesem Sinne kann man z. B. untersuchen:

- Prozessmanagement: Wie laufen Prozesse im Unternehmen ab und wie kann man sie optimieren?
- Qualitätsmanagement: Wie kann die Produktqualität verbessert werden?
- Personalführung: Wie können die Mitarbeiter produktiver werden?
- Change Management: Wie kann man die Unternehmung überhaupt verändern?

Selbstverständlich überlappen diese Methoden. So findet man in einem Lehrbuch über Qualitätsmanagement regelmäßig auch Ausführungen zum Change Management (weil eine Veränderung der Qualität eben eine Veränderung ist) und umgekehrt. Es spiegelt sich hierin, dass Struktur und Abläufe miteinander verwoben sind; zieht man einem Faden, bewegt man immer den ganzen Teppich.

Auch kann man branchenspezifische Betriebslehren hier anführen, die eine Art „Theorie des richtigen Handelns" für ihre jeweilige Branche sind, z. B. die Bankbetriebslehre, Versicherungsbetriebslehre usf. Das Gabler Wirtschaftslexikon definiert z. B.: „Bankbetriebslehre ist diejenige Teildisziplin der Betriebswirtschaftslehre, die das Bankensystem sowie das einzelne Kreditinstitut mit dem Ziel untersucht, Informationen über Aufbau, Arbeitsweise und Beziehungen mit der Gesamtwirtschaft zu gewinnen und diese durch Analyse und Auswertung für die Gestaltung von Strukturen und Prozessen nutzbar zu machen. Sie gehört zu den institutionell nach Sachaufgaben bestimmter Wirtschaftszweige eingeteilten speziellen Betriebswirtschaftslehren" (Gabler Wirtschaftslexikon 1988, S. 534). Eine solche Bankbetriebslehre umfasst also sowohl den Zweck des richtigen Handelns als auch einen Teil der dazu erforderlichen Mittel, soweit sie bankspezifisch sind.

4.5 Umfassende Managementmodelle

Schließlich gibt es Versuche, verschiedene Managementkonzepte in einem „Managementmodell" zu integrieren. Ein bekanntes Beispiel ist das sogenannte St. Galler Managementmodell (Abb. 4.4).
Die Abbildung ist weitgehend selbsterklärend. Die Umweltsphäre „Gesellschaft" z. B. betrifft Fragen der gesellschaftlichen Diskussion über wirtschaftliche Zusammenhänge, aber auch Ressourcen wie Leistungsbereitschaft und Bildungsstand der Bevölkerung. Die Anspruchsgruppen beziehen sich auf alle Personen und Gruppierungen, mit denen das Unternehmen interagiert, etc.

Insofern bildet das St. Galler Modell „alles" ab, was für ein Unternehmen relevant sein könnte – daher ist es vollständig. Steigt man aber in die Tiefen der Modellbestandteile hinab, so nehmen sie Elemente auf, die oben angesprochen wurden, z. B. die SWOT-Analyse (Strength, Weaknesses, Opportunities, Threats) zur Strategieentwicklung. Sie übernimmt damit aber auch deren Schwächen, z. B. die mangelhafte empirische Fundierung und die ebenfalls unbefriedigende theoretische Durchdringung des Themas.

Da eine Gesamtschau des Managementbegriffs, solange das unten skizzierte Forschungsprogramm (s. 4.7) noch nicht umgesetzt ist, nicht möglich ist, wird das Kapitel von einer Fallstudie abgeschlossen, die das komplexe Zusammenspiel von Personen, Interessen und Spielregeln bis zur Katastrophe vorführt.

Zitat

„Am 28. Januar 1986 endete der 25. Raumflug eines bemannten Raumgleiters vom Typ ‚Space Shuttle' kurz nach dem Abheben in einer gigantischen Explosion, die sieben Astronauten das Leben kostete. Der Ablauf dieses Desasters der ‚Challenger' kann mittlerweile praktisch auf 1000stel Sekunden genau rekonstruiert werden, der Abschlußbericht der von Präsident Reagan beauftragten Untersuchungskommission umfaßt rund 170.000 Seiten.

Vordergründig lag die Unglücksursache in einer technischen Schwachstelle des Raketensystems. Bei der ungewöhnlichen Kälte während der Startvorbereitungen kam es zu einer Versprödung von Gummidichtungen zwischen den einzelnen Bauteilen der Hauptraketen. Diese Dichtungen konnten den gewaltigen Druck während der Startphase nicht mehr aushalten, es entstand ein Leck, durch das Treibstoff austrat und in den Feuerstrahl geriet, was nach exakt 73,628 s zur Explosion führte.

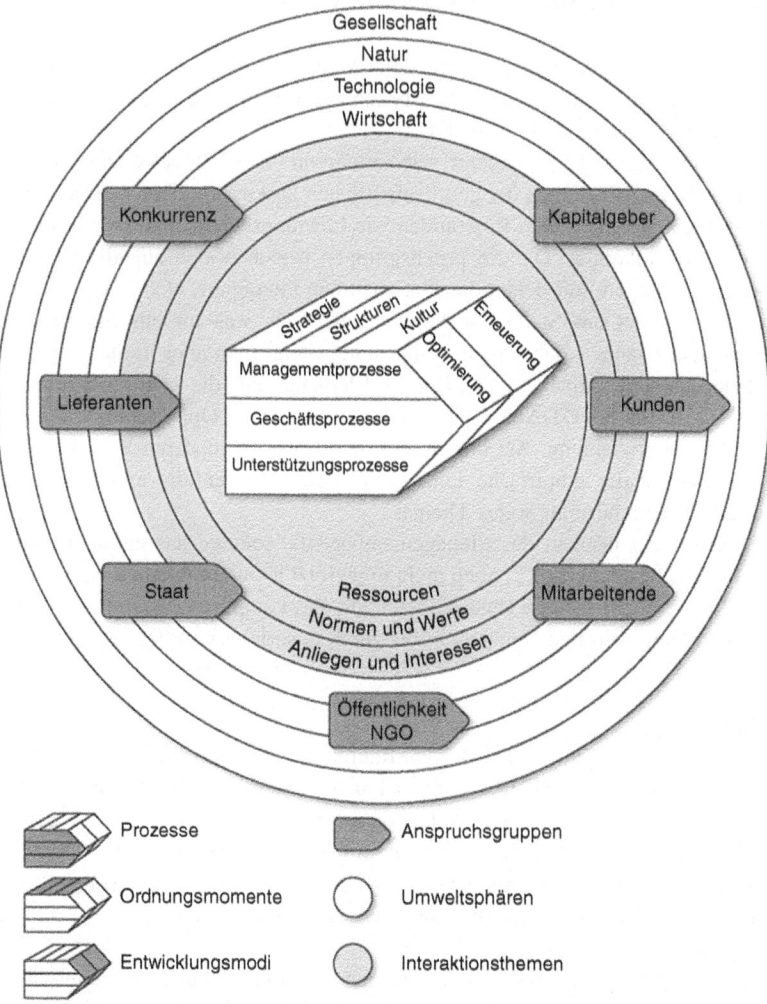

Abb. 4.4 St. Galler Managementmodell

4.5 Umfassende Managementmodelle

Die Hintergründe für dieses Desaster müssen nach den Erkenntnissen der präsidialen Untersuchungskommission allerdings eher in einem weitreichenden Fall von Managementversagen gesucht werden. So waren etwa die einschlägigen Konstruktionsmängel der Booster-Verbindung seit 1980 wohlbekannt, über mögliche Verbesserungen wurde noch 11 Tage vor dem Unglück zwischen der NASA und der Firma Morton Thiokol verhandelt. Immerhin galt ein Booster-Versagen als das größte Risiko unter den 14 theoretisch wichtigsten Unglücksursachen bei einem Shuttle-Start.

Trotzdem hätte das Unglück noch leicht vermieden werden können, wenn während der Startvorbereitungen auf die Warnungen zweier Ingenieure des Booster-Herstellers Morton Thiokol gehört worden wäre. Der Prozeß der Startfreigabe lief zu dieser Zeit als ein vierstufiger, hierarchisch aufgebauter Prozeß ab: Auf der untersten Ebene IV mußten die verschiedenen Zulieferer von Einzelbauteilen ‚grünes Licht' geben; in Ebene III waren NASA-Manager für die Bereitschaft kompletter Subsysteme verantwortlich, auf Ebene II wurde geprüft, ob sämtliche Subsysteme des Space Shuttle einsatzklar waren; Ebene I schließlich war verantwortlich für die gesamten Rahmenbedingungen der Mission und die definitive Abschlußgenehmigung.

In der entscheidenden Video-Konferenz zwischen den Ebenen IV (Thiokol) und III (NASA) 15 Stunden vor dem Start erläuterten die beiden Thiokol-Ingenieure Roger M. Boisjoly und Arnold R. Thompson detailliert das erfahrungsgemäß unkalkulierbare Risiko eines Starts bei Außentemperaturen unter 12 °C. Die NASA-Manager zeigten sich entsetzt und machten unmißverständlich klar, daß sie aus ökonomischen Gründen auf einer frühestmöglichen Startfreigabe – trotz der gefährlichen Kälte – bestanden. Erzürnt reagierte der Booster-Manager der NASA, Lawrence B. Mulloy, auf das Zaudern von Thiokol mit dem Vorwurf: ‚The eve of a launch is a hell of a time to be inventing new criteria. My God, Thiokol, when do you want me to launch, next April?'.

In der darauf folgenden 30minütigen Schaltpause herrschte zunächst eine ganze Weile Unentschlossenheit; Boisjoly und Thompson merkten dabei allerdings, daß ihnen niemand mehr richtig zuhörte und zogen sich zurück. Erst als sich Jerald E. Mason, Geschäftsführer der Boosterproduzierenden Wasatch Division, provokativ zu Wort meldete und einer Startfreigabe das Wort redete, ergab sich eine plötzliche Wende in der Beurteilung. ‚Am I the only one who wants to fly?', fragte er und mahnte seine

Kollegen unverblümt zur ökonomischen Vernunft: ‚Take off your engineering hat and put on your management hat'. Von da an verdrängten die Manager von Morton Thiokol die Bedenken ihrer eigenen Ingenieure allmählich, um die zu erwartenden Anschlußaufträge der NASA nicht zu gefährden.

Schließlich konnte man bei Thiokol ja auch darauf vertrauen, daß das Problem mit den Dichtungsringen bei der NASA selbst hinreichend bekannt war.

Bei Wiederaufnahme der Videokonferenz erklärte der Vorstand des Booster-Programms von Thiokol, Joe C. Kilminster, den NASA-Managern, daß man mittlerweile zu einer anderen Einschätzung gekommen sei und einen Start befürworte. Lawrence B. Mulloy reagierte erleichtert und teilte dem zuständigen Programmdirektor für das Shuttle-System auf Ebene II, Arnold D. Aldrich, unverzüglich mit, daß Thiokol dem Start zugestimmt hätte. Über das Problem mit den Dichtungsringen wurde mit Aldrich allerdings nicht mehr gesprochen. Auch im weiteren Verlauf des hierarchisch aufgebauten Startfreigabeprozesses wurden die kritischen Einwände nicht mehr erwähnt. Die hochsensible Information war an der Schnittstelle zwischen den Entscheidungsebenen IV und III ‚weggefiltert' worden. Deshalb wurde auch bei den unmittelbaren Startvorbereitungen dem Problem der niedrigen Außentemperaturen keine außergewöhnliche Bedeutung mehr beigemessen. Ein Meßtrupp stellte zweieinhalb Stunden vor dem Start noch eine Temperatur von −13 °C fest, ohne dies gesondert zu vermerken, da sogar das allgemeine Minimumkriterium von 0 °C als Abbruchmarke aufgehoben worden war. Als die Raketen schließlich wie geplant um 11.38 Uhr gezündet wurden, betrug die Außentemperatur 3 °C, also genau 9 °C unter der empfohlenen 12 °C-Marke. Exakt 73,628 s später endete abrupt die Datenübertragung, auf der Funkfrequenz war plötzlich nur noch ein Rascheln zu hören; auf den Bildschirmen breitete sich rasch eine milchigweiße Wolke aus. Die Rakete zerbarst." (Steinmann und Schreyögg 2000, S. 117 f.)

4.6 Das Problem der Managementlehre und ihrer Modelle

Das Grundproblem der modernen Managementlehre ist, wie gesehen, ihr Festhalten an einem falschen Modell. Unternehmen werden als rationale Entscheidungsfindungs- und Umsetzungsverfahren mit gelegentlichen „Soft-Skills"-Einsprengseln modelliert.[3] Menschen sind darin auf Roboter reduziert, ebenso Interaktionen auf den Austausch von Informationen. Das technische, soziale und historische Umfeld wird kaum, das rechtliche Umfeld nur auszugsweise beachtet. „Gewerkschaften" z. B. kommen in vielen BWL-Lehrbüchern nicht vor.

Ein wichtiges Symptom für die mangelhafte empirische und theoretische Durchdringung des Gegenstandes ist der Umstand, dass Standardlehrbücher zwar vorschreiben, wie Arbeit zu „managen" ist, aber den Begriff der „Arbeit" als Gegenstand überhaupt nicht reflektieren. Das ist so, als ob ein Kardiologe die Anatomie und Physiologie des Herzens nicht kennen würde. Natürlich kann man auch ohne dieses Wissen Patienten behandeln („bei flachem Puls versuche einen Sud aus Fingerhut"), aber die meisten Patienten ziehen heute die Behandlung durch einen ausgebildeten Internisten derjenigen durch ein „Kräuterweiblein" vor. Dass immer noch bloßes Erfahrungswissen (z. B. von Unternehmensberatern) ausreicht, um in Unternehmen erhebliche Verbesserungen zu erreichen, spricht dafür, dass Unternehmen entweder schlecht organisiert sind oder dass häufig Interessenkonflikte nicht gelöst wurden.

Nun ist es nicht ganz einfach, „Arbeit" zu verstehen, weil sie einen wesentlichen Teil des Lebens ausmacht. Eine saubere Analyse der „Arbeit" kommt daher fast einer Philosophie bzw. Anthropologie des Lebens gleich. Aber es ist prinzipiell durchaus möglich, „Arbeit" in ihrem Kontext historisch zu untersuchen.

So kann man z. B. die Entwicklung des Arbeitsbegriffs von der Antike (in der Arbeit etwas für Unfreie war, mit Ausnahme der Landwirtschaft und der politischen Betätigung) über die Aufwertung der Arbeit in der Reformationszeit bis zur modernen Selbstbestimmung durch Arbeit nachvollziehen. Tunlichst wird man dabei verschiedene Arbeitsformen differenzieren, denn die Arbeiten der Haushälterin, der Ärztin, des Bauarbeiters oder der Prostituierten unterscheiden sich sowohl hinsichtlich der jeweiligen gesellschaftlichen Wertschätzung als

---

[3] Es gibt neben dem Hauptstrom der Managementlehre einzelne Bemühungen um Verbesserung, z. B. das Denken in „schnell" und „langsam" zu unterteilen oder unter dem Stichwort „Organizational Behavior" tatsächliche Entscheidungsprozesse besser zu erforschen.

auch der Beeinflussung durch historische Veränderungen: Pilotenstreiks setzen voraus, dass es Flugzeuge gibt. Weiterhin kann man die Doppelnatur der Arbeit als Arbeitsleid einerseits, aber sinnstiftende Handlung und Selbstverwirklichung andererseits ebenso analysieren wie die Frage, inwieweit sozialpsychologische Faktoren („Entfremdung") darauf einwirken. Dass „Arbeit" in modernen Unternehmen überhaupt funktioniert, hat (auch) damit zu tun, dass Menschen etwas Sinnvolles tun möchten und daher unter Umständen zur Kooperation bereit sind.

Eine Verkürzung der Wissenschaft vom Management im Sinne Taylors, d. h. der Versuch der Effizienzsteigerung ohne jeden Blick auf die Rahmenbedingungen, ist insofern ein Zerrbild einer ordentlichen Theorie. Eine Betriebswirtschaftslehre in dieser Tradition rennt immer wieder mit theoretisch leeren Pragmatiken, die sich in wechselnden Moden ausdrücken („Motivation", „Incentives", „Controlling", „Unternehmenskultur", „Qualitätsmanagement" u. v. m.), letztlich erfolglos gegen das Problem der Profitsteigerung an. Ohne Anatomie und Physiologie gibt es keine gute Medizin.

Um es an einem weiteren Beispiel zu zeigen: Kommunikation erscheint in typischen BWL-Büchern als Austausch von Informationen; Manager werden angehalten, sich ihre „Infos" genau zu überlegen und deutlich zu kommunizieren. Aber Kommunikation besteht nicht (nur) aus dem Austausch von Informationen, sondern ist immer schon Handlung und setzt Sinnzusammenhänge voraus, über die sich ihrerseits die Sprecher verständigen. „Mein Nachbar ist ein Fuchs" bedeutet meist nicht, dass jemand sein Waldhäuschen beschreibt, neben dem ein orangebraunes Raubtier wohnt, sondern dass der menschliche Nachbar bestimmte Eigenschaften hat, und wird auch so verstanden. „Da ist die Tür" ist keine Mitteilung, sondern (meist) eine Aufforderung – nämlich, zu gehen.

Genau deshalb wird auch beim Mitarbeitergespräch die Aussage des Chefs „Ihre Leistungen waren ganz ok" von beiden Beteiligten richtig verstanden als „Ihre Leistungen waren gar nicht ok".

Die absurde Verkürzung des Gegenstandes, wie sie in der BWL erfolgt, verstellt also das Verstehen von Unternehmen, statt das Thema zu erhellen. Das Problem ist groß: Das Schicksal aller Menschen, die einer „gemanagten" Lohnarbeit nachgehen, hängt daran.

Warum tut sich die Managementlehre so schwer?
Die Frage drängt sich auf: Wie konnte die herkömmliche Betriebswirtschaftslehre, immerhin der studierendenstärkste Studiengang überhaupt, so lange darüber hinwegsehen, Unternehmen als das zu verstehen, was sie sind, nämlich sozialpsychologische Systeme mit einer technischen Basis in einer historisch gewachsenen Umwelt?

4.6 Das Problem der Managementlehre und ihrer Modelle

Die Antwort ergibt sich aus drei Beobachtungen zur Geschichte der BWL, ihrer wissenschaftlichen und ihrer politischen Ausrichtung.

1. Die Geschichte der BWL
Die Betriebswirtschaftslehre ist eine relativ junge Wissenschaft. Die erste Hochschule, die einen betriebswirtschaftlichen Studiengang in Deutschland anbot, war die Handelshochschule Leipzig (1898). Universitäten folgten noch später. Im Gegensatz dazu hatte sich die Volkswirtschaftslehre deutlich früher etabliert. Es lag daher nahe, dass die BWL einige Annahmen der VWL übernahm. Dazu gehörte insbesondere die Vorstellung, dass Wirtschaftssubjekte rational handeln, was sich im „Homo-oeconomicus-Modell" bis heute erhalten hat. Es gibt zwar punktuelle Modifikationen, aber das Grundmodell blieb unverändert. Für sozialpsychologische Erkenntnisse, die (auch) nichtrationales Handeln untersuchen, ist in diesem Modell kein Platz.

2. Wissenschaft und Opportunismus
Die Managementlehre steht mehr als andere Wissenschaften in der Gefahr, sich opportunistisch zu verhalten in dem Sinne, dass es ihr nicht (nur) um Erkenntnisgewinn geht, sondern (auch) um andere Ziele. Das gilt für Unternehmen, Studierende und wissenschaftliche Einrichtungen.

Unternehmen, die ihren Mitarbeitern ein BWL-Studium finanzieren, tun dies wahrscheinlich weniger, um den Studierenden zu reiner Erkenntnis zu verhelfen, sondern eher, um ihre Profitabilität zu steigern. Ob es „stimmt", was die Studierenden lernen, ist nicht so wichtig; es muss „funktionieren". Der Erfolg des Studiums wird also daran gemessen, ob der Jahresüberschuss steigt.

Analog erwarten nicht alle Studierenden, dass sie die „Wahrheit" finden. Manchen reicht es, wenn ein BWL-Studium ihre Karriere befördert. Dafür benötigen sie vor allem Instrumente, die ihnen helfen, im Arbeitsalltag erfolgreich zu sein – auch hier wird der „Erfolg" am Ziel des Unternehmens gemessen. Diese Studierenden reagieren bisweilen verärgert und abwehrend, wenn Dozenten versuchen, sie über die Wirklichkeit aufzuklären.

Betriebswirtschaftliche Fakultäten und Universitäten können sich dieser Sicht anpassen und damit im doppelten Sinne erfolgreich sein. Sie fokussieren sich dann darauf, den Erwartungen von Studierenden und Unternehmen zu entsprechen. Es geht ihnen also darum, Studierende bei ihrer Karriere zu unterstützen und ihnen Inhalte zu vermitteln, die aus dem Zielsystem der Unternehmen stammen. „Qualität der Lehre" und „Zufriedenheit der Studierenden bzw. des Unternehmens" fallen zusammen; der tatsächliche inhaltliche Lernerfolg wird bedeutungslos. So maximieren diese Fakultäten zugleich ihre Studentenzahl – sind also selbst „erfolgreich" – und die Zufriedenheit der Absolventen und

Unternehmen, was ihre Reputation steigert. Selbstverständlich ist nicht alles „falsch", was so gelehrt wird; aber es wird eben nur darüber reflektiert, ob die Inhalte „funktionieren", nicht darüber, ob sie „wahr" sind. Wenn z. B. eine bestimmte Managementmaßnahme wirkt, indem sie andere Mitarbeiter zu mehr Leistung anspornt, muss sie nicht inhaltlich stimmen: Wenn der Chef behauptet, „die Märkte" erwarteten eine bestimmte Kapitalrendite und wenn man sie nicht erreiche, seien die Arbeitsplätze gefährdet, und die Mitarbeiter daraufhin schneller arbeiten, dann ist dies „richtig", weil erfolgreich, auch dann, wenn „die Märkte" in Wahrheit gar nichts erwarten.

Dabei hat ein solches opportunistisches Lehren durchaus auch wünschenswerte Seiten. So sind viele BWL-Fakultäten von einem freundlichen Klima geprägt, denn es soll ja niemand abgestoßen werden. Sie reagieren sensibel und schnell auf Umweltänderungen; die Digitalisierung z. B. wird von ihnen schneller erkannt und im Unterricht umgesetzt als von anderen. Auch sind sie netzwerkorientiert, bieten in der Regel ein besseres Lernumfeld und sind kreativer darin, neue Studienbedarfe zu befriedigen. Sie zahlen großzügig mit Wertschätzung (nicht: mit finanziellen Mitteln).

Allerdings droht die Lehre zu einer reinen Ad-hoc-Technikvermittlung zu verkommen. Es wird dann nicht über die Psychologie im Unternehmen gearbeitet, denn die Vermittlung sogenannter „Soft Skills" erfüllt den gleichen Zweck bei weniger Aufwand für alle Beteiligten (was manche Studierenden durchaus schätzen). Der wissenschaftliche Inhalt gerät auf das intellektuelle Niveau eines Kochbuchs – nichts gegen Kochbücher, aber für ihre Lektüre benötigt man kein akademisches Studium. Schöner Schein ersetzt Substanz, und aus Mangel an Theorie flüchtet man in bloße Kasuistik. Letzteres gilt gerade auch für Eliteschmieden, die ihren Absolventen für sündhaft teure Studiengebühren eine erstklassige Ausbildung vermitteln – erstklassig in dem Sinne, dass sie wissen, wie man sich kleidet und benimmt, was man zu tun und zu sagen hat, welchen Netzwerken man angehört und welche Einstellung man anzunehmen hat und wie man andere Menschen beeinflusst oder manipuliert. Das alles schadet dem Ansehen der Universität nicht, denn die Unternehmen, die ihre Absolventen beschäftigen, benötigen genau dies und zeigen sich auch finanziell gefällig, was wiederum eine bessere Ausstattung und besseres Selbstmarketing erlaubt. Es stört auch nicht weiter, dass die Studierenden – fälschlich – glauben, angemessene wissenschaftliche Leistungen erbracht zu haben; die meisten werden es ohnehin nie erfahren, wenn dem nicht so ist.

Der schöne Schein hört allerdings bei allen opportunistischen Krämern schnell auf, wenn ihnen etwas nicht in den Kram passt, sie also die Erreichung ihres

Erfolgs gefährdet sehen. Dann wird ebenfalls flexibel, manchmal mit unangemessener Härte, reagiert. Der sehr lesenswerten Analyse von D. Tourish (2019) zufolge neigt ein Teil der wissenschaftlichen Untersuchungen zum Management darüber hinaus zu sehr abgehobenem und daher praktisch wenig bedeutsamem Theoretisieren. Einer der Gründe dafür dürfte sein, dass es außerordentlich schwer ist, die Richtigkeit von Managementtheorien (z. B. über „great leadership") zu überprüfen – im Gegensatz zur Medizin, in der man sofort merkt, ob ein neues Medikament wirkt oder nicht.

3. „Linke" Sozialpsychologie versus „rechte" BWL
 Ein dritter Grund dafür, dass BWL-Autoren sich wenig für sozialpsychologische Erkenntnisse interessieren, liegt darin, dass sie tendenziell eher Interessen der Kapitalgeber („Shareholder") verfolgen. Auflagenstarke Lehrbücher bekennen sich zuweilen ganz offen dazu, dass sich das Ziel der BWL in Profitmaximierung erschöpft. Soziologische bzw. sozialpsychologische Theorien geraten daher leicht in den Verdacht, auf der falschen Seite zu stehen, und werden allenfalls vorsichtig berücksichtigt.

4.7 Lösungsvorschläge

Wäre es nicht schön, wenn man verstünde, was im Unternehmen wirklich passiert?

Um es richtig zu machen, muss man Unternehmen so modellieren, wie sie sind: als sozialpsychologische Systeme mit einer technischen Basis in einer historisch gewachsenen (sozialen, politischen, biologischen, technischen) Umwelt. Was heißt das?

a) Unternehmen waren nicht immer so, wie sie heute sind. Das 17. Jahrhundert begünstigte z. B. Manufakturen, das heutige z. B. Großunternehmen; manche Branchen werden von Monopolen beherrscht usf. Unternehmen sind eine Antwort auf Rahmenbedingungen. In einer antiken attischen Silbermine, die Sklaven einsetzt, wird Mitarbeitermotivation anders geregelt als in einem modernen Dienstleistungsunternehmen. Gibt es keine Sklaverei mehr, muss das „Management" angepasst werden.

b) Mitarbeiter haben ihre eigene Ziele, Wünsche, Annahmen, Fähigkeiten, Wissen ..., die von denen des Unternehmens abweichen können. Jeder kennt Unternehmen in der Branche X, die „ein Drittel aller Mitarbeiter entlassen könnten und genauso funktionierten"; jeder kennt unfähige Chefs, die nicht sanktioniert werden.

Will man also Unternehmen verstehen, muss man einerseits ihre Umwelt verstehen (z. B. das politische, soziale, ökonomische System, in dem sie sich bewegen), andererseits ihre interne Funktionsweise, d. h. die Mechanismen, die das Verhalten des Unternehmens als soziales System steuern, und die Mitarbeiter. Das ist schwierig, aber nicht unmöglich. Im Kap. 7 über die Neoklassik wird an einem Beispiel gezeigt, wie man die Struktur und Funktionsweise eines Ausschnitts aus einer Branche beschreiben kann. Hier möchte ich kurz noch einmal auf den o. g. Ausschnitt aus einem Mitarbeitergespräch eingehen. Der Chef sagt darin: „Ihre Leistungen im letzten Jahr waren ganz ok", und beide Teilnehmer verstehen, dass die Leistungen nicht ok waren. Warum ist das so?

Im konkreten Fall handelte es sich um ein Gespräch am Ende eines Projektes, das der Projektleiter mit einem Mitarbeiter führte. Das Unternehmen verwendete Beurteilungsbögen, in denen für jedes Kriterium beschrieben war, was mit „sehr gut", „gut" usw. gemeint ist. So lautete etwa das Raster für „technische Expertise":

- Sehr gut – wird regelmäßig von internationalen Teams nach seiner Meinung gefragt;
- Gut – wird regelmäßig von nationalen Teams nach seiner Meinung gefragt;
- Befriedigend: wird gelegentlich nach seiner Meinung gefragt;
- Usw.

Dadurch war es relativ leicht, für jedes Kriterium einen Wert festzulegen. Auch gab es keine Unschärfe hinsichtlich der Frage, ob eine Leistung nun „gut" war oder nicht. Sowohl der Chef als auch der Mitarbeiter wussten außerdem, dass Mitarbeiter zu bestimmten Zeitpunkten bestimmte Werte erreichen oder das Unternehmen verlassen mussten. Nach Ausfüllen des Beurteilungsbogens war beiden Beteiligten klar, dass an eine Weiterbeschäftigung nicht zu denken war (der Mitarbeiter hatte bereits bei einem früheren Projekt eine mittelmäßige Beurteilung bekommen). Auch war der Mitarbeiter nicht aus sonstigen Gründen unkündbar (der Vater eines anderen war Parlamentspräsident gewesen; trotz mäßiger Werte hatte er seine Karriere fortsetzen können). Es war also gar nicht mehr nötig, das Ergebnis weiter zu kommentieren. Daher fasste der Projektleiter es mit „ganz ok" zusammen, obwohl es zur Kündigung führte, und der Mitarbeiter akzeptierte es ohne Widerspruch, der ohnehin nichts genützt hätte. So konnten beide zumindest das Gesicht wahren.

Natürlich gibt es wesentlich komplexere Situationen, aber der entscheidende Punkt sollte deutlich geworden sein: Die sozialpsychologischen Vorgänge in Unternehmen sind einer verstehenden Beschreibung grundsätzlich zugänglich. Man muss also

- Branchen viel genauer, d. h. detaillierter und präziser darstellen (statt so zu tun, als sei das Management einer Snackbude und eines Chemiekonzerns genau gleich),
- die äußeren Umstände berücksichtigen (statt anzunehmen, dass es egal ist, ob man einen antiken Bauernhof oder eine IT-Firma vor sich hat) und
- das System „Mensch" im Unternehmen besser verstehen, d. h. sozialpsychologische Instrumente einsetzen (statt anzunehmen, dass überall gleich „rational" gearbeitet wird).

Literatur

Fayol, H.: Allgemeine und industrielle Verwaltung, 2. Aufl. Oldenbourg, München (1929)
Gabler Wirtschaftslexikon. Gabler, Wiesbaden, Bd. 1 (1988)
Hesiod: Werke und Tage. Reclam, Stuttgart (2007). Original um 700 v. Chr.
Kollesch, J., Nickel, D.: Antike Heilkunst. Reclam, Stuttgart (2005)
Luhmann, N.: Soziale Systeme. Suhrkamp, Frankfurt (1987)
Macharzina, K.: Unternehmensführung. Gabler, Wiesbaden (1999)
Schefold, B.: Wirtschaftsstile. Fischer, Frankfurt (1994)
Schneider, D.: Geschichte der Betriebswirtschaftslehre. Oldenbourg, München (2001)
Schreyögg, G.: Unternehmensstrategie. de Gruyter, Berlin (1984)
Steinmann, H., Schreyögg, G.: Management. Gabler, Wiesbaden (2000)
Tourish, D.: Management Studies in Crisis. Cambridge University Press, Cambridge (2019)
Wöhe, G.: Einführung in die Allgemeine Betriebswirtschaftslehre. Vahlen, München (2016)

Wirtschaft und Staat 5

▶ Das Nachdenken über „Wirtschaft" kann sich auch beziehen auf die „Wirtschaft" eines Staates. Es sind im Wesentlichen zwei Fragen, die in diesem Zusammenhang interessieren:

1. Wie sieht die Wirtschaftsverfassung als Teil der Staatsverfassung aus?
Eine Verfassung regelt Grundlagen des Staatsaufbaus, das Verhältnis des Staates seinen Normunterworfenen gegenüber und deren wichtigste Rechte und Pflichten. Ein wesentlicher Teil dieser Regelungen betrifft wirtschaftliche Vorgänge (zur Diskussion des Begriffs „wirtschaftlich" s. im Einleitungskapitel). Ein Beispiel ist die Wirtschaftsordnung: Sollen wirtschaftliche Vorgänge zentral geplant werden (wie in der früheren DDR) oder den Marktkräften überlassen werden?
2. Welche Aufgaben übernehmen der Staat und andere öffentliche Einrichtungen (z. B. die Sozialversicherung) und wie finanzieren sie sich? Je nach Verfassung können öffentliche Einrichtungen mehr oder weniger Aufgaben übernehmen; dafür benötigen sie finanzielle Mittel, die auf verschiedene Weise erhoben und unterschiedlich effizient eingesetzt werden können. Welche Vorgehensweise ist optimal? – Letzteres wird auch „Finanzwissenschaft" genannt.

5.1 Wirtschaftsverfassung

Der Begriff der „Wirtschaftsverfassung" wird in der Literatur nicht ganz einheitlich gebraucht. Gemeinsam ist allen Definitionen, dass es um grundlegende Regeln zu wirtschaftlichen Fragen geht. So definierte z. B. Schmoller (1904) unter dem Stichwort „Die historische Stufenfolge der wirtschaftlichen Verfassungsformen":

> **Zitat**
> „Der Grundgedanke unserer Volkswirtschaftslehre ist der, daß das Wirtschaftsleben der Menschheit sich vollzieht in einer Summe von gesellschaftlich-politischen Körpern ... Um den Entwickelungsgang des volkswirtschaftlichen Lebens und seine Formen im Ganzen zu erklären, hatten wir uns also eine Vorstellung davon zu machen, wie das menschliche Gesellschaftsleben sich überhaupt von Horde zu Stamm, ..., endlich zu den modernen Riesenreichen und der Weltwirtschaft entwickelte; und wir hatten weiter uns klar zu werden, wie diese verschieden großen und verschieden organisierten Körper sich nach außen teils feindlich kämpfend teils friedlich tauschend berühren, wie sie nach innen gegliedert sind in Individuen, Familien, Gemeinden, Körperschaften, Unternehmungen, Regierungen, wie diese Organe die wirtschaftlichen Funktionen unter sich teilen, ferner wie innerhalb der Staaten die Individuen und deren Gruppen und Klassen sich untereinander bekämpfen und mit der Regierung ringen oder friedlich miteinander verkehren und zusammen wirken." (Schmoller 1904, S. 1124)

Unterschiede in der Definition gibt es in der Literatur vor allem in folgenden Punkten:

- Die „Wirtschaftsverfassung" wird sowohl von Juristen als auch von Wirtschaftswissenschaftlern untersucht, die Definition ist daher häufig fachspezifisch gefärbt.
- Man kann unter „Wirtschaftsverfassung" die Regeln verstehen, die in grundlegenden Gesetzen dargestellt sind (z. B. dem Grundgesetz), oder alle bedeutsamen oder alle gesetzlichen Vorschriften überhaupt einbeziehen. – Im Folgenden wird der Begriff im weiteren Sinn verstanden, also z. B. auch das Steuerrecht als Teil der Wirtschaftsverfassung betrachtet.

5.1 Wirtschaftsverfassung

- Der Begriff kann sich auf die Regelungen als solche (die Gesetze) beziehen oder auf die gedankliche Konstruktion, die mit ihnen erfasst wird (der „Wille" des Gesetzgebers).
- Stellt man die Begriffe „Wirtschaftsverfassung" und „Wirtschaftsordnung" gegenüber, so ergeben sich zwei verschiedene Sichtweisen. Entweder betrachtet man die „Wirtschaftsordnung" als umfassender, weil sie neben den gesetzlichen Regeln auch andere Einflussfaktoren berücksichtigt, z. B. Sitten und Gebräuche. Oder man betrachtet die Wirtschaftsordnung als eine in der Realität erfahrbare Ausgestaltung wirtschaftlichen Lebens, also als Resultat der Wirtschaftsverfassung.
- Unter „Wirtschafts*system*" wird schließlich (meist) die gedankliche Konstruktion der Wirtschaftsordnung verstanden, also das, was man sich bei der Wirtschaftsordnung „gedacht" hat; oder umgekehrt eine von den Wirtschaftsverfassungen abgeleitete Klassifizierung dieser Systeme, also eine Zusammenstellung „ähnlicher" Wirtschaftsverfassungen, die zusammen ein „System" bilden.

In jedem Fall ist die Wirtschaftsverfassung Teil der Staatsverfassung; beide durchdringen sich, weil, wie gesehen, jedes Ding und jeder Prozess auch eine wirtschaftliche Bedeutung hat. Auch hierzu existiert eine lange philosophische bzw. wissenschaftliche Tradition. Zum Beispiel untersucht Aristoteles (384–322 v. Chr.) in seiner „Politeia" Staatsverfassungen. Um das tun zu können, analysiert er zunächst die Bestandteile des Staates:

> **Zitat**
> „Wie man nämlich auch anderswo das Zusammengesetzte bis zu den nicht mehr zusammengesetzten Teilen zerlegen muß (denn diese sind die kleinsten Teile des Ganzen), so müssen wir auch beim Staate erkennen, woraus er zusammengesetzt ist, und werden besser begreifen, worin sich jene Verhältnisse voneinander unterscheiden und ob sich über jedes einzelne etwas wissenschaftlich Brauchbares feststellen läßt." (Aristoteles 2006, S. 47)

Entsprechend untersucht er zunächst Beziehungen zwischen Männern und Frauen, dann das „Haus", dann das Dorf und schließlich den Stadtstaat.

Im Rahmen der Untersuchung der Hausverwaltung, also der „Ökonomie" (die er auch so bezeichnet), entwickelt Aristoteles nicht nur das Zinsverbot, sondern unterscheidet auch zwischen der „natürlichen" Ökonomie und der „unnatürlichen Chrematistik". Letztere ist dadurch gekennzeichnet, dass sie prinzipiell unbegrenzt Vermögen anhäufen kann. Zum Beispiel kann ein Schiffseigner, der Fernhandel betreibt, aus den damit erwirtschafteten Gewinnen ein weiteres Schiff kaufen, dann ein drittes usf. Hingegen ist beim Haus, also dem Gutshof, der Gewinn nach oben begrenzt, weil ein Stück Land nur eine bestimmte Menge Getreide, Vieh usw. erzeugen kann. – Aristoteles untersucht auch schon den Zusammenhang zwischen Staatsverfassung und öffentlichen Finanzen, z. B. am spartanischen Stadtstaat. Zu dieser Zeit gab es in Sparta drei Gesellschaftsschichten: die Spartiaten, die als einzige politisch mitbestimmen durften, die Periöken als freie Mitbürger und die weitgehend rechtlosen Heloten. Aristoteles schreibt:

> **Zitat**
> „Schlecht steht es endlich mit den öffentlichen Geldern bei den Spartanern. In der Staatskasse findet sich nichts, auch wenn sie gezwungen sind, große Kriege zu führen, und die Abgaben laufen schlecht ein. Denn da das meiste Land den Spartiaten gehört, kontrollieren sie einander gegenseitig die Abgaben nicht. So ergibt sich für den Gesetzgeber das Gegenteil von dem, was zuträglich gewesen wäre: er macht den Staat mittellos und die Privatleute geldgierig." (Aristoteles 2006, S. 47)

Der weitere Verlauf der juristischen, staatswissenschaftlichen und ökonomischen Diskussion über Verfassungen kann hier nicht nachvollzogen werden. Dazu ist das Thema zu vielschichtig; Fragen wie die von Schmoller genannten haben zu allen Zeiten nicht nur Wirtschaftswissenschaftler und Juristen, sondern auch Literaten, Philosophen, Soziologen u. v. a. beschäftigt. Sie haben auch ganze historische Zeiträume geprägt, z. B. den Übergang von monarchischen Regierungen zu demokratisch legitimierten Einrichtungen.

Eine moderne Fragestellung von Staats- und Wirtschaftsverfassungen ist die Diskussion über Marktwirtschaften bzw. zentralverwaltete Wirtschaften. Hierbei geht es um die Fragen,

- ob das Eigentum an Produktionsmitteln („Fabriken") der Gemeinschaft oder Einzelnen zusteht und
- ob Produktion und Konsum zentral geplant oder über den Marktpreis gesteuert werden.

Aus der Kombination dieser beiden Achsen erhält man eine Matrix wie in Tab. 5.1 dargestellt (Baßeler et al. 1991, S. 55).

Tab. 5.1 Wirtschaftsverfassungen

	Privateigentum an Produktionsmitteln	Gemeineigentum an Produktionsmitteln
Dezentrale Planung	Kapitalistische Marktwirtschaft („USA")	Sozialistische Marktwirtschaft
Zentrale Planung	Kapitalistische Zentralverwaltungswirtschaft	Sozialistische Zentralverwaltungswirtschaft („DDR")

Selbstverständlich stellen die meisten realen Wirtschaftsverfassungen Mischformen dar. So sind manche Branchen kapitalistischer organisiert, andere sozialistischer. Auch gibt es kaum einen „reinen" Kapitalismus, sondern die Verfügungsgewalt der Kapitalgeber ist durch vielfältige Vorschriften zum Mitarbeiter-, Umwelt-, Anlegerschutz usw. eingeschränkt.

5.2 Kameralistik und Finanzwissenschaft

Als einen Spezialfall der Wirtschaftsverfassung kann man die Frage betrachten, wie sich der Staat finanziert. Diese Frage ist auch schon alt: So beschäftigte sich z. B. Xenophon in seinen „Poroi" mit ihr (eine Übersetzung bieten Audring und Brodersen 2008, S. 116 ff.).

Auch die Kameralistik des 17./18. Jahrhunderts steht in dieser Tradition, denn ihr Zweck bestand darin, die Macht des absolutistischen Staates durch wirtschaftspolitische Maßnahmen zu stärken, und zwar mit dem Ziel, die Schatzkammer („camera", daher Kameralistik) zu füllen. Diese Maßnahmen wirkten dabei auf die Staatsverfassung zurück, d. h., der Staat wurde so eingerichtet, dass dies der Schatzkammer diente.

Einige kurze Ausschnitte aus dem „Kurzen systematischen Grundriss aller ökonomischen und Kameralwissenschaften", den J. H. G. Justi 1761 verfasste, sollen das illustrieren.

Zitat

„§. 1.

Die gemeinschaftliche Glückseligkeit ist der Endzweck eines Staats; und der Wohlstand des Regenten und der Untertanen sind unzertrennlich mit einander vereiniget. Beide haben demnach das Ihrige zu der Glückseligkeit des Staats beizutragen, und zu dem Ende gewisse Pflichten auf sich. ...

§. 2.

Gleichwie nun oben zu dem Ende zwei Grundsätze angenommen worden sind: so teilet sich, nach Maßgebung derselben, diese Abteilung in zwei Abschnitte. Es ist nämlich zu erwägen:

I. Was auf Seiten des Monarchen vor Mittel und Maßregeln zu ergreifen sind, um die Glückseligkeit der Untertanen und des gesamten Staats zu befördern; und

II. Was die Untertanen auf ihrer Seite vor Pflichten und Schuldigkeiten zu beobachten haben, um die Mittel und Maßregeln dem Regenten zu erleichtern.

Erster Abschnitt.

Von den Mitteln und Maßregeln des Regenten, um die Glückseligkeit der Untertanen und des Staats zu befördern.

§. 3.

Glückseligkeit der Untertanen, wie sie in dem menschlichen Leben und nach den Umständen eines gemeinen Wesens erlanget werden kann, wird vornehmlich durch zweierlei Beschaffenheiten erreichet.

I. Daß jederman in dem Staate eine genugsame Sicherheit genieße, und von seinem Vermögen, oder Erwerb ruhig, und von allen Gewalttätigkeiten befreiet leben könne. Weil aber die Sicherheit allein keine Glückseligkeit ausmacht, wenn überall Elend und Armut herrschet, so wenig als in diesem Falle der Wohlstand des Regenten statt haben kann; so muß noch hinzu kommen:

II. Daß sich das Land in solchen Umständen befinde, daß ein jeder nach der Maße seines Standes und seiner Beschaffenheit bequem leben könne, und vermögend sei, den zu der glücklichen Regierung des Staats erforderlichen Aufwand durch die zu leistenden Steuern und Abgaben zusammen zu bringen, ohne deshalb an seinem notdürftigen Unterhalte Mangel leiden zu dürfen. Kurz, das Land muß einen genugsamen Reichtum haben. Dieser Abschnitt teilet sich demnach von selbst in zwei Hauptstücke; davon das

5.2 Kameralistik und Finanzwissenschaft

erste von der Sicherheit, und das andere von dem Reichtume des Staats handelt." (Zit. nach Burckhardt und Priddat 2009, S. 216 ff.)

Es ist, nebenbei bemerkt, verblüffend, wie aktuell Justis Überlegungen heute sind – die Frage, wie „gemeinschaftliche Glückseligkeit" erzeugt werden kann (und: ob der Staat eine Gemeinschaft oder Gesellschaft ist), drängt insbesondere vor dem Hintergrund der „Globalisierung". –

Heute spricht man nicht mehr von „Kameralistik", sondern von „Finanzwirtschaft" bzw. „Finanzwissenschaft". Insoweit öffentliche Einrichtungen sich über Steuern finanzieren, gehört die Steuerlehre ebenfalls hierher.

Die moderne Finanzwirtschaft verfolgt dabei einerseits vorgegebene („eigene") Ziele und andererseits abgeleitete Ziele (bei denen sie Ziele anderer unterstützt).

Die vorgegebenen Ziele kann man einteilen in (Zimmermann et al. 2009, S. 24):

- Allokationsziele. Die Finanzwirtschaft soll so erfolgen, dass sie eine optimale Verteilung der Ressourcen auf die verschiedenen Produktions- und Konsumtionsmöglichkeiten (Allokation) unterstützt. Das heißt, Kapital- und Arbeitseinsatz sollen ein optimales Ergebnis erbringen (was hier „optimal" bedeutet, wäre noch zu definieren).
- Distributionsziele. Einkommen sollen so umverteilt werden, wie von den Entscheidern der öffentlichen Einrichtungen gewünscht. Zum Beispiel sollen alte Menschen Einkommenstranfers erhalten.
- Konjunktur-, Wachstums- und Umweltziele. Die Finanzwirtschaft soll die Konjunktur, das Wachstum und den Umweltschutz unterstützen.

Abgeleitete Ziele ergeben sich aus dem Mittelbedarf anderer Einrichtungen. Zum Beispiel kostet die Erhaltung der Verkehrsinfrastruktur Geld, das von der Finanzwirtschaft zu beschaffen ist. Sie soll dabei sparsam und effizient wirtschaften und Aufgaben und Mittel unter den verschiedenen Einrichtungen optimal verteilen.

Weitere finanzwissenschaftliche Themen sind die Produktion von Gütern durch öffentliche Einrichtungen und die Bewirtschaftung öffentlicher Güter, z. B. öffentlicher Parks, der Sicherheit nach innen und außen, usw.

Zwei Beispiele für sehr unterschiedliche Herangehensweisen
Die Finanzwissenschaft ist in ihrer Methodik keineswegs einheitlich, sondern verwendet ganz unterschiedliche Ansätze, die einerseits mikroökonomischneoklassisch, aber auch empirisch angelegt sein können, was zu entsprechend unterschiedlichen Ergebnissen führen kann.

Dazu seien abschließend aus dem genannten Lehrbuch zwei Beispiele zitiert (Zimmermann et al. 2009, S. 78 ff.).

Im ersten Beispiel, das neoklassisch argumentiert, wird untersucht, wie hoch der Anteil staatlicher Ausgaben ist. Dazu wird analysiert, welches Budget ein neoklassischer „Bürokrat" anstrebt. „In der ökonomischen Theorie der Bürokratie, einem Teilbereich der ökonomischen Theorie der Politik, [treten] die Eigeninteressen des Bürokraten und ihre Wirkungen auf das Budget in den Vordergrund. Zu den sog. Bürokraten zählen vor allem leitende Beamte und Angestellte in der Administration der Gebietskörperschaften, von denen Einfluss auf Umfang und Struktur der Staatsausgaben und ihrer Finanzierung ausgeht. In dieser Theorie wird, weitgehend wohl zu Recht, angenommen, dass

- Bürokraten ein überlegenes Fachwissen und damit einen Informationsvorsprung gegenüber den Politikern, dem Parlament und den Bürgern aufweisen; insbesondere kennen sie am ehesten die Höhe der Ausgaben für das öffentliche Leistungsangebot;
- Bürokraten die aus ihren Kenntnissen erwachsenden Entscheidungsspielräume für eigene Ziele nutzen; die Bürokratie wird somit zu einem eigenständigen Faktor und Instrument im Prozess der Erstellung und Abgabe öffentlicher Leistungen.

Hinsichtlich der von den Bürokraten verfolgten Interessen werden im folgenden Modell zu den Wirkungen bürokratischen Handelns zwei Verhaltensannahmen zugrunde gelegt.

Zum einen ist der Bürokrat an der Maximierung des von ihm verwalteten Budgetvolumens interessiert. Vom Umfang des Budgets werden annahmegemäß nicht nur sein Ansehen in der Verwaltung und die Höhe seines Einkommens bestimmt, sondern auch nicht-monetäre Einkommenselemente, wie ein Dienstwagen und ähnliche Annehmlichkeiten, hängen davon ab. Zudem erleichtert ihm ein hohes Budget, die Wünsche derer, die ihn politisch unterstützen, zu erfüllen, was wiederum die eigenen Aufstiegschancen verbessert.

Zum anderen ist dem Bürokraten auch daran gelegen, die Differenz zwischen dem von ihm zu verwaltenden Budgetvolumen und den Ausgaben, die für eine kostenminimale Produktion des gewünschten Outputs an öffentlichen Gütern erforderlich sind, möglichst groß zu halten. Diese Differenz aus Budgetansatz und den Ausgaben bei kostenminimaler Produktion, in der Theorie als Budgetresiduum (diskretionäres Budget) bezeichnet, eröffnet dem Bürokraten neben der Produktion der öffentlichen Güter, für die er zuständig ist, den finanziellen Spielraum auch für andere Ziele, beispielsweise die erwähnten nicht-monetären Einkommensbestandteile wie etwa einen Dienstwagen.

Die Konsequenzen bürokratischen Handelns je nach den unterstellten Präferenzen der Beamten lassen sich nunmehr in der Abb. 5.1 vergleichen. Im mittleren Teil der Abbildung sind zum einen die Minimalkosten bei steigender Angebotsmenge K(X)min abgetragen; dieser Kurve liegen steigende Durchschnitts- und Grenzkosten zugrunde. Zum anderen findet sich dort die Budget-Output-Funktion B(x). Sie gibt die Zahlungsbereitschaft der Politiker bzw. der Wähler in Abhängigkeit vom Output wieder. Diese Kurve B(x) steigt mit zunehmendem Angebot des öffentlichen Gutes nur unterproportional an, weil unterstellt wird, dass der Nutzen des zusätzlichen Outputs für den Politiker (bzw. seine Wähler) und damit seine Bereitschaft, Budgetmittel bereitzustellen, sinkt.

Die den beiden Kurven zugrunde liegende Grenzbetrachtung ist dem oberen Teil der Abbildung zu entnehmen. Dort zeigt der Schnittpunkt über Xopt von Grenzkosten GKmin und Grenznutzen GN die pareto-optimale Menge des öffentlichen Gutes.

Aus den angenommenen Kurvenverläufen ergibt sich, dass bis zur Menge X_n^b das ‚bewilligungsfähige' Budgetvolumen B(x) über den Minimalkosten K(X)min liegt, so dass ein budgetmaximierender Bürokrat den Output bis zu diesem Punkt, bei dem die Kosten gerade noch gedeckt sind, ausdehnen wird. Die Situationen für einen Bürokraten, der sich an einem möglichst hohen Budgetresiduum orientiert, sind im unteren Teil der Abbildung ablesbar. Dort zeigt die Kurve OPR die Differenz zwischen B(x) und K(X)min, also das Budgetresiduum. Der hieran interessierte Bürokrat wird im Extremfall das Maximum P und damit die Menge Xopt des öffentlichen Gutes zu realisieren versuchen.

Wo das Optimum für den einzelnen Bürokraten liegt, hängt letztlich vom Verlauf seiner Indifferenzkurven ab (vgl. unterer Teil der Abbildung). Der den Output an öffentlichen Gütern hoch bewertende Bürokrat (i_1), der im Extremfall vertikale Indifferenzkurven aufweist, verwirklicht in horizontaler Richtung eine Erhöhung seines Nutzenniveaus, das in X maximiert wird. Der das Budgetresiduum maximierende Bürokrat (i_3), der im Extremfall durch horizontal verlaufende Indifferenzkurven gekennzeichnet ist, orientiert sich am Maximum der (B-K)-Kurve und gelangt in vertikaler Richtung zu seiner günstigsten (höchsten) Indifferenzkurve mit Xopt als Optimum.

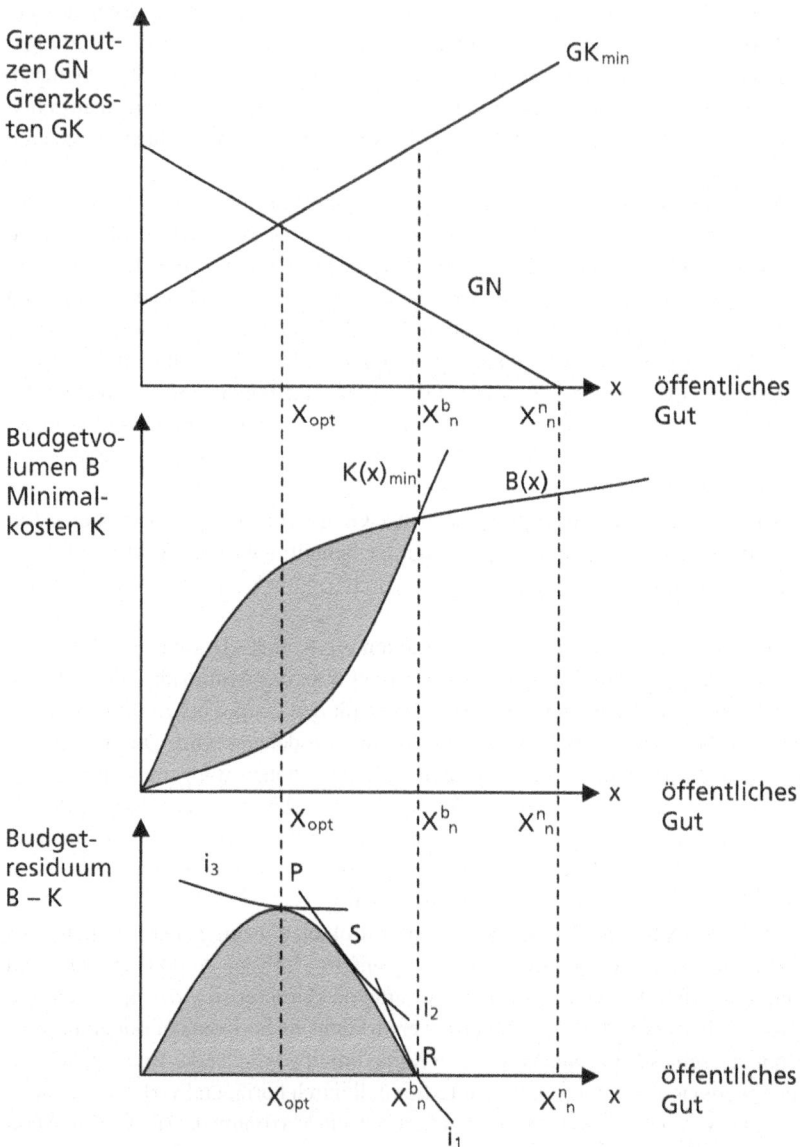

Abb. 5.1 Folgen bürokratischen Handelns für Volumen und Kosten öffentlicher Güter bei unterschiedlichen Interessen der Bürokraten

5.2 Kameralistik und Finanzwissenschaft

Dazwischen liegen ‚gemischte' Optimalpunkte, von denen im unteren Teil der Abbildung beispielhaft der Punkt S (für die Präferenz gemäß i_2) wiedergegeben ist. Die durch die Punkte Xopt und X_n^b gekennzeichneten Lösungen haben unterschiedliche Eigenschaften. Der Punkt P entspricht der gesellschaftlich optimalen Outputmenge Xopt, weil Grenznutzen und Grenzkosten sich decken. In diesem Fall werden die öffentlichen Güter aber nicht zu den möglichen Minimalkosten angeboten, die nur der Bürokrat kennt, sondern zu der Zahlungsbereitschaft des Politikers. Da diese über den möglichen Minimalkosten liegt, also B(x) > K(X)min gilt, wird diese Situation insgesamt als X-Ineffizienz (technische Ineffizienz) umschrieben. Aus der Differenz B-K kann der Bürokrat entsprechend seinen Präferenzen seinen Nutzen ziehen. Im Punkt R hingegen, einer X-effizienten Situation, weil X kostenminimal produziert wird, fällt die Outputmenge höher aus als gemäß Marginalbedingung allokativ optimal ist (GKmin > GN). Jetzt zieht der Bürokrat aus dem relativ zu hohen Budgetvolumen seinen Nutzen."

Freilich kann man sich streiten, ob die hier getroffenen, extremen Annahmen über das Verhalten von „Bürokraten" und ihren Wissensvorsprung in der Realität zutreffen; dazu mehr im Kap. 7 über die Neoklassik.

Ein Beispiel für eine empirische Untersuchung der Staatsquote liefert Abb. 5.2 (Zimmermann et al. 2009, S. 37).

Für die weitere Darstellung muss hier auf die finanz- und steuerwissenschaftliche Literatur verwiesen werden.

Interessanterweise wird die Geldpolitik (d. h. die Maßnahmen der Zentralbank) häufig nicht zur Finanzwirtschaft gezählt. Es gibt eine eigene ökonomische Schule, die sich auf den Gedanken stützt, dass der Staat nur über die Steuerung der Geldmenge in wirtschaftliche Vorgänge eingreifen solle und sonst möglichst nicht („Monetarismus"; die Gegenposition des aktiven Staates vertrat z. B. Keynes).

108 5 Wirtschaft und Staat

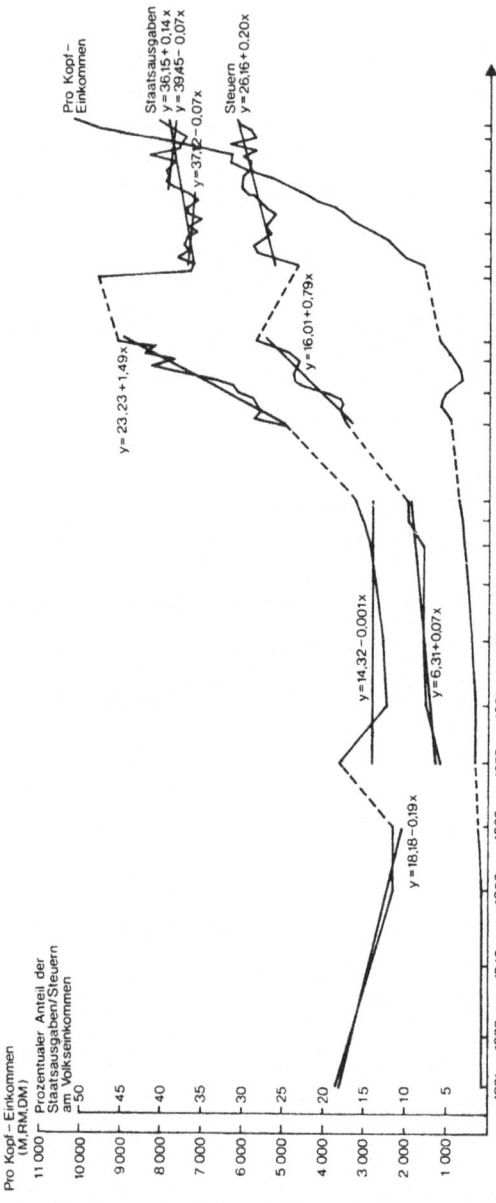

Abb. 5.2 Staatsquote (Anteil der Staatsausgaben und Steuern am Volkseinkommen)

Literatur

Aristoteles: Politik: Original 4. Jahrhundert v. Chr. dtv, München (2006)
Audring, G., Brodersen, K.: Oikonomika. Quellen zur Wirtschaftstheorie der griechischen Antike. Wissenschaftliche Buchgesellschaft, Darmstadt (2008)
Baßeler, U., et al.: Grundlagen und Probleme der Volkswirtschaft. Wirtschaftsverlag Bachem, Köln (1991)
Burckhardt, J., Priddat, B.P. (Hrsg.): Geschichte der Ökonomie. Deutscher Klassiker Verlag, Frankfurt a. M. (2009)
Schmoller, G.: Grundriß der Allgemeinen Volkswirtschaftslehre. Duncker und Humblot, Leipzig (1904)
Zimmermann, H., et al.: Finanzwissenschaft. Vahlen, München (2009)

Wirtschaftliche Techniken, Pragmatiken und Spezialanalysen 6

▶ Eine Wirtschaftslehre kann sich auch mit wirtschaftlichen Techniken und Pragmatiken beschäftigen. Unter diesen „Techniken" werden hier Methoden und Instrumente verstanden, die spezifisch für die kaufmännische oder volkswirtschaftliche Tätigkeit entwickelt wurden, aber nicht in eine umfassende Theorie eingebettet sind, also z. B. kaufmännische Buchführung, Rechnungswesen, Investitionsrechnung oder auch volkswirtschaftliche Gesamtrechnung, Pensionsberechnungen (Aktuarwissenschaft) usw. „Pragmatiken" sind weitgehend theoriefreie Instrumente, z. B. Veröffentlichungen und Datensammlungen zu Börsenkursen. Spezialanalysen beziehen sich auf besondere Einzelthemen, z. B. die Finanzkrise, für die keine geeignete Basistheorie vorliegt.

Man kann sich fragen, ob sie nicht dem Paradigma des „richtigen Handelns" angehören. Der Unterschied besteht einerseits darin, dass eine Managementlehre ja den Anspruch hat, eine Gesamttheorie anzubieten, was für die hier besprochenen Instrumente nicht gilt. Außerdem dient das „richtige Handeln" eher der Zieldefinition und -erreichung, definiert also den (Gesamt-)Zweck (und, wie im PDCA-Zyklus, ein dazu gehörendes formales Vorgehen); die hier zusammengefassten Techniken und Pragmatiken sind eher Mittel zum Zweck, also „Werkzeuge". Ähnliches gilt z. B. für Techniken der Steuererhebung und -verwendung, soweit sie finanzwissenschaftlichen Zielen dienen.

Das Leitthema dieses Kapitels besteht darin, einige ökonomische Techniken in ihrer Entwicklung nachzuzeichnen.

Beispielhaft werden dabei

- für kaufmännische Techniken die Buchführung und Investitionsrechnung,
- für Branchen-, Funktions- und interdisziplinäre Theorien – oft auch als spezielle Betriebswirtschaftslehren zusammengefasst – die Bankbetriebslehre, Personalwesen und Produktionstheorie,
- für volkswirtschaftliche Techniken die Aktuarwissenschaft und die volkswirtschaftliche Gesamtrechnung beschrieben,
- Beispiele für Pragmatiken genannt und
- einige Spezialanalysen vorgestellt.

6.1 Buchführung, Rechnungswesen und Investitionsrechnung

Da ökonomische Fragestellungen mit Bewertungen zu tun haben, liegt es nahe, dass Verfahren zum Nachhalten dieser Werte sehr alt sind. So dienen die ältesten überhaupt erhaltenen Keilschrifttexte (auch) administrativen Aufgaben.

Buchhaltungspflichten sind spätestens in römischer Zeit belegt. Banken mussten ein „codex rationum" (Rechnungsbuch) führen, das auf Verlangen Beamten vorzulegen war (Weeber 2006, S. 45). Auch gab es bereits in römischer Zeit eine Einteilung in ein Grundbuch, das die Geschäftsvorfälle erfasst, wie sie zeitlich anfallen, und ein Hauptbuch, in dem sie nach Personen oder Sachen geordnet wurden. Dabei handelte es sich um eine einfache Buchführung; das System der doppelten Buchführung ist zuerst um 1340 in der Finanzverwaltung der Stadt Genua belegt (Schneider 2001, S. 78).

Insgesamt gehört die Buchführung also zu den sehr alten kaufmännischen Techniken; sie wurde über Jahrhunderte hinweg perfektioniert und kann heute zu den ökonomischen Bereichen gezählt werden, die „funktionieren". Umso bemerkenswerter ist, dass es keine aktuelle Darstellung ihrer Geschichte gibt; es ist dies ein Beispiel für die merkwürdige Geschichtslosigkeit der Wirtschaftswissenschaften. Ersatzweise seien einige Abschnitte aus einer Geschichte der Betriebswirtschaftslehre zitiert, die nicht nur einige interessante Fragestellungen erkennen lassen, sondern auch verdeutlichen, dass bei diesem Thema offenbar immer noch viel Unsinn geschrieben und abgeschrieben wird:

6.1 Buchführung, Rechnungswesen und Investitionsrechnung

Zitat

„Im späten Mittelalter verallgemeinern die oberitalienischen Zünfte die Buchführungspflicht zur Sicherstellung der Forderungen der Zünfte an ihre Mitglieder, zur Kontrolle der Zunftgesetze über Kauf und Verkauf und, soweit die Geschäftsaufzeichnungen als Kaufmannsbücher gelten, als Beweismittel im Prozeß, wodurch der Prozeß beschleunigt wird. Da z. B. jeder Schneider ein Buch führen mußte, in dem jede zugeschnittene Stoffmenge zu notieren war, muß die Bürokratie bei den damaligen geringen technischen Möglichkeiten viel schlimmer als heute gewesen sein.

Der Nachweis, daß Lieferungen und Zahlungen erfolgt sind, bildet den ersten und für den hier betrachteten Zeitraum auch wichtigsten Zweck der Rechnungslegung: Die Buchführung dient zur Erinnerung für den Handelnden selbst und als Beweis gegenüber Anfeindungen.

Für den Einzelkaufmann erschöpft sich in dem Zweck der Dokumentation von Lieferungen und Zahlungen die Bedeutung damaliger Handelsbücher.

Regelmäßige Rechnungen zum Zwecke der Unternehmungsführung sind dem Denken jener Zeit noch fremd. Häufig ist die Kaufmanns- oder Handwerkstätigkeit noch Nebenberuf zur eigenen Landwirtschaft. Selbst in den wenigen Städten, in denen der Handel blüht, bleiben die Geschäfte des einzelnen überschaubar, so daß zwar Aufzeichnungen der Geschäftsvorfälle, nicht aber jährliche Bücherabschlüsse erfolgen. Für Einzelkaufleute gilt bis ins 19. Jahrhundert: Die Bücher werden nur geschlossen, Bilanz nur gezogen, wenn das Hauptbuch vollgeschrieben ist. Lediglich in Handelsgesellschaften gewinnen die Handelsbücher schon ab dem 13. Jahrhundert über die Dokumentation hinausreichende Zwecke: die Kontrolle der Niederlassungen und die Vermögenszurechnung unter den Gesellschaftern.

Über die Art der zu führenden Handelsbücher schweigen die frühen Handelsrechte.

Kontrolle durch Rechnungslegung beginnt also mit Inventaren und einfacher Buchhaltung. Zweck der Buchführung ist die Dokumentation, im Streitfall der Beweis vor Gericht, nicht die ‚entscheidungsorientierte' Selbstinformation …

Eine häufige Antwort, wenn nach Vorläufern der Betriebswirtschaftslehre gefragt wird, lautet: Luca Pacioli (1445–1509, Franziskanermönch aus der Toskana und Mathematiker), der ausführlich die doppelte Buchhaltung darstellt, wie sie die Kaufleute Venedigs anwenden. Paciolis Darstellung bleibt jedoch in vielem hinter dem zurück, was schon mehr als hundert Jahre zuvor oberitalienische Kaufleute praktizieren: Die Rechnungsbücher der Finanzverwalter der Stadt Genua, ab 1340 erhalten, sind unbestritten in doppelter Buchhaltung geführt. Inwieweit doppelte Buchhaltung schon zuvor angewandt wird, darüber gehen die Meinungen auseinander, weil man über die Merkmale streitet, die doppelte Buchführung kennzeichnen. Bedarf es dazu z. B. zweier Spalten (T-Konto) oder reicht ein Aufzeichnen der Geschäftsvorfälle untereinander mit ‚Soll haben', ‚Soll geben' aus? So werden zur doppelten Buchhaltung auch die Rechnungsbücher des Renieri Fini (1296) gezählt.

Pacioli erwähnt weder eine Inventur während einer Unternehmung, obwohl Inventuren regelmäßig zu den Zwischenabschlüssen der Bardi im Florenz des 14. Jahrhunderts oder um 1400 in den Niederlassungen des Francesco Datini aus Prato erstellt werden. Noch nennt Pacioli eine Kostenrechnung, obwohl Kalkulationsschemata mit einer Verteilung der Gemeinkosten in den Büchern Datinis schon für 1397 zu finden sind, oder Anlagewertminderungen bzw. ‚Reserven' für noch nicht verbuchte Schulden, die sich in den Abschlüssen zur Vermögenszurechnung unter den Gesellschaftern von Handelsgesellschaften jener Zeit schon eingebürgert haben. Pacioli ist freilich nicht der erste, der doppelte Buchhaltung beschreibt. [In einer Fußnote werden frühere Autoren erwähnt.]

Bis ins 18. Jahrhundert hinkt das Buchhaltungsschrifttum weit hinter den Lösungsansätzen in der Praxis her. Unter den hunderten von Buchhaltungsschriftstellern bis 1800 äußern sich z. B. mit Argumenten zur Bewertung nur eine Handvoll. Die wenigen Aussagen sind entweder unsinnig: Erhöhe den Wertansatz, damit Dir der Gewinn besser gelingt; setze einen niedrigen ‚Verrechnungspreis' an, damit Du nie mit Verlust verkaufst; oder dürftig: Beim Aufstellen des Inventars habe man Zeit, über die Preise nachzudenken; man brauche nicht zu diesem Wertansatz zu verkaufen.

Die doppelte Buchhaltung ist bislang als ökonomischer Gipfelpunkt der Rechnungslegungstechniken und entwicklungsgeschichtliche Großtat gefeiert worden. Das geht fehl. Gewiß steht hinter dem Bemühen um Rechnungslegung eine einzelwirtschaftliche Aufgabe: Kontrolle über den Verbleib von Gütern in einer arbeitsteiligen Welt. Aber unter den verschiedenen Rechnungslegungstechniken kommt der doppelten Buchführung gerade kein einzelwirtschaftlicher Zweck zu. Eine einfache Aufzeichnung genügt dieser ökonomischen Aufgabe: Abbildung eines Ists.

6.1 Buchführung, Rechnungswesen und Investitionsrechnung

Der besondere Vorzug der kaufmännischen doppelten Buchführung gegenüber der einfachen oder kameralistischen besteht nicht darin, das Erreichen eines neuen wirtschaftlichen Zieles zu messen, also für eine neue Problemstellung einen Problemlösungsansatz zu liefern. [Dafür benötigt man eher z. B. eine Kostenrechnung.] Hinter der Entwicklung der doppelten Buchhaltung steht vielmehr das Bemühen um formelle Ordnungsmäßigkeit: Wie kann gesichert werden, daß alle Geschäfte aufgezeichnet und richtig zusammengezählt werden? Der Zweck der doppelten Verbuchung ist allein rechentechnischer (mathematischer) Natur: Kontrolle der Rechenfähigkeiten. Rechenkenntnisse bilden jahrhundertelang einen Engpaß unter den menschlichen Fähigkeiten.

Additionsfehler sind in der Buchhaltung der englisch-ostindischen Kompagnie im 17. Jahrhundert ‚eher die Regel als die Ausnahme'. Noch im 18. Jahrhundert scheint ein einfacher Dreisatz erhebliche Verständnisschwierigkeiten hervorzurufen, denn Johann Georgen Estors (1699–1773) ‚fürstlichen Hessischen geheimten regirungs-rathes und vicekanzlers auch ersten lehrers der rechte in der universität zu Marburg' Darstellung ‚Von der gesellschaftsrechnung' behandelt nicht mehr als die Aufteilung von 9000 Reichsthalern Totalgewinn einer Gesellschaft auf vier Gesellschafter nach ihren Kapitalanteilen; jede Division ausführlich ausgedruckt, mit Proberechnung.

Wegen der gewissermaßen selbsttätigen Kontrolle von Hauptbucheintragungen und des richtigen Addierens erscheint den Kaufleuten und Regierungen jener Jahrhunderte die doppelte Buchführung so bedeutsam.

Die Lehre von der doppelten Buchhaltung ist ein Zweig der angewandten elementaren Mathematik und nicht ein Teilbereich des einzelwirtschaftlichen Denkens. Das hält weder Buchhaltungslehrer noch Kaufleute ab, von ‚Gewinnermittlung' zu sprechen: Wer seine Bücher lediglich zu saldieren pflegt, um die rechnerische Richtigkeit seiner Eintragungen zu überprüfen, kann natürlich den entstehenden Saldo ‚Gewinn' nennen.

Das Rechenergebnis ‚Gewinn' als Abschluß aller Konten läßt sich noch nicht als Problemlösungsansatz für eine wirtschaftliche Problemstellung verstehen: weder als Maß der Wirtschaftlichkeit noch als konsumierbares Einkommen. Nur wenn eine Inventur mit dem Bücherabschluß verbunden wird, kann der dann errechnete Gewinn oder Verlust als grober Indikator für die Vermögensmehrung (bzw. als rechtliche Vermögenszurechnung

> unter den Gesellschaftern) gedeutet werden. Die frühen Buchhaltungsschriftsteller erwähnen die Inventur jedoch selten." (Schneider 2001, S. 73 ff.)

Heute ist das Rechnungswesen weitgehend (aber nicht vollständig) standardisiert. Für die Buchführung existieren eine Reihe von Vorschriften, die recht präzise beschreiben, wie sie zu erfolgen hat, z. B. im Handelsgesetzbuch (§ 238 HGB: „Die Buchführung muss so beschaffen sein, dass sie einem sachverständigen Dritten innerhalb angemessener Zeit einen Überblick über die Geschäftsvorfälle und über die Lage des Unternehmens vermitteln kann. Die Geschäftsvorfälle müssen sich in ihrer Entstehung und Abwicklung verfolgen lassen") oder nach den Grundsätzen ordnungsmäßiger Buchführung (für Details siehe Lehrbücher des Rechnungswesens).

Das Rechnungswesen umfasst bei allen wirtschaftswissenschaftlichen Autoren die Finanzbuchhaltung, die sich als externes Rechnungswesen (auch) an Adressaten außerhalb des Unternehmens richtet und daher relativ stark standardisiert ist, um diese Adressaten z. B. vor willkürlichen Wertansätzen zu schützen, und die Betriebsbuchhaltung bzw. Kosten- und Erlösrechnung, die der Unternehmer primär für sich selbst durchführt und bei der er daher sehr frei in der Ausgestaltung ist. Häufig werden auch Planungsrechnungen zum internen Rechnungswesen gezählt, z. B. die Absatzplanung, die Auskunft über die zu erwartenden Umsätze gibt, die Investitionsplanung u. a.

Das Thema der Investition und Finanzierung ist relativ jung. Ein Diskontierungsverfahren (als Beispiel für die Investitionsrechnung) gab Leibniz 1682 an. – Mit dem Aufkommen des modernen Fernhandels im 15.–17. Jahrhundert entstanden Geschäftsmodelle, die einerseits viel Kapital benötigten, andererseits zugleich sehr lukrativ und sehr riskant waren, insbesondere die Ausrüstung von Schiffen für den Transport von Gewürzen und anderen Waren aus Ostindien (Fulcher 2011, S. 6 ff.). Damit entstand auch das Bedürfnis, solche Geschäfte mathematisch abzubilden.

Investition und Finanzierung betrachten den gleichen Vorgang aus verschiedener Perspektive: Wenn sich ein Geldgeber an einem Unternehmen beteiligt, das expandieren möchte, indem er z. B. Anteile kauft, handelt es sich aus seiner Sicht um eine Investition, aus Sicht des Unternehmens hingegen um eine Finanzierung (wenn zumindest ein Teil des Geldes in das Unternehmen fließt).

6.1 Buchführung, Rechnungswesen und Investitionsrechnung

Tab. 6.1 Investitionsalternativen

	Zeitpunkt t0	t1	t2	Summe
Alternative 1	−100	+5	+110	+15
Alternative 2	−100	+107	+5	+12

Die Investitionsrechnung dient dazu, verschiedene Alternativen für Geldanlagen vergleichbar zu machen, also untereinander zu bewerten. Das betrifft insbesondere Zahlungsströme, die über die Zeit verschiedene Ein- und Auszahlungen bieten.

Zum Beispiel habe ein Investor die zwei Investitionsalternativen wie in Tab. 6.1 skizziert.

In beiden Fällen muss er zum Stichtag t0 100 Euro bezahlen; Alternative 1 schüttet nach einem Jahr 5 Euro aus und nach einem weiteren Jahr 110 Euro, Alternative 2 analog. Zwar schüttet Alternative 1 insgesamt mehr Geld aus, aber die Rückflüsse erfolgen später, der Investor muss also länger auf sein Geld warten. Bei Alternative 2 kann er das Geld, das er zum Zeitpunkt t1 erhält, z. B. gleich wieder anlegen. In solchen Fällen kann man diskontieren: Man kann spätere Zahlungen abzinsen, d. h., man unterstellt einen fiktiven Zins, mit dem spätere Zahlungen auf den Zeitpunkt t0 zurückgerechnet werden. Zum Beispiel: bei einem Zins von 5% wäre die Zahlung der Alternative 1, die zum Zeitpunkt t2 erfolgt, zum Zeitpunkt t0 virtuell $110/1{,}05^2 = 99{,}8$ Euro wert. Indem man alle Zahlungen auf den Zeitpunkt t0 zurückrechnet und addiert, erhält man für jede Zahlungsreihe *einen* Wert, der mit den Werten der anderen Zahlungsreihen vergleichbar ist. Im Beispiel ist der entsprechende Wert

- für Alternative 1: $-100 + 5/1{,}05 + 110/1{,}05^2 = 4{,}54$
- für Alternative 2: $-100 + 107/1{,}05 + 5/1{,}05^2 = 6{,}44$.

Alternative 2 wäre also vorzuziehen.

Auch die Berechnung des internen Zinsfußes gehört hierher, u. a. mehr. – Obwohl das in der Darstellung nicht immer deutlich gesagt wird, benötigen schon diese einfachen Verfahren eine ganze Reihe von Annahmen. Zum Beispiel muss der Zinssatz, mit dem diskontiert wird, geschätzt werden. Außerdem unterstellt man gedanklich, dass man jederzeit Geld zu diesem Zinssatz aufnehmen oder anlegen kann.

Ein bekanntes, etwas sophistizierteres Verfahren ist z. B. das „*capital asset pricing model*" (CAPM), das versucht, Aktienkurse unter Unsicherheit zu schätzen.
Auch die Bewertung von Unternehmen oder anderen Werten gehört hierher. Dafür stehen ebenfalls eine Reihe von Methoden bereit, und zwar im Kern drei Verfahren:

- Marktwertmethoden, d. h., man untersucht, was der Markt in ähnlich gelagerten Fällen zu zahlen bereit war;
- Ertragswertverfahren, bei denen man die zukünftig zu erwartenden Zahlungsströme ermittelt;
- Substanzwertverfahren, bei denen man den Substanzwert ermittelt.

Das Problem ist, dass die Werte, die man auf diese Weise ermittelt, eine enorme Schwankungsbreite aufweisen.
Ein kleines Beispiel soll das illustrieren.

Bewertung einer Werbeagentur

Zum Verkauf steht eine Werbeagentur. In den letzten Jahren hat sie jeweils einen Umsatz von 8 Mio. Euro und einen Gewinn von 0,8 Mio. Euro erzielt. Die Gebäude sind allesamt angemietet, der Firma selbst gehören nur die Büroausstattung und einige Computer, alles zusammen im Wert von 0,5 Mio. Euro. Anleger erwarten aktuell eine Rendite von 10%; diese wird als Diskontierungszinssatz gewählt. Eine Investmentbank ermittelt für Sie in einer sündhaft teuren Untersuchung, dass der Markt aktuell in ähnlichen Fällen das 5-Fache des Gewinns oder das 0,7-Fache des Umsatzes zahlt. – Wie viel ist das Unternehmen wert?

Der Substanzwert beträgt offensichtlich 0,5 Mio. Euro.
Der Marktwert beträgt, bezogen auf den Umsatz, $8 \times 0{,}7 = 5{,}6$ Mio. Euro; bezogen auf den Gewinn $0{,}8 \times 5 = 4$ Mio. Euro.
Der Ertragswert beläuft sich auf 8 Mio. Euro. (Diesen Wert erhält man entweder, wenn man sich überlegt, wie hoch ein Guthaben sein muss, das bei 10% jährlich 0,8 Mio. ausschüttet, oder indem man einen ewigen Zahlungsstrom von 0,8 Mio. Euro mit 10% diskontiert und die Werte aufaddiert.)
Insgesamt ist das Unternehmen also entweder 0,5, 4,0, 5,6 oder 8,0 Mio. Euro wert. Welcher Wert stimmt?◄

Leider kann man das nicht so einfach entscheiden. Der „Wert" von etwas ist eben keine physikalische Eigenschaft, sondern etwas von Menschen Zugemessenes. Letztlich ist die Bewertung eines Unternehmens auch nicht genauer als die eines Gebrauchtwagens. Faktisch kommt man auch mit noch so ausgefeilten mathematischen Methoden der Wahrheit nicht wirklich auf die Schliche, wie zuletzt die Finanzkrise gezeigt hat, bei der die Verfahren zur Bewertung von Anlageoptionen versagt haben. Allerdings geben diese Verfahren, z. B. zur Aktienbewertung, ihren Anwendern und den Anlegern das gute Gefühl, mit modernsten wissenschaftlichen Methoden gearbeitet zu haben.

Die Finanzierung schließlich betrachtet Verfahren der Mittelbeschaffung, beschreibt und bewertet also z. B. verschiedene Kreditformen, aber auch Beteiligungsfinanzierungen usw.

6.2 Bankbetriebslehre, Personalwesen und Produktionstheorie

Die Ergebnisse der Darstellung der folgenden Abschnitte ähneln denen des ersten, daher kann sie hier kürzer erfolgen.

Branchen folgen teils eigenen, teils gemeinsamen Gesetzen und Bräuchen. Daher kann es Sinn machen, sie gemeinsam zu betrachten – die Buchführung ist für alle ähnlich –, in manchen Fällen verhalten sie sich aber auch recht unterschiedlich. Das ist z. B. der Fall, wenn man eine Strategie entwickeln möchte: Denn dann muss man verstehen, wie das Umfeld des Unternehmens aussieht, wie sich die Wettbewerber verhalten usf. – und das ist branchenspezifisch. Für die Bankbetriebslehre wurde im vorhergehenden Kapitel schon gezeigt, dass sie sowohl Ziele als auch Mittel umfasst.

Eine andere Art, Instrumente der Unternehmensführung genauer zu analysieren, besteht in der Fokussierung auf Funktionen, z. B. das Personalwesen (auch Personalmanagement oder Human Resource Management genannt). In ihr geht es darum, Personal bereitzustellen und zielorientiert einzusetzen. Auch Fragen der Führung, der Mitarbeitermotivation usw. werden hier behandelt.

Halb im Scherz könnte man bereits die Felsmalereien in der El-Castillo-Höhle zur Produktionstheorie zählen, dienten sie doch der Produktionssteigerung (hier: dem Fangen von mehr Beutetieren). Tatsächlich hat sich die Produktionstheorie zunächst in der neoklassischen Theorie entwickelt, was sich z. B. an der Formulierung der Produktionsfunktionen erkennen lässt, etwa der Cobb-Douglas-Produktionsfunktion:

$$x = a_0 r_1^{a_1} r_2^{a_2} \ldots r_I^{a_I} = a_0 \prod_{i=1}^{I} r_i^{a_i}$$

$$0 < a_0 = \text{const.}, \quad 0 \leq a_i = \text{const} < 1, \quad i \in \{1, \ldots, I\}$$

Das heißt, das Endprodukt x ergibt sich aus dem Produkt der potenzierten Faktoreinsätze, wobei die Exponenten a_i nicht negativ und kleiner Eins sind, multipliziert mit einer positiven Konstanten a_0. Die C-D-Produktionsfunktion ist also für eine Produktmenge x definiert und setzt beliebige Teilbarkeit der Faktoreinsatzmenge r_i voraus (Fandel 1991, S. 76).

Erst in jüngerer Zeit geht die Produktions- und Kostentheorie stärker empirisch vor und versucht, tatsächliche Produktionsvorgänge analytisch zu durchdringen.

Insbesondere seit der Etablierung der Betriebswirtschaftslehre an den Handelshochschulen (in Deutschland ab 1898) erfahren betriebswirtschaftliche Techniken einen erheblichen Aufschwung. Große Teile der modernen Betriebswirtschaftslehre bestehen aus solchen Fächern.

Unter der „speziellen Betriebswirtschaftslehre" werden häufig weitere, recht unterschiedliche Themenbereiche zusammengefasst, wie die Wirtschaftsethik (vgl. dazu Kap. 2), sowie Fächer, die aus der Kombination des Wortes „Wirtschaft-" mit einem bestehenden Fachgebiet entstehen, z. B. Wirtschaftsrecht, Wirtschaftsingenieurwesen oder Wirtschaftspsychologie.

6.3 Aktuarwissenschaft und volkswirtschaftliche Gesamtrechnung

Solche Techniken sind nicht auf betriebswirtschaftliche Fragestellungen beschränkt. Hierher gehören auch z. B. die volkswirtschaftliche Gesamtrechnung, die das makroökonomische Geschehen in einem Staat abbildet. Es ist „makroökonomisch", weil es aggregierte Größen darstellt, z. B. die Produktion aller Unternehmen.

Zugrunde liegt ihr ein Gedanke, der zuerst von den Physiokraten (insbesondere F. Quesnay) im 18. Jahrhundert entwickelt wurde, demzufolge Waren und Geldströme in einer Volkswirtschaft zirkulieren: Zahlt ein Haushalt Geld für ein gekauftes Produkt, dann fließt das Geld an das herstellende Unternehmen, von dort zu dessen Lieferanten und Mitarbeitern usf. In einer modernen Darstellung sieht dies wie in Abb. 6.1 dargestellt aus (Frenkel und John 1991, S. 31).

Die Abbildung sieht viel komplizierter aus, als sie ist. Geht man von den Haushalten H aus, so bedeuten die Pfeile einfach Folgendes:

6.3 Aktuarwissenschaft und volkswirtschaftliche Gesamtrechnung

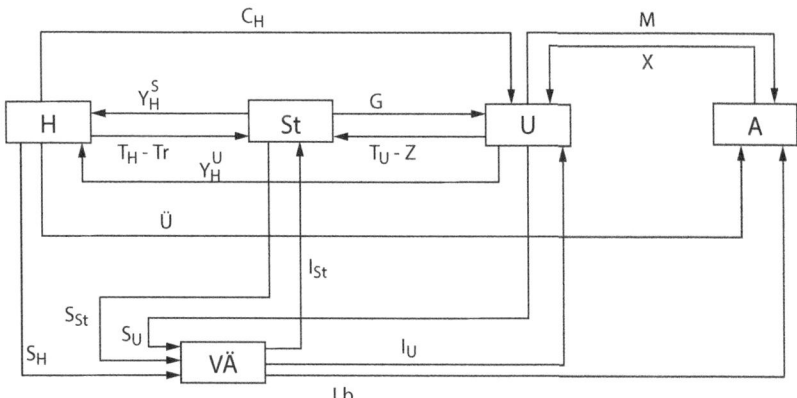

Abb. 6.1 Waren- und Geldströme. Dabei bedeuten die Buchstaben: $Y_H^U=$ Einkommen der privaten Haushalte bezogen von Unternehmen, $Y_H^S =$ Einkommen der privaten Haushalte bezogen vom Staat, Tr = Transfers vom Staat zu den privaten Haushalten, Z = Subventionen, Ü = Nettoübertragungen an das Ausland, C_H = Konsumausgaben der privaten Haushalte, T_H = Steuerzahlungen der privaten Haushalte, T_U = Steuerzahlungen der Unternehmen, S_H = Ersparnis der privaten Haushalte, S_U = Ersparnis der Unternehmen, S_{St} = Ersparnis des Staates, I_U = Investitionen der Unternehmen, I_{St} = Investitionen des Staates, G = Staatsausgaben für Güterkäufe, M = Ausgaben für Güterimporte, X = Erlöse aus Güterexporten, Lb = Leistungsbilanzsaldo des Inlands

Die Haushalte H kaufen von den Unternehmen Güter und zahlen dafür C_H. Soweit die Mitglieder des Haushaltes vom Staat S beschäftigt werden, erhalten sie von dort ein Einkommen $Y_H{}^S$. Ähnlich bekommen sie Einkommen von Unternehmen U, zahlen Steuern an den Staat und erhalten von dort Transferleistungen (z. B. Renten). Sie sparen auch Geld, was sich auf das Vermögensänderungskonto VÄ auswirkt. A steht für das Ausland.

Die VGR ermittelt außerdem das Bruttoinlandsprodukt und eine Reihe weiterer wichtiger Werte.

Ein anderes Beispiel ist die Aktuarwissenschaft. Sie analysiert Fragestellungen aus den Bereichen Versicherung, Bausparwesen, Kapitalanlage und Altersversorgung o. Ä. mit mathematischen Methoden. Beispielsweise ermitteln Aktuare, wie viel Geld ein Pensionsfonds heute anlegen muss, um den dort Versicherten eine lebenslange Rente zahlen zu können (was z. B. von der Lebenserwartung der Versicherten abhängt: Steigt zukünftig die Lebenserwartung, muss man heute mehr Geld zurücklegen).

6.4 Pragmatiken

Auch wenn sie weniger theoriebasiert sind, so kommt doch Pragmatiken in der wirtschaftlichen Realität erhebliche Bedeutung zu. Das ist offensichtlich für z. B. die Veröffentlichung von Börsenkursen in Zeitungen bzw. im Internet.

Hierher gehören auch Empfehlungen, die auf Erfahrungswerten beruhen, aber noch nicht in eine Theorie eingebettet sind, z. B. Aussagen erfahrener Unternehmensberater (deren „Nase" für Probleme im Betriebsablauf immer wieder verblüffend ist).

6.5 Spezialanalysen

Spezialanalysen sind für die Zukunft der Wirtschaftswissenschaften sehr wichtig. Beispielhaft seien hier nur zwei genannt: die ausgezeichnete Beschreibung der Finanzkrise von H.-W. Sinn (2011) und die ebenfalls hervorragende Untersuchung zum Kapital im 21. Jahrhundert von Piketty (2014).

Sinn untersucht, wie es zur Finanzkrise kam. „Er erklärt, warum Banker zu Glücksrittern wurden, und hinterfragt die zweifelhafte Rolle der Rating-Agenturen sowie das Engagement der deutschen Banken. Sinn blickt jedoch nicht nur zurück, sondern benennt auch die Konstruktionsfehler des deutschen Rettungspaketes und kommentiert die verbleibenden Risiken. Er spricht sich gegen Staatshilfen für Firmen aus und definiert – ganz konkret – die langfristigen Rahmenbedingungen für ein gesundes Bankenwesen: Sinn fordert, den Banken wesentlich höhere Eigenkapitalquoten für ihr Geschäft vorzuschreiben, um sie wieder zu einer nachhaltigen Wirtschaftsweise zu veranlassen. Daneben dringt er auf einen TÜV für Finanzprodukte, ein Verbot von Leerverkäufen und eine Umorientierung von der amerikanischen Rechnungslegung (IFRS) zurück zum deutschen Niederstwertprinzip. Sein kurzes, aber kerniges Buch ist gewohnt verständlich und scharf formuliert und bietet Stoff für kontroverse Diskussionen." (Buchbeschreibung auf der Webseite des Verlages, 2019)

In der Tat hat man nach der Lektüre das Gefühl, die Finanzkrise zu verstehen. Dabei geht Sinn in wesentlichen Punkten gerade nicht neoklassisch vor. Zum Beispiel zeigt er, dass die gegenwärtig geltenden Regeln („Institutionen") für Banken dazu führen, dass ihre Manager enorm hohe Risiken eingehen müssen, die ihren Eigenkapitalgebern nützen – auf Kosten der übrigen Stakeholder. Er nimmt – richtigerweise – weder an, dass Institutionen bedeutungslos sind (man kann das Buch geradezu als institutionenökonomische Analyse lesen), noch unterstellt er, dass Wirtschaftssubjekte sich immer im neoklassischen Sinn „rational" verhalten, noch geht er davon aus, dass der Markt von alleine zur Wohlfahrt führt. Der entscheidende Punkt ist, dass Sinns Untersuchung nicht möglich gewesen wäre, wenn er sich an die herrschende ökonomische Theorie gehalten hätte.

Ein ähnliches Bild findet sich bei Piketty, der auf Basis einer enormen empirischen Datenmenge der Frage nachgeht, wie sich das Kapital im 21. Jahrhundert entwickelt. „Wie funktioniert die Akkumulation und Distribution von Kapital? Welche dynamischen Faktoren sind dafür entscheidend? Jede politische Ökonomie umkreist die Fragen nach der langfristigen Evolution von Ungleichheit, der Konzentration von Wohlstand und den Chancen für ökonomisches Wachstum.

Piketty zeigt, dass das moderne ökonomische Wachstum und die Verbreitung des Wissens es uns ermöglicht haben, Ungleichheit in dem apokalyptischen Ausmaß abzuwenden, das Karl Marx prophezeit hatte. Aber wir haben die Strukturen von Kapital und Ungleichheit nicht in dem Umfang verändert, den uns die optimistischen Jahrzehnte nach dem Zweiten Weltkrieg suggeriert haben." (Buchbeschreibung auf der Webseite des Verlages, 2019.)

Dabei liegt der Wert von Pikettys Buch besonders in seinen empirischen Analysen, weniger in den „Gesetzen", die er daraus ableitet (und inzwischen teilweise angepasst hat).

Natürlich bilden beide Bücher nur einen kleinen Ausschnitt aus der wirtschaftlichen Gesamtrealität ab. Aber sie verwenden ein quasimedizinisches Vorgehen: Sie untersuchen präzise die Anatomie und Physiologie, d. h. die Struktur und Funktionsweise des Gegenstandes und kommen damit zu einer empirisch fundierten Theorie. Man kann sogar noch weiter gehen und sagen, dass eine zukünftige funktionierende Wirtschaftstheorie genau diese Methodik verwenden müsste.

Literatur

Fandel, G.: Produktion I. Produktions- und Kostentheorie. Springer, Berlin (1991)
Frenkel, M., John, K.D.: Volkswirtschaftliche Gesamtrechnung. Vahlen, München (1991)
Fulcher, J.: Kapitalismus. Reclam, Stuttgart (2011)
Piketty, T.: Das Kapital im 21. Jahrhundert. Beck, München https://www.chbeck.de/piketty-kapital-21-jahrhundert/product/13923624 (2014)
Schneider, D.: Geschichte der Betriebswirtschaftslehre. Oldenbourg, München (2001)
Sinn, H.-W.: Kasino-Kapitalismus. Ullstein, Berlin (2011)
Weeber, K.-W.: Alltag im Alten Rom. Patmos, Düsseldorf (2006)

7 Ökonomische Klassik, Neoklassik und Makroökonomie

▶ In diesem Kapitel geht es um die einflussreichste Strömung der aktuellen Volkswirtschaftslehre, nämlich die „Neoklassik". Studierenden der Wirtschaftswissenschaften begegnet sie insbesondere in der Form der „Mikroökonomik", aber auch allen anderen „mikroökonomisch fundierten" Zweigen der Wirtschaftswissenschaften. Zunächst werde ich erläutern, was unter „Klassik" zu verstehen ist, anschließend wird die darauf aufbauende „Neoklassik" vorgestellt und diskutiert. Die Makroökonomie schließt das Kapitel ab – sie wird manchmal als Fortsetzung der Neoklassik, manchmal als Gegenentwurf verstanden.

7.1 Ökonomische „Klassik"

Unter ökonomischer Klassik (auch „klassische politische Ökonomie" genannt) versteht man einerseits einen Zeitraum und andererseits eine Gruppe von Theorien (Schefold und Carstensen 2002, S. 67). Zeitlich wird die Klassik meist zwischen 1776 und ca. 1870 angesetzt. Demnach beginnt sie mit Erscheinen des Buches *An inquiry into the nature and causes of the wealth of nations* von Adam Smith und endet mit dem Aufstieg der neoklassischen (auch „marginalistisch" genannten) Schule.

Neben Smith gelten David Ricardo, James Mill, Robert Malthus und andere Autoren als Vertreter der „Klassik". Smiths Bedeutung für die Wirtschaftswissenschaften zeigt sich auch darin, dass manche Autoren (v. a. im angelsächsischen Raum) der Meinung sind, dass die Ökonomie als Wissenschaft mit Smith überhaupt erst beginnt; andere sehen das freilich ganz anders (Blaug 1971; Schumpeter 1965).

Wie der Name seines Buches sagt, beschäftigt sich Smith mit der Frage, wie Wohlstand in einer Nation entsteht, insbesondere: unter welchen Bedingungen die Wirtschaft insgesamt gut funktioniert. Aus dem umfangreichen Werk werden hier zwei Themen ausführlicher besprochen, die heute als besonders wichtig gelten:

1. Je mehr Arbeitsteilung, desto höhere Produktivität; je größer der Markt, umso mehr Arbeitsteilung ist möglich.
2. Der Egoismus des Einzelnen befördert das Gemeinwohl.

Das erste Thema ist zugleich der Beginn des „Wohlstands der Nationen":

Zitat

„Der größte Fortschritt in den produktiven Arbeitskräften und die Vermehrung der Geschicklichkeit, Gewandtheit und Einsicht, womit die Arbeit irgendwo geleitet oder verrichtet wird, scheint eine Wirkung der Arbeitsteilung gewesen zu sein.

Die Wirkungen der Arbeitsteilung in der allgemeinen Gewerbstätigkeit der Gesellschaft lassen sich leichter verstehen, wenn man beachtet, in welcher Weise jene Teilung in einzelnen Gewerben wirkt. Man nimmt gewöhnlich an, daß sie in gewissen, sehr unbedeutenden Gewerben am weitesten getrieben sei. Vielleicht ist sie tatsächlich nicht weiter getrieben als in anderen von größerer Bedeutung; aber in jenen unbedeutenden Gewerben, die nur die beschränkten Bedürfnisse einer nur beschränkten Zahl von Menschen zu befriedigen haben, muß die Zahl der Arbeiter notwendigerweise beschränkt sein, und es können oft alle, die mit den verschiedenen Zweigen der Arbeit beschäftigt sind, in derselben Werkstatt untergebracht sein und von einem Beobachter mit einem Blick übersehen werden. In jenen großen Gewerben dagegen, welche das große Ganze des Volkes mit seinen Bedürfnissen zu versorgen haben, beschäftigt jeder einzelne Arbeitszweig eine so große Zahl von Arbeitern, daß es unmöglich ist, sie alle in einer Werkstatt zu vereinigen. Man sieht da selten zu gleicher Zeit mehr als diejenigen, welche in einem einzelnen Zweig tätig sind. Obgleich daher in solchen Gewerben die Arbeit tatsächlich in viel mehr Abteilungen zerfällt als in Gewerben von geringerer Bedeutung, so ist die Teilung doch bei weitem nicht so augenfällig und ist deshalb auch viel weniger bemerkt worden.

Nehmen wir zum Beispiel ein sehr unbedeutendes Gewerbe, bei welchem man jedoch sehr oft von der Teilung der Arbeit Notiz genommen hat; nämlich das Gewerbe des Nadelmachers. Ein Arbeiter, der für diese Tätigkeit (woraus die Teilung der Arbeit ein eigenes Gewerbe gemacht hat) nicht angelernt wäre, der mit dem Gebrauch der dazu verwendeten Maschinen (zu deren Erfindung wahrscheinlich ebendieselbe Teilung der Arbeit Gelegenheit gegeben hat) nicht vertraut wäre, könnte vielleicht mit dem äußersten Fleiß täglich kaum eine, gewiß aber keine zwanzig Nadeln herstellen. In der Tat aber, wie diese Tätigkeit jetzt betrieben wird, ist es nicht nur ein besonderes Gewerbe, sondern sie teilt sich in eine Anzahl von Zweigen, von denen die meisten wiederum besondere Gewerbe sind. Der eine zieht den Draht, ein anderer streckt ihn, ein dritter schneidet ihn ab, ein vierter spitzt ihn zu, ein fünfter schleift ihn am oberen Ende, wo der Kopf angesetzt wird; die Herstellung des Kopfes erfordert zwei oder drei verschiedene Tätigkeiten; das Ansetzen desselben ist eine besondere Tätigkeit, das Weißglühen der Nadeln eine andere; ja sogar das Einlegen der Nadeln in Papier bildet ein Gewerbe für sich. So ist das wichtige Geschäft der Stecknadelfabrikation in ungefähr achtzehn verschiedene Verrichtungen geteilt, die in manchen Fabriken alle von verschiedenen Händen vollbracht werden, während in anderen zuweilen zwei oder drei derselben von einem einzigen Mann besorgt werden. Ich habe eine kleine Fabrik dieser Art gesehen, wo nur zehn Menschen beschäftigt waren und manche daher zwei oder drei verschiedene Verrichtungen zu erlernen hatten. Obgleich nun diese Menschen sehr arm und darum nur leidlich mit den nötigen Maschinen versehen waren, so konnten sie doch, wenn sie sich tüchtig daran hielten, in einem Tag zusammen etwa zwölf Pfund Stecknadeln liefern. Ein Pfund enthält über viertausend Nadeln von mittlerer Größe. Diese zehn Personen konnten demnach täglich über achtundvierzigtausend Nadeln herstellen. Da jeder den zehnten Teil von achtundvierzigtausend Nadeln machte, so läßt sich auf jeden täglich viertausendachthundert Nadeln rechnen. Hätten sie dagegen alle einzeln und unabhängig gearbeitet und wäre keiner für diese besondere Tätigkeit angelernt worden, so hätte gewiß keiner zwanzig, vielleicht nicht eine Nadel täglich machen können, d. h. sicher nicht den zweihundertvierzigsten, vielleicht nicht den viertausendachthundertsten Teil von dem, was sie jetzt infolge einer besonderen Teilung und Verbindung ihrer verschiedenen Verrichtungen zu leisten imstande sind.

> In jeder anderen Kunst und jedem anderen Gewerk sind die Wirkungen der Arbeitsteilung denen, welche dieses so wenig bedeutende Geschäft darbietet, ähnlich, obgleich in vielen derselben die Arbeit weder in so viele Unterabteilungen zerlegt noch auf eine so große Einfachheit in der Verrichtung zurückgeführt werden kann. Indessen bewirkt die Arbeitsteilung, soweit sie sich einführen läßt, in jedem Gewerk eine verhältnismäßige Vermehrung der produktiven Arbeitskräfte. Die Trennung der verschiedenen Gewerbe und Beschäftigungen scheint aus diesem Vorteil entstanden zu sein. Auch geht diese Trennung gewöhnlich in denjenigen Ländern am weitesten, welche sich auf der höchsten Stufe der Industrie und des Fortschritts befinden; was in einem rohen Gesellschaftszustand das Werk eines einzigen Menschen ist, pflegt in einem fortgeschrittenen das Werk mehrerer zu sein. In jeder fortgeschrittenen Gesellschaft ist der Landmann gewöhnlich nichts als Landmann, der Handwerker nichts als Handwerker. Selbst diejenige Arbeit, welche zur Herstellung eines vollständigen Fabrikats nötig ist, wird fast immer unter eine große Anzahl Hände verteilt." (Smith 2009, S. 11 ff.)

Die Vorstellung, dass mehr Arbeitsteilung zu besserer Produktivität führt, findet sich in vielen späteren Theorien wieder. So hat beispielsweise Taylor in seinen *Principles of Scientific Management* von 1911 gefordert, Arbeitsschritte immer weiter zu zerlegen, bis jeder Arbeiter nur noch ganz wenige Handgriffe ausführt. Einer seiner Bewunderer, Hugo Münsterberg, beschreibt eine Arbeiterin, die ausschließlich Glühbirnen in Kartons steckt (und der dies angeblich nicht langweilig wird, weil jede Glühbirne ein bisschen anders im Karton liege). Heute würde man eine solche extreme Zersplitterung von Tätigkeiten und die Reduktion der Arbeit auf wenige Handgriffe möglichst vermeiden (sondern strebt im Gegenteil „job enrichment" an). – Es zeigt sich hier ein Muster, das auch später in der Klassik bzw. Neoklassik immer wieder auftaucht: Smith hat in vielen Punkten durchaus recht; seine Anschauungen bilden aber nicht immer die ganze Wahrheit ab. Wenn man sie unkritisch anwendet, kommt man zu unerwünschten Ergebnissen. Das wird im nächsten Beispiel noch deutlicher.

Tendenziell besteht nach Smith umso mehr Möglichkeit zur Arbeitsteilung, je größer der Markt ist: Wenn jeder sich selbst versorgt, muss er alle Tätigkeiten selbst ausführen. Hingegen kann sich in großen arbeitsteiligen Gesellschaften jeder spezialisieren und wird dadurch produktiver. Daher kommt Smith z. B. auch

7.1 Ökonomische „Klassik"

zu dem Ergebnis, dass Einfuhrzölle kontraproduktiv sind, weil sie Märkte verkleinern und das Kapitel falsch steuern. Denn wenn man Waren aus dem Ausland günstiger beziehen kann, als sie selbst zu produzieren, dann sollte man dies auch tun (und das dadurch eingesparte Kapital[1] woanders anlegen):

Zitat

„Dem Erzeugnis inländischen Gewerbefleißes in irgendeiner besonderen Kunst oder Manufaktur das Monopol des einheimischen Marktes zugestehen, heißt gewissermaßen nichts anderes, als Privatleuten die Art vorzeichnen, wie sie ihre Kapitalien anwenden sollten, und es ist deshalb fast in allen Fällen entweder eine nutzlose oder eine schädliche Maßnahme. Kann das Produkt des einheimischen Gewerbefleißes ebenso wohlfeil geliefert werden wie das des fremden, so ist die Maßnahme offenbar nutzlos; kann es das aber nicht, so muß sie in der Regel schädlich sein. Bei jedem klugen Hausvater ist es eine Regel, niemals etwas im Haus machen zu lassen, was ihn weniger kosten würde, wenn er es kaufte. Dem Schneider fällt es nicht ein, seine Schuhe zu machen, sondern er kauft sie vom Schuhmacher; dem Schuhmacher fällt es nicht ein, sich seine Kleider zu machen, sondern er beschäftigt den Schneider, und dem Landmann fällt es nicht ein, sich eines oder das andere zu machen, sondern er setzt jene beiden Handwerker in Nahrung. Alle diese Leute finden es in ihrem Interesse, ihren Gewerbefleiß ganz auf diejenige Art anzuwenden, in der sie etwas vor ihrem Nachbarn voraushaben, und dann ihren übrigen Bedarf mit einem Teil ihres eigenen Erzeugnisses oder, was dasselbe ist, mit dem Preis eines Teils zu kaufen.

Was aber in der Handlungsweise einer Familie Klugheit ist, das kann in der eines großen Reiches wohl schwerlich Torheit sein. Wenn uns ein fremdes Land mit einer Ware wohlfeiler versehen kann, als wir sie selbst zu machen imstande sind, so ist es besser, daß wir sie ihm mit einem Teil vom Erzeugnis unseres eigenen Gewerbefleißes, in welchem wir vor dem Ausland etwas voraushaben, abkaufen. Der allgemeine Gewerbefleiß des Landes wird dadurch, da er sich immer nach dem in ihn gesteckten Kapital richtet, ebensowenig vermindert als der Gewerbefleiß der oben

---

[1] Das Wort „Kapital" ist, nebenbei bemerkt, im wörtlichen Sinn eine Hauptsache, denn das lateinische caput und das deutsche „Haupt" sind urverwandt. Aus caput „Kopf, Haupt" und dem Adjektiv capitalis („hauptsächlich") entwickelt sich eine große Gruppe von Hauptsachen – vom Kapital über den Kapitän, das Kapitell (Säulenkopf) bis zum Kappes (Kohlkopf).

erwähnten Handwerker, und es wird ihm nur überlassen, den Weg ausfindig zu machen, auf welchem er am vorteilhaftesten betrieben werden kann. Sicherlich wird sie aber nicht mit dem größten Vorteil betrieben, wenn man ihn auf eine Sache lenkt, die man wohlfeiler kaufen als verfertigen kann. Der Wert des jährlichen Erzeugnisses wird gewiß mehr oder weniger vermindert, wenn er davon abgezogen wird, Waren zu verfertigen, welche offenbar mehr wert sind als diejenigen, zu deren Verfertigung er hingedrängt wird. Vorausgesetzt, daß die Ware vom Ausland wohlfeiler bezogen werden konnte, als sie im Land selbst herzustellen war, so war man imstande, sie bloß mit einem Teil der Waren oder, was dasselbe ist, bloß mit einem Teil vom Preis der Waren zu kaufen, welche die mit einem gleich großen Kapital betriebene Industrie im Land selbst hätte erzeugen können, wenn man sie ihrem natürlichen Lauf hätte folgen lassen.

Mithin wird die Landesindustrie durch jede solche Maßnahme nur von einem mehr oder weniger vorteilhaften Gewerbe abgezogen, und der Tauschwert ihres jährlichen Produkts muß notwendig kleiner werden, statt sich, wie es die Absicht des Gesetzgebers war, zu vergrößern." (Smith 2009, S. 453 ff.)

Später wird Ricardo (ebenfalls einer der „Klassiker") diese Idee zum Theorem des komparativen Kostenvorteils weiterentwickeln. Demnach sollten Länder auch dann untereinander handeln, wenn eines der Länder in *beiden* zu tauschenden Gütern mehr bzw. effizienter produzieren kann. Das lässt sich leicht an einem Beispiel zeigen. Angenommen, zwei Länder könnten jeweils maximal entweder die angegebene Menge Tuch oder Wein produzieren (oder die Produktion proportional anpassen) (Tab. 7.1).
Portugal könnte also z. B.

- entweder 100 Wein und kein Tuch
- oder 50 Wein und 30 Tuch
- oder keinen Wein und 60 Tuch herstellen; England analog.

Tab. 7.1 Produktionsmengen zweier Länder

	Portugal	England
Wein	100	110
Tuch	60	100

Wie man sieht, produziert England von beiden Waren mehr; trotzdem lohnt es sich zu tauschen.

Angenommen, im Ausgangszustand produziert Portugal 50 Wein und 30 Tuch; England 55 Wein und 50 Tuch. In Summe sind das 105 Wein und 80 Tuch. Wenn Portugal nur Wein produzierte, könnte England z. B. 11 Wein und 90 Tuch herstellen; in Summe wären dies 111 Wein und 90 Tuch.

Den Überschuss können die Länder untereinander aufteilen.

Das Beispiel ist nicht willkürlich gewählt. Im Rahmen der Methuen-Verträge handelten Portugal und England Wein und Tuche weitgehend zollfrei. Allerdings sind heute die meisten Autoren der Meinung, dass diese Verträge nachteilig für Portugal waren: Während englische Tuche die portugiesische Industrie zerstörten, hatte es relativ wenige Einkünfte aus dem Weinexport.

Auch hier zeigt sich wieder das besprochene Muster: In einem optimal funktionierenden Markt ist das Theorem richtig. Es gilt aber in der Realität häufig nicht, z. B. wenn die Marktteilnehmer unterschiedlich mächtig sind. Auch stimmt nicht, dass ein größerer Markt immer zu Wohlfahrtsvorteilen führt. Das soll kurz an zwei aktuellen Beispielen gezeigt werden.

In Deutschland glauben viele Konsumenten, Hühnerbrustfleisch sei gesünder als Hühnerkeulen. Nun hat ein Hühnchen aber eine bestimmte Menge Brustfleisch pro Keule. Das führt dazu, dass in Deutschland ein Überschuss an Hühnerkeulen entsteht. Die Produzenten können dieses Fleisch vernichten, was Kosten verursacht, oder es zum Selbstkostenpreis in Länder verkaufen, deren Konsumenten es egal ist, ob sie Brust oder Keule essen. Das ist z. B. in afrikanischen Ländern der Fall. Da die dortigen Hühnerzüchter nicht mit den Billigimporten konkurrieren können, geht nicht nur die afrikanische Hühnerindustrie zugrunde, sondern auch die daran hängende Futtermittelindustrie. (Nach Smith haben die Afrikaner trotzdem einen Vorteil: Da sie das Hühnerfleisch günstiger kaufen können, sparen sie Geld, das sie woanders investieren können. Ob es allerdings kurzfristig gelingt, Kapital und Arbeit aus den zerstörten Industrien anderswo sinnvoll einzusetzen, erscheint fraglich. Außerdem dürfte der Preis der Importware steigen, sobald keine inländische Konkurrenz mehr besteht.)

Ähnliche Ungleichgewichte entstehen, wenn ein Land die profitablen, ein anderes Land die weniger profitablen Industrien beherbergt. In vollkommen effizienten Märkten dürfte ein solcher Fall nicht auftreten, weil durch den Wettbewerb die Renditen sich angleichen müssten. Tatsächlich findet man aber erhebliche Unterschiede in der Profitabilität, z. B. aufgrund von Innovationen, Patenten u. Ä. Sehr viele Entwicklungsländer sehen sich in der Situation, nur schlechte Industrien vorhalten zu können.

Ein anderes Beispiel: In den Jahren vor der Finanzkrise fanden viele Ökonomen es eher nützlich, dass sich der Markt für Finanzprodukte immer weiter vergrößerte, weil sie annahmen, dass durch die mit der Marktgröße einhergehende Spezialisierung bessere Finanzprodukte angeboten würden. Heute gehen viele Beobachter davon aus, dass eine übermäßige Ausweitung solcher Geschäfte riskant sein kann.

Das zweite, besonders wirkmächtige Thema Smiths ist die Annahme, dass der Einzelne bei Befolgung seiner egoistischen Interessen zugleich das Gemeinwohl fördert. Seine Begründung funktioniert – verkürzt – etwa so: Jeder legt sein Kapital (bzw. seine Arbeitskraft) so an, dass er damit am meisten verdient. Er verdient dann am meisten damit, wenn der Wert der damit hergestellten Güter möglichst hoch ist. Dadurch maximiert jeder also zugleich den Wert aller hergestellten Güter – also die allgemeine Wohlfahrt. Im Original liest sich das wie folgt:

Zitat

„Jeder Mensch ist stets darauf bedacht, die vorteilhafteste Anwendung allen Kapitals, worüber er zu verfügen hat, ausfindig zu machen. Er hat in der Tat nur seinen eigenen Vorteil und nicht der Nation im Auge; aber natürlicher- oder vielmehr notwendigerweise führt ihn die Bedachtnahme auf seinen eigenen Vorteil gerade dahin, daß er diejenige Kapitalbenutzung vorzieht, welche zugleich für die Nation die vorteilhafteste ist.

Erstens sucht jeder Mensch sein Kapital soviel als möglich in der Nähe und folglich möglichst auf die Unterstützung des einheimischen Gewerbefleißes anzuwenden, vorausgesetzt, daß er dabei den üblichen oder doch nicht viel weniger als den üblichen Kapitalgewinn ziehe. ...

Zweitens sucht jeder, der sein Kapital zur Unterstützung des einheimischen Gewerbefleißes verwendet, diesen Gewerbefleiß natürlich so zu leiten, daß sein Produkt einen möglichst großen Wert erhalte. Das Produkt des Gewerbefleißes ist das, was er dem Gegenstand oder Stoff, mit dem er es zu tun hat, zusetzt: In dem Maß, als der Wert dieses Produkts groß oder gering ist, sind es auch die Gewinne des Arbeitgebers. Nun wendet man aber sein Kapital nur um des Gewinns willen auf die Industrie, und man wird es daher stets derjenigen Industrie zuzuwenden suchen, deren Produkt den größten Wert hoffen läßt, d. h. gegen die größte Quantität Geldes oder anderer Güter vertauscht werden zu können verspricht.

Es ist aber das jährliche Einkommen jeder Nation immer gerade ebenso groß als der Tauschwert des gesamten Jahresprodukts ihres Gewerbefleißes oder vielmehr: jenes Einkommen ist nichts anderes als dieser Tauschwert selber. Wie nun jedermann nach Kräften sucht, sein Kapital auf den inländischen Gewerbefleiß zu verwenden und diesen Gewerbefleiß so zu leiten, daß sein Produkt den größten Wert erhält, so arbeitet auch jeder notwendig dahin, das jährliche Einkommen der Nation so groß zu machen, als er kann. Allerdings ist es in der Regel weder sein Streben, das allgemeine Wohl zu fördern, noch weiß er auch, wie sehr er dasselbe befördert. Indem er den einheimischen Gewerbefleiß dem fremden vorzieht, hat er nur seine eigene Sicherheit vor Augen, und indem er diesen Gewerbefleiß so leitet, daß sein Produkt den größten Wert erhalte, beabsichtigt er lediglich seinen eigenen Gewinn und wird in diesen wie in vielen anderen Fällen von einer unsichtbaren Hand geleitet, daß er einen Zweck befördern muß, den er sich in keiner Weise vorgesetzt hatte. Auch ist es nicht eben ein Unglück für die Nation, daß er diesen Zweck nicht hatte. Verfolgt er sein eigenes Interesse, so befördert er das der Nation weit wirksamer, als wenn er dieses wirklich zu befördern die Absicht hätte. Ich habe niemals gesehen, daß diejenigen viel Gutes bewirkt hätten, welche die Miene annahmen, für das allgemeine Beste Handel zu treiben. Es ist indes diese Affektation unter Kaufleuten auch nicht sehr häufig, und es bedarf nur weniger Worte, sie davon abzubringen.

Welche Gattung des einheimischen Gewerbefleißes er mit seinem Kapital in Gang bringen kann und bei welcher das Produkt den größten Wert zu haben verspricht, das kann offenbar jeder einzelne Mensch in seiner besonderen Lage weit besser beurteilen, als es ein Staatsmann oder Gesetzgeber für ihn tun könnte. Ein Staatsmann, der sich's einfallen ließe, Privatleuten darüber Vorschriften zu geben, auf welche Weise sie ihre Kapitalien anwenden sollen, würde sich nicht allein eine höchst unnötige Sorge aufladen, sondern sich auch eine Autorität anmaßen, die keinem Senat oder Staatsrat, geschweige denn einem einzelnen Mann mit Sicherheit überlassen werden könnte und die nirgends so gefährlich sein würde als in der Hand eines Mannes, der töricht und dünkelhaft genug wäre, um sich für fähig zu halten, sie auszuüben." (Smith 2009, S. 449 ff.)

In diesem Abschnitt taucht zugleich die berühmte Metapher der „unsichtbaren Hand" auf, die wie auf wundersame Weise dafür sorgt, dass Eigennutz und Allgemeinwohl in Gleichklang kommen.
Prägnant formuliert Smith:

> **Zitat**
>
> „Nicht von dem Wohlwollen des Fleischers, Brauers oder Bäckers erwarten wir unsere Mahlzeit, sondern von ihrer Bedachtnahme auf ihr eigenes Interesse. Wir wenden uns nicht an ihre Humanität, sondern an ihren Egoismus, und sprechen ihnen nie von unseren Bedürfnissen, sondern von ihren Vorteilen." (Smith 2009, S. 21)

Diese Gedanken waren und sind ungeheuer wirkungsmächtig und prägen das Denken der Mehrzahl der Ökonomen. Viele Ökonomen glauben, dass man wirtschaftliche Vorgänge, die über Märkte reguliert werden und an denen viele Menschen teilnehmen, hinreichend mit einem Homo-oeconomicus-Modell analysieren kann, also einem Modell, das davon ausgeht, dass jeder genau seinen Eigennutz verfolgt (und dabei weder altruistisch noch neidisch ist). Ökonomen versuchen daher auch, Ziele ausschließlich durch die Gestaltung von Anreizen zu erreichen; manche haben geradezu einen Abscheu, andere Instrumente (z. B. Ausbildung, Appelle o. Ä.) einzusetzen.

Obwohl natürlich die Verfolgung des Eigennutzes eine wichtige Triebfeder ist, so ist das Modell doch ebenso offensichtlich nicht vollständig. Wer kauft schon gerne bei einem Bäcker seine Brötchen, der ausschließlich vom Profitziel getrieben ist (und nicht auch stolz auf seine Arbeit sein möchte)? Würde sich jemand von einem maschinenhaft handelnden Arzt therapieren lassen?

Weiters ist die unsichtbare Hand sehr sichtbar und sehr nötig. Denn Eigennutz und Gemeinwohl können bei sehr vielen Handlungen auseinanderfallen: Bei kriminellen Handlungen z. B. wird der Täter reicher, die Gesellschaft aber nicht. Ähnliches gilt auch schon für bloß unhöfliches oder rücksichtsloses Verhalten. Tatsächlich kostet es die Gesellschaft enorme Mühe, Regeln zu definieren und durchzusetzen, die den Einzelnen dazu zwingen, bei Verfolgung seiner Interessen zugleich das Gemeinwohl zu fördern: Polizei, Gerichte, Schlüssel in jeder beliebigen Form (vom Wohnungsschlüssel bis zur Kreditkarte) usw. dienen nur dazu. Unter dem Namen „Transaktionskosten" wurden sie genauer untersucht; mehr als die Hälfte des Bruttosozialproduktes wird heute dafür eingesetzt. Anders gesagt:

Tab. 7.2
Gefangenendilemma

		Gangster 2	
		Singt	Hält dicht
Gangster 1	Singt	10/10	1/20
	Hält dicht	20/1	2/2

Die reine smithsche Theorie erklärt weniger als die Hälfte dessen, was tatsächlich in modernen Gesellschaften passiert.

Die Spieltheorie hat auch deswegen so viel Interesse auf sich gezogen, weil im „Gefangenendilemma" persönliche und Gesellschaftsrationalität auseinanderfallen. Es funktioniert so: Ein Sheriff hat zwei Gangster festgenommen. Er erklärt ihnen: „Ich weiß, dass ihr die Bank ausgeraubt habt. Ich kann es euch aber nicht beweisen. Wenn ihr beide schweigt, kann ich euch nur unerlaubten Waffenbesitz nachweisen; dann erhält jeder von euch zwei Jahre Knast. Wenn einer von euch ‚singt', bekommt er die Kronzeugenregelung und ein Jahr Knast, der andere dagegen 20 Jahre. Und wenn beide gestehen, kriegt jeder 10 Jahre. – Morgen früh werde ich euch einzeln verhören."

Die Anzahl an Gefängnisjahren, die die Gangster erhalten, ist demnach wie in Tab. 7.2 dargestellt (die erste Zahl bezieht sich auf Gangster 1, die zweite auf Gangster 2).

Aus Sicht der Gangstergesellschaft wäre es am besten, wenn beide dicht halten. Aber für jeden Einzelnen gilt: Egal, was der andere tut, er steht sich besser, wenn er „singt". (Wenn z. B. Gangster 2 „singt", ist es auch für Gangster 1 besser, zu „singen"; und wenn Gangster 2 dicht hält, steht sich Gangster 1 ebenfalls mit „singen" besser.)

Persönliche Rationalität und Wohlfahrt der (Gangster-)Gesellschaft fallen also auseinander. –

Die Neoklassik ist vielen wichtigen Annahmen Smiths gefolgt (nicht allen, z. B. hat sie andere Annahmen darüber getroffen, wie Preise entstehen). Der Hauptunterschied zwischen Klassik und Neoklassik besteht darin, dass Letztere sich mathematischer Methoden bedient.

7.2 Wirtschaft im neoklassischen mikroökonomischen Paradigma

Dem neoklassischen (und dem danach besprochenen makroökonomischen) Paradigma dürfte sich heute die Mehrzahl der volkswirtschaftlichen Ökonomen zurechnen (Neumann 2002).

Mit der Klassik teilt die Neoklassik die Annahme, dass Individuen ihr persönliches Eigeninteresse verfolgen und dass alles wirtschaftliche Verhalten von den Individuen her erklärt wird: „methodologischer Individualismus". Weil man bei der Untersuchung von einzelnen Wirtschaftssubjekten ausgeht (Haushalten und Unternehmen) und von dort auf größere Untersuchungsgegenstände, z. B. Märkte, schließt, nennt man diesen Ansatz auch „mikroökonomisch" – im Gegensatz zur Makroökonomie.

Dabei ist die Neoklassik nicht immer ganz präzise in ihren Aussagen, was es bedeute, dass die Individuen ihr Eigeninteresse verfolgen. Man kann diese Aussage nämlich in verschiedener Weise präzisieren:

a) Man kann annehmen, dass die Individuen die Marktgegebenheiten als gegeben betrachten und dann ihr Einkommen so einsetzen, dass sie diejenigen Güter kaufen, die ihren Nutzen maximieren. Andere Überlegungen spielen im Kalkül der Individuen keine Rolle.

   Der Vorteil dieser Annahme besteht darin, dass sie sich sehr gut mathematisch abbilden lässt und zu sehr interessanten Ergebnissen führt, u. a. dazu, dass Konkurrenzmarktgleichgewichte paretooptimal sind (dazu mehr unten). Der Nachteil besteht offensichtlich darin, dass diese Annahmen sehr unrealistisch sind – niemand maximiert nur seinen Güterkonsum, sondern auch die Zufriedenheit mit seinem Leben (den „Sinn" des Lebens), das Glück der Angehörigen usf.

b) Man kann auch annehmen, dass Menschen eine komplexe Psychologie aufweisen, die in solchen Modellen abgebildet werden sollte. Dann allerdings entfällt die mathematische Lösung ebenso wie die Paretooptimalität von Märkten. – Es handelt sich bei a) und b) um ein Kontinuum, in dem Zwischenlösungen denkbar sind.

Manche Autoren haben den Neoklassikern vorgeworfen, sie würden absichtlich unklar lassen, von welchen dieser Annahmen sie ausgehen: Solange es darum gehe, das Modell gegen den Vorwurf mangelnder Realitätsnähe zu verteidigen, beriefen sie sich auf Annahme b); bei der eigentlichen Berechnung gingen sie

7.2 Wirtschaft im neoklassischen mikroökonomischen Paradigma

dann zu Annahme a) über (Etzioni 1990). Im Folgenden stelle ich zunächst das Modell des Homo oeconomicus vor, dem Annahme a) zugrunde liegt.

Zentraler Untersuchungsgegenstand der mikroökonomischen Neoklassik sind das Verhalten von Märkten, insbesondere das Vorhandensein von Marktgleichgewichten, und die Analyse von Preisen. Einer der Hauptunterschiede zwischen Klassik und Neoklassik ist, dass die Klassiker Marktpreise aus den Produktionskosten herleiten (ganz grob vereinfacht: Produktpreis = Produktionskosten + Gewinn), die Neoklassiker dagegen von der Konsumentenseite (Produktpreis = Zahlungsbereitschaft des Kunden) (Schefold 1986). Insofern führt es in die Irre, wenn man die Neoklassik einfach als logische Fortsetzung der Klassik betrachtet. Gemeinsam ist den meisten Neoklassikern, dass sie versuchen, ökonomische Vorgänge mathematisch zu fassen (das unterscheidet neoklassische Preisanalysen von früheren Vorläufern – auch Aristoteles untersucht z. B. Güterpreise) und damit naturgesetzliche Vorgänge in der Wirtschaft abzubilden.

Angenommen wird in der Regel, dass Konsumenten ihren Nutzen maximieren, wobei der Nutzen ein Maß für ihre Präferenzen (Vorlieben) ist. Je höher der Nutzen, umso besser findet der Konsument die damit beschriebene Situation.

Je nach Autor kann die genaue Modellierung der Nutzenfunktion der Konsumenten unterschiedlich sein. Häufig ist die Annahme des abnehmenden Grenznutzens: Je mehr ein Konsument bereits von einem Gut konsumiert, umso weniger zusätzlichen Nutzen bringt eine weitere Einheit des Gutes. Diese Annahme wird auch als „erstes gossensches Gesetz" bezeichnet – nach seinem Erstbeschreiber H. H. Gossen (1810–1858). Man kann das mathematisch so ausdrücken: $U'_x > 0$, $U''_x < 0$ – die erste Ableitung des Nutzens nach der Gütermenge ist positiv, die zweite Ableitung negativ.

Weitere Annahmen für das Verhalten der Konsumenten sind typischerweise, dass sie sich

- rational verhalten,
- Präferenzen mit bestimmten Eigenschaft aufweisen – z. B. wird häufig angenommen, dass ihre Präferenzen transitiv sind (das bedeutet, dass ein Konsument, der A besser findet als B und B besser als C, auch A besser findet als C),
- ihre Entscheidungen unabhängig von anderen Konsumenten treffen (d. h., Konsumenten sind weder neidisch noch altruistisch).

Nimmt man weitere Annahmen über die Eigenschaften der Konsumenten bzw. des Marktes hinzu, insbesondere, dass die Konsumenten über vollständige Information verfügen, d. h. die heutigen und zukünftigen Preise aller Güter und alle ihre Eigenschaften kennen, dann resultiert das typische Modell des „Homo oeconomicus" im vollkommenen Markt.

Die genauen Annahmen darüber, was einen „vollkommenen Markt" ausmacht, weichen allerdings von Autor zu Autor ab (Martiensen 2000, S. 49 f.). Häufig unterstellen neoklassische Analysen, dass die einzelnen Marktteilnehmer kleine Mengen anbieten und kaufen, dass sie den Marktpreis nicht beeinflussen können, dass es keine öffentlichen Güter gibt usw. Leider geben die Autoren nicht immer präzise an, von welchen Annahmen sie ausgehen.

Neoklassik und Wohlfahrtstheorie
Innerhalb der oben skizzierten neoklassischen Annahmen über Konsumenten und Märkte kann man mit mathematischer Präzision beweisen, dass jedes Marktgleichgewicht ein Paretooptimum ist: Dies ist der erste Hauptsatz der Wohlfahrtstheorie. Umgekehrt gilt auch, dass der Markt jedes erwünschte Paretooptimum von selbst erreicht, wenn man die Anfangsbedingungen entsprechend einrichtet.

Das Paretokriterium ist ein Verfahren, um Güterverteilungen zu bewerten. Das ist deswegen nützlich, weil man damit z. B. untersuchen kann, ob bestimmte Verteilungsverfahren (kapitalistisch, kommunistisch, ...) erwünschte Eigenschaften haben oder nicht. – Es ist außerordentlich schwierig, ein solches Verfahren zu finden, das breite Akzeptanz besitzt. So wäre es z. B. sicher wünschenswert, wenn die Güterverteilung „gerecht" wäre, aber die Bestimmung dessen, was „gerecht" ist und was nicht, führt, wie oben gesehen, zu unterschiedlichen Ansichten.

Das Paretokriterium hat den Vorteil, dass es von vielen Autoren akzeptiert wird (Ausnahmen werden unten besprochen). Es lautet:

„Handle so, dass kein Konsument besser gestellt werden kann, ohne einen anderen schlechter zu stellen."

Ein ganz einfaches Beispiel: Sie haben 100 Euro, die Sie auf zwei Konsumenten verteilen können. Ist die Aufteilung 40/40 paretooptimal?

Nein, denn es bleiben 20 Euro ungenutzt. Sie könnten z. B. einem Konsumenten 60 Euro geben und ihn dadurch besser stellen; der andere bleibt bei 40 und steht sich nicht schlechter.

Ist die Verteilung 55/45 paretooptimal? Ja, denn wenn Sie nun einem der Konsumenten mehr geben wollten, müssten Sie dem anderen etwas wegnehmen – und das ist bei einer Paretoverbesserung nicht erlaubt.

Ist die Verteilung 0/100 paretooptimal? Ja, denn auch hier müssten Sie, wenn Sie dem ersten Konsumenten mehr geben wollten, dem anderen etwas wegnehmen. Das Paretokriterium ist ein reines Effizienzkriterium, das nichts über eine gerechte Verteilung aussagt. Man kann Menschen paretooptimal verhungern lassen (und das geschieht ja in der Realität auch). Allerdings ist das Paretokriterium, wohlgemerkt,

7.2 Wirtschaft im neoklassischen mikroökonomischen Paradigma

nicht per se ungerecht; in der Regel gibt es sehr viele paretooptimale Zustände, unter denen sich gerechte ebenso wie ungerechte befinden (was immer auch gerecht ist). Insofern könnte man das Paretokriterium auch einfacher formulieren: „Handle so, dass du nichts verschwendest."

Immerhin: Nichts zu verschwenden, erscheint den meisten Menschen als ein plausibles Kriterium. Daher wird das als Effizienzkriterium weitgehend akzeptiert.

Auch das Paretokriterium hat allerdings Grenzen. Stellen Sie sich vor, Sie verdienen 2000 Euro im Monat, genau wie Ihre Freunde. Eine gute Fee erscheint und bietet Ihnen an, Ihr Einkommen auf 2050 Euro zu erhöhen und das Ihrer Freunde auf 50.000 Euro. Würden Sie das wollen? Die meisten Menschen entscheiden sich dagegen, obwohl es sich um eine Paretoverbesserung handelt. – Im Folgenden soll aber der allgemeine Fall angenommen werden, dass eine Paretoverbesserung wünschenswert ist.

Ein Versuch, das Paretokriterium weiterzuentwickeln, ist das Kaldor-Hicks-Kriterium: Demnach ist ein Zustand besser, wenn diejenigen, die davon profitieren, diejenigen entschädigen könnten, die verlieren – auch dann, wenn diese Entschädigung nicht erfolgt. Zum Beispiel ist die Verteilung, bei der A 100 hat und B 39, besser als A 80 und B 40; denn A könnte von seinem Gewinn (20) etwas abgeben, sodass B wieder bei 40 ist. Es gibt noch andere Kriterien, aber nur das Paretokriterium wird breit angewendet.

An einigen extrem vereinfachten Beispielen (um die Mathematik so einfach wie möglich zu halten) wird im Folgenden der neoklassische Ansatz erläutert.

Beispiel 1: Maximierung des Nutzens eines Konsumenten

Angenommen, ein Konsument kann zwischen zwei Gütern wählen. Seine Nutzenfunktion laute:

$$U(x, y) = x^{0,5} \cdot y^{0,5}.$$

(Diese Nutzenfunktion ist hier einfach vorgegeben.)

Nimmt man weiter an, dass der Konsument über 100 Geldeinheiten verfügt, die er für den Kauf von Gütern ausgibt, und jede Einheit von Gut x 2 Geldeinheiten kostet, jede Einheit von Gut y 1 Geldeinheit, so kann man diese Nebenbedingung schreiben als

$$100 = 2x + y \iff y = 100 - 2x.$$

Dieses y kann man in die Nutzenfunktion einsetzen und erhält

$$U(x) = x^{0,5} \cdot (100 - 2x)^{0,5}.$$

Ableiten nach x (was etwas lästig ist, weil es die Anwendung von Produkt- und Kettenregel erfordert) und Nullsetzen ergibt $x = 25$.

Man kann also mit mathematischer Präzision zeigen, dass der Konsument seinen Nutzen maximiert, indem er genau 25 Einheiten x kauft.

Eine grafische Interpretation dieser Rechnung liefert das Konzept der Indifferenzkurve, auf der weite Teile der Mikroökonomik aufgebaut sind.

Setzt man für den Nutzen einen bestimmten Wert ein, z. B. 35,36, dann kann man die Nutzenfunktion $35{,}36 = x^{0,5} \times y^{0,5}$ nach y auflösen und erhält

$$y = 1250/x;$$

man betrachtet also y als Funktion von x. Da entlang des Graphen der Nutzen gleich bleibt, nämlich 35,36, bezeichnet man ihn als Indifferenzkurve. Ebenso kann man die Budgetgerade

$$y = 100 - 2x$$

einzeichnen und erhält das in Abb. 7.1 dargestellte Bild.

Abb. 7.1 Indifferenzkurve

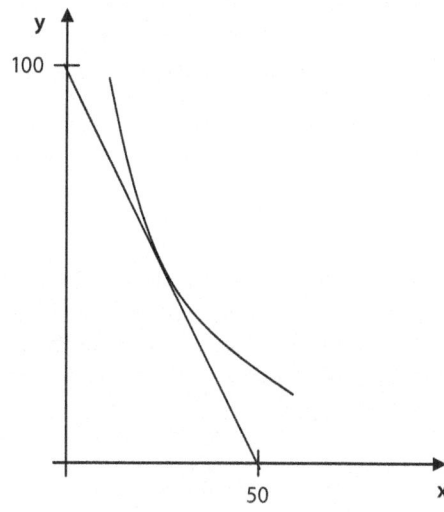

7.2 Wirtschaft im neoklassischen mikroökonomischen Paradigma

An der Indifferenzkurve erkennt man, dass die Steigung sich verändert. Man muss einem Konsumenten, der wenig x hat und dem man noch ein weiteres x wegnimmt, mehr Einheiten y geben, damit er denselben Nutzen behält; hat der Konsument hingegen sehr viel x und nimmt man ihm eine Einheit davon weg, so ist er mit relativ wenig y zufrieden, das er zusätzlich bekommt. Die Tangente an die Indifferenzkurve zeigt – bei marginalen, also sehr kleinen Veränderungen – die „Grenzrate der Substitution" an: wie viel x der Konsument gegen y tauscht, um bei demselben Nutzen zu bleiben.

Es gilt auch, dass der Konsument eine Bewertung der Form vornimmt: Im gerade noch akzeptierbaren Tausch ist der Nutzenverlust (durch die verlorene Menge mal ihrem Grenznutzen – d. h. dem Nutzen, den sie an der jeweiligen Stelle gerade erbringt) genau gleich dem Nutzengewinn durch das andere Gut (Menge mal Grenznutzen). Einfacher gesagt: Der Nutzenverlust ist Menge mal Wert des Gutes, der Nutzengewinn Menge mal Wert des anderen Gutes; und damit der Konsument Verlust und Gewinn gleich gut findet, müssen diese Werte ebenfalls gleich sein.

Formal (dx ist die Veränderung an x, dy die Veränderung an y – da eine der Mengen zu- und die andere abnimmt, benötigt man ein „–"):

$$dx \cdot U'_x = -dy \cdot U'_y \iff dx/dy = -U'_y/U'_x.$$

Natürlich sind neoklassische Modelle sehr viel differenzierter als dieses einführende Beispiel, aber es zeigt doch einige typische neoklassische Eigenschaften:

- Ökonomische Vorgänge werden mathematisch beschrieben und mit mathematischen Methoden gelöst.
- Man kann neoklassische Modelle nicht „lesen", sondern muss die dahinterliegende Mathematik nachvollziehen, um sie zu verstehen. ◄

Beispiel 2: Zwei Konsumenten tauschen Güter

In diesem Modell wird ein „Markt" eingeführt. Obwohl es extrem vereinfacht ist, kann man bereits im Zwei-Personen-Tauschmarkt einige sehr wichtige Aussagen der neoklassischen Wohlfahrtstheorie nachvollziehen. Insbesondere kann man nachweisen, dass Konkurrenzmarktgleichgewichte immer paretooptimal sind.

Im Ausgangsfall gibt es zwei Konsumenten K1 und K2 und zwei Güter X und Y. Die Ausstattung der Konsumenten ist wie folgt:

	$X = x_1 + x_2$	$Y = y_1 + y_2$	U
K1	30	30	900
K2	10	20	200

Das heißt, es gibt 40 Einheiten von Gut X, von denen Konsument 1 30 Einheiten erhält und Konsument 2 10 Einheiten; für Gut Y analog. Die Nutzenfunktionen lauten:

$$\text{für K1}: U1 = x_1 \cdot y_1$$
$$\text{für K2}: U1 = x_2 \cdot y_2.$$

Daraus ergeben sich im Ausgangsfall die Nutzen von 900 für K1 und 200 für K2.

Nutzt es den Konsumenten, wenn sie auf einem Markt Güter tauschen können? Ja. Zum Beispiel könnte K2 dem K1 anbieten: Ich gebe dir 1,034 ... Einheiten Y und bekomme dafür 1 Einheit X. Im Ergebnis hast du den gleichen Nutzen wie vorher (900), aber mir geht es besser. Nach dem Tausch stellt sich die Situation wie folgt dar:

	X	Y	U
K1	29	31,0344828	900
K2	11	18,9655172	208,62069

K1 hat den gleichen Nutzen, aber K2 hat 8,6 ... Nutzeneinheiten dazugewonnen.

Wenn nun die Konsumenten auf dem Markt so lange handeln, wie sie wollen, und dabei keine Tauschkosten auftreten, stellt sich ein paretoptimales Gleichgewicht ein.

Welches? Das kann man nicht sagen, weil es vom Verhandlungsgeschick der Konsumenten abhängt. Man muss also in diesem Modell eine Annahme darüber treffen, wer den Vorteil aus dem Tausch erhält. (Das liegt hier an der Güterausstattung der Konsumenten, die einfach vorgegeben wird; in einem Totalmodell, das auch die Produktion von Gütern enthält, kann das Ergebnis je nach genauer Modellierung eindeutig sein.)

Angenommen, Konsument 2 erhält den ganzen Vorteil und K1 bleibt bei 900.

Das kann man berechnen:

7.2 Wirtschaft im neoklassischen mikroökonomischen Paradigma

Maximiere $U2 = x_2 \cdot y_2$ u.d.N.

(unter den Nebenbedingungen)

$$U1 = x_1 \cdot y_1 = 900,$$
$$X = 40 = x_1 + x_2 \iff x_1 = 40 - x_2,$$
$$Y = 50 = y_1 + y_2 \iff y_2 = 50 - y_1.$$

Ersetzt man in U1 x_1 und y_1, erhält man:

$$900 = (40 - x_2) \cdot (50 - y_2).$$

Das wiederum kann man nach x_2 auflösen. Einsetzen in U2 und vereinfachen liefert schließlich

$$U2 = 40y_2 - (900y_2/(50 - y_2)).$$

Das lässt sich leicht ableiten und liefert als Ergebnis nach Nullsetzen:

$$y_2 = 50 - (900 \cdot 50/40)^{0,5}.$$

Im Ergebnis erkennt man noch die Ausgangswerte: den Nutzen von 900 und die Gesamtmengen X und Y.

Wegen $Y = 50 = y_1 + y_2$ usw. erhält man aus y_2 auch die Werte für y_1, x_1 und x_2.

1. $U2 = 900$

	X	Y	U	Veränderung X	Veränderung Y	
K1	26,8328157	33,5410197	900	−3,16718427	3,54101966	1,25
K2	13,1671843	16,4589803	216,718427	3,16718427	−3,54101966	1,25

In der Tabelle ist das Ergebnis nach Tausch aufgeführt: K1 gibt 3,167 Einheiten X und erhält dafür etwas mehr Y.

In der letzten Spalte der Tabelle ist das Verhältnis der beiden Güter nach Tausch berechnet (y_1/x_1 und y_2/x_2), was wegen der extrem einfachen Nutzenfunktion gerade dem Verhältnis der Grenznutzen $U'x/U'y$ entspricht.

Dasselbe kann man ausrechnen, wenn $U2 = 200$ bleibt:

2. $U2 = 200$

	X	Y	U	Veränderung X	Veränderung Y	
K1	27,3508894	34,1886117	935,088936	−2,64911064	4,1886117	1,25
K2	12,6491106	15,8113883	200	2,64911064	−4,1886117	1,25

Der dritte Fall, der hier berechnet wird, besteht darin, dass beide Konsumenten den gleichen Nutzenzuwachs erhalten, also U1 − 900 = U2 − 200:

3. $dU1 = dU2$

	X	Y	U	Veränderung X	Veränderung Y	
K1	27	33,75	911,25	−3	3,75	1,25
K2	13	16,25	211,25	3	−3,75	1,25

Aus diesen Tabellen erkennt man folgendes:

- Jede dieser Tabellen repräsentiert ein Paretooptimum. Wenn sie eine dieser Tabellen erreichen, kann keiner der Konsumenten mehr besser gestellt werden, ohne den anderen schlechter zu stellen. Das heißt auch, dass es ganz viele Paretooptima gibt.
- Der Markt führt von selbst auf diese Paretooptima. Die Konsumenten, die doch jeweils für sich agieren, schaffen auf diese Weise einen effizienten Zustand.

Man kann die Analyse ausweiten, indem man z. B. die Menge an Gütern nicht einfach vorgibt, sondern ebenfalls in einem Konkurrenzmarkt erzeugen lässt, und erhält immer das gleiche Ergebnis: Jedes solche Gleichgewicht ist ein Paretooptimum. Dies ist, wie bereits erwähnt, zugleich der erste Hauptsatz der Wohlfahrtstheorie; der zweite Hauptsatz ist seine Umkehrung: Wenn man ein bestimmtes Paretooptimum erreichen will, dann reicht es, die Anfangsbedingungen entsprechend einzurichten – der Markt erledigt dann den Rest.

So faszinierend diese Aussagen auf den ersten Blick sind und so nützlich es ist, wenn man solche Analysen anstellen kann, so lassen sie sich doch auf einen sehr einfachen Effekt zurückführen, der auch in unserem Miniaturmodell sichtbar wird:

- Egal, um welches Paretooptimum es sich handelt, immer liefert die letzte Spalte für alle Konsumenten den gleichen Wert: 1,25. Warum ist das so?

7.2 Wirtschaft im neoklassischen mikroökonomischen Paradigma

Nehmen wir an, es wäre anders. Dann würde der Konsument 1 den relativen Wert der Güter anders bewerten als Konsument 2. Stellen wir uns vor, Konsument 1 würde die Güter genau gleich bewerten (1:1), K2 hingegen würde für 1 X 10 Y zahlen. Dann würden sie tauschen! Denn K2 würde ein X erhalten und dafür zwischen einem und 10 Y abgeben. Und zwar egal, welche Gesamtmenge jeder gerade hat (100 und 60 oder 20 und 500 oder was auch immer) – entscheidend ist, wie viel der Konsument an der jeweiligen Stelle zu zahlen bereit ist.

Das heißt, die Konsumenten tauschen so lange, bis alle die beiden Güter relativ zueinander gleich bewerten (hier: 1,25). Dann hört das Tauschen auf, und der Markt ist im Gleichgewicht.

Insofern kann man die Aussage: „Jedes Konkurrenzmarktgleichgewicht ist ein Paretooptimum" auch umformulieren in: „Lässt man Konsumenten miteinander tauschen, so lange sie wollen, und kostet der Tauschvorgang nichts, dann tauschen sie so lange, bis sie den relativen Wert der Güter gleich bewerten. Danach ist offensichtlich ein Tausch, der mindestens einen besser stellt, ohne den anderen schlechter zu stellen, nicht mehr möglich – und daher befindet sich das System im Paretooptimum."

- Als Nebenbefund ergibt sich, dass der Nutzengewinn in den drei betrachteten Fällen unterschiedlich ist. Am höchsten (über 35) ist er im zweiten Fall, wenn Konsument 1 den gesamten Zusatznutzen erhält. Würde man also nach einer simplen utilitaristischen Regel entscheiden („Handle so, dass die Summe aller Nutzen am höchsten ist"), dann würde Konsument 1 den ganzen Nutzengewinn erhalten und Konsument 2 leer ausgehen. Freilich hängt dies auch an der hier unterstellten Nutzenfunktion.

Diese Analyse gilt auch, mit entsprechend erhöhtem Rechenaufwand, für Systeme mit Produktion. Insgesamt liefern also „Märkte" im neoklassischen Modell ein durchaus erwünschtes Ergebnis, das aber einfach darauf beruht, dass man die Marktteilnehmer so lange handeln und tauschen lässt, bis keiner mehr die Bedingungen erfüllt, erstens von sich aus tauschen zu wollen und zweitens einen Tausch anbieten zu können, der den anderen zumindest nicht schlechter stellt. Daher darf man den Gehalt der Aussage „Jedes Konkurrenzmarktgleichgewicht ist ein Paretooptimum" nicht überbewerten – sie suggeriert eine viel größere Reichweite, als sie tatsächlich besitzt – so, als ob damit eine Information z. B. über reale Wirtschaftssysteme gegeben werden könnte.

Man kann an solchen Modellen auch unerwünschte Effekte aufzeigen, z. B., dass Monopole in der Regel nicht zu wohlfahrtsoptimalen Lösungen führen.

Die Aussagekraft des Zwei-Konsumenten-Modells ist, wie gesehen, durch seine Annahmen begrenzt. Dies betrifft zunächst die Transaktionskosten. Es gibt im Modell keine Kosten für die Verhandlung, für die Anbahnung und Überwachung von Verträgen usf. Es wird im Kern unterstellt, dass der Markt kostenlos arbeitet. – Hebt man diese Annahme auf, dann fällt damit sofort auch der erste Hauptsatz der Wohlfahrtstheorie. Wenn in unserem Modell z. B. die Tauschkosten höher sind als der maximal erreichbare Nutzengewinn, dann wird überhaupt nicht getauscht und eine Nutzenverbesserung wird nicht erreicht.◄

Beispiel 3: Ein Modell mit Altruismus

Bereits festgestellt wurde der Umstand, dass neoklassische Modelle verschiedene Annahmen über menschliches Verhalten treffen können. Bisher wurde vom Homo oeconomicus ausgegangen. Natürlich kann man auch in einem neoklassischen Modell eine realitätsnähere Annahme treffen – nur gilt der erste Hauptsatz der Wohlfahrtstheorie dann nicht mehr. Das soll an einem kleinen Modell gezeigt werden.

In diesem Modell tauschen die Konsumenten nicht, sondern kaufen die Güter X und Y. Konsument 1 ist ein Homo oeconomicus. Konsument 2 hingegen ist eine gute Seele: Er kauft das Gut X nicht für sich, sondern spendet es dem Konsumenten 1 und freut sich über dessen Konsum an dem Gut.

Daher lautet die Nutzenfunktion für K1: $U1 = (x_1 + x_2) \cdot y_1$.

Da sich Konsument 2 über den Konsum von K1 freut, lautet seine Nutzenfunktion ganz analog: $U2 = (x_1 + x_2) \cdot y_2$.

Wir nehmen an, dass beide Konsumenten über 100 Geldeinheiten verfügen und jede Einheit von X 2 Euro kostet, jede Einheit von Gut Y 1 Euro. Dann gilt:

$$100 = 2x_1 + y_1 \text{ bzw.}$$
$$100 = 2x_2 + y_2.$$

Wir maximieren den Nutzen von Konsument 1. Dazu setzen wir die Budgetrestriktion in die Nutzenfunktion ein und erhalten:

$$U1 = (x_1 + x_2) \cdot (100 - 2x_1) = 100x_1 - 2x_1^2 + 100x_2 - 2x_1x_2.$$

Ableiten und Nullsetzen liefert, da x_2 aus Sicht von Konsument 1 extern gegeben, also eine Konstante, ist:

$$U1' = 100 - 4x_1 - 2x_2 = 0 \Rightarrow x_1 = (100 - 2x_2)/4.$$

$U1'' = -4$ ist negativ, es handelt sich also tatsächlich um ein Maximum.

Die Menge, mit der Konsument 1 seinen Nutzen maximiert, hängt also davon ab, was Konsument 2 tut. Wenn z. B. $x_2 = 0$, dann sollte K1 25 Einheiten X kaufen. (Das Modell entspricht dann insoweit exakt dem Beispiel 1).

Für Konsument 2 ergibt sich analog $x_2 = (100 - 2x_1)/4$.

Die Gleichgewichtslösung findet man, indem man die Bedingung für K2 in die von K1 einsetzt. Es ist dann:

$$x_1 = \frac{100 - 2\left(\frac{100-2x_1}{4}\right)}{4} \Rightarrow x_1 = 16\frac{2}{3}.$$

Analog ist $x_2 = 16\frac{2}{3}$.

Wegen der Budgetrestriktion kaufen beide je 66 2/3 Einheiten Y. K1 erreicht also (wie K2) den Nutzen

$$U1 = \left(16\frac{2}{3} + 16\frac{2}{3}\right) \cdot 66\frac{2}{3} = 2222{,}2\ldots$$

Ist das wohlfahrtsoptimal?

Nein, denn hätte jeder 25 Einheiten X und 50 Einheiten Y gekauft, dann wäre U1 = U2 = (25 + 25) . 50 = 2500, also höher.

Wäre eine solche bessere Lösung im „Markt" stabil? Nein, denn gemäß der nutzenmaximierenden Formel

$$x_1 = (100 - 2x_2)/4 \quad \text{und für K2 analog}$$

würde K1, wenn K2 25 x_2 beisteuert, weniger x_1 kaufen, nämlich 50/4 = 12,5; das System würde sich, wenn es wiederholt wird, wieder bei $x_1 = x_2 = $ 16 2/3 einschwingen.

Der „Markt" erreicht also nicht das Wohlfahrtsoptimum und ist nicht paretooptimal. Besser wäre es, wenn jemand den beiden erklären würde, dass sie mehr X kaufen sollen.

Natürlich ist damit nicht bewiesen, dass „erklären" immer eine bessere Lösung ist als „Markt". Dafür müsste klar sein, unter welchen Bedingungen man vom Modell auf die Realität schließen kann. Dazu wiederum müsste man genau verstehen, wie sich die Realität vom Modell unterscheidet.

Um das zu klären, müsste man sehr viel genauer verstehen, wie Menschen in wirtschaftlichen Verhältnissen funktionieren und unter welchen Rahmenbedingungen sie handeln. Zum Beispiel beeinflussen ganz viele Faktoren die Güterverteilung: die An- oder Abwesenheit von Gewerkschaften, die Wanderungsbereitschaft von Kapital und Arbeit, Vorstellungen der Gesellschaft über „gerechte" Verteilung usw., bis hin zu Dingen wie Ladenöffnungszeiten. Kurz, es müssten die Institutionen berücksichtigt werden, also die Rahmenbedingungen und Spielregeln, unter denen gehandelt wird.

Hauptvorteil des neoklassischen Ansatzes, insbesondere in seiner mathematischen Formulierung, ist die ungeheure Präzision der daraus abgeleiteten Aussagen. Neoklassische Analysen sind außerdem häufig mathematisch sehr elegant und beziehen daraus eine wissenschaftliche Anmutung.◄

Beispiel 4: Ein echtes neoklassisches Modell

Das Grossman-Modell dient dazu, die Nachfrage im Gesundheitsmarkt zu bestimmen. Ausgeschrieben sieht es für Nichtökonomen furchtbar kompliziert aus (Abb. 7.2).

Etwas vereinfacht kann man sich das Modell auch als Tabelle vorstellen (Tab. 7.3).

Der Konsument lebt x Jahre. Er stirbt genau zu dem Zeitpunkt, an dem sein Gesundheitszustand auf null fällt. Der Gesundheitszustand hängt von drei Faktoren ab: dem Zustand bei Geburt, dem jährlichen Verschleiß und den Gesundheitsausgaben. Dabei weiß der Konsument exakt, wie sich sein Gesundheitszustand verändert, wenn er Gesundheitsleistungen zukauft, und wie sein persönlicher Verschleiß ist. Er kann also jederzeit seine Gesundheit berechnen; insbesondere kann er auch seinen Todeszeitpunkt vorhersagen, und zwar ebenfalls in Abhängigkeit von seinen Ausgaben: Er weiß z. B., dass er, wenn er mit 26 Jahren 200 Euro mehr für Gesundheit ausgibt, nicht mit 84 (wie sonst), sondern erst mit 84,2 Jahren sterben wird. Schließlich weiß der Konsument auch, wie Gesundheit und sonstige Ausgaben (für alles andere) seine Zufriedenheit beeinflussen; er kennt seine Nutzenfunktion, kann also berechnen, wie viel Spaßverlust er durch Krankheit erleidet bzw. durch Konsum gewinnt.

7.2 Wirtschaft im neoklassischen mikroökonomischen Paradigma

$$W = \int_0^T e^{-\rho\tau} U\left(t^k(H(\tau)); X(\tau)\right) d\tau,$$

$$\frac{\partial U}{\partial t^k} < 0, \ \frac{\partial^2 U}{\partial (t^k)^2} > 0, \ \frac{\partial U}{\partial X} > 0, \ \frac{\partial^2 U}{\partial X^2} < 0, \ \frac{\partial t^k}{\partial H} < 0 \quad (3.1)$$

$$\dot{H}(\tau) = I(M(\tau), t^I(\tau)) - \delta(\tau) H(\tau) \qquad \{\mu(\tau)\}$$

$$\frac{\partial I}{\partial M} > 0, \ \frac{\partial I}{\partial t^I} > 0, \ \frac{\partial \delta}{\partial \tau} > 0, \ \frac{\partial^2 I}{\partial M^2} < 0, \ \frac{\partial^2 I}{\partial (t^I)^2} < 0, \ \dot{H}(\tau) = \frac{\partial H}{\partial \tau} \quad (3.2)$$

$$\dot{A}(\tau) = rA(\tau) + Y[t^k(\tau) + t^I(\tau)] - P(\tau)M(\tau) - D(\tau)X(\tau), \qquad \{\lambda(\tau)\}$$

$$\frac{\partial Y}{\partial t^k} = \frac{\partial Y}{\partial t^I} < 0, \ \dot{A}(\tau) = \frac{\partial A}{\partial \tau}. \quad (3.3)$$

$$H[0] > 0, \quad A[0] > 0, \quad H[T] \geq H', \quad A[T] \geq 0. \quad (3.4)$$

$$\left[\frac{\partial U/\partial t^k(\tau)e^{-\rho\tau}}{\lambda[0]e^{-r\tau}} + \frac{\partial Y(\tau)}{\partial t^k(\tau)}\right] \frac{\partial t^k(\tau)}{\partial H(\tau)} = \left[r + \delta(\tau) - \frac{\dot{q}(\tau)}{q(\tau)}\right] q(\tau) \quad (3.5)$$

W: Wohlfahrt des Einzelnen
U: Nutzen pro Periode
H: Kapitalbestand Gesundheit
δ: Abschreibungsrate des Gesundheitskapitalbestandes
A: finanzieller Vermögensbestand
r: Zinssatz
Y: Arbeitseinkommen
X: Konsumgüter
D: Preis der Konsumgüter pro Einheit
M: Medizinische Leistungen
P: Preis der medizinischen Leistungen pro Einheit
I: Investitionen in Gesundheit (Mengeneinheiten)
q: Netto-Preis der Investitionen in Gesundheit, pro Einheit
τ: Zeit
t^k: Zeit, die im Zustand der Krankheit verbracht wird
t^I: Zeit für präventive Anstrengungen
ρ: Zeitpräferenzrate
λ,μ: Lagrange-Multiplikatoren (Grenznutzen des Vermögens bzw. des Gesundheitskapitals in Nutzeneinheiten zum Zeitpunkt τ = 0)

Ein Punkt über einer Variablen gibt deren Veränderung über die Zeit an, z.B. $\dot{H} = \partial H/\partial \tau$.

Abb. 7.2 Grossmann-Modell. (Quelle: Breyer et al. 2005, S. 81)

Tab. 7.3 Nachfrage im Gesundheitsmarkt

Lebensjahr	Jährliches Einkommen	Ausgaben für Gesundheit	Ausgaben für alles andere	Gesundheitszustand nach AfA	Nutzen
1	150	130	20	4567,34	83,6
2	180	30	150	4321,65	121,3
3	200	...			
...	...				
64	150				
65	130				
Todeszeitpunkt					Summe

Dieses Wissen ist ebenso vorgegeben wie der gesamte Einkommensstrom über das gesamte Leben des Patienten.

Ein Beispiel: Im ersten Lebensjahr erhält der Konsument ein Einkommen (Transfer der Eltern) in Höhe von 150 Geldeinheiten. Dieses Geld teilt er auf Konsumgüter (Rasseln, ...) und Gesundheitsprodukte auf (z. B. die Betreuung der Geburt in einem Krankenhaus). Kauft er mehr Rasseln, hat er mehr Spaß; aber dann hat er weniger Geld für Gesundheitsprodukte, wodurch er häufiger krank ist und außerdem früher stirbt.

Also nimmt der Konsument eine Maximierung vor. Würde er nur Gesundheitsgüter kaufen, so hätte er kein Geld mehr für andere Güter und daher wenig Nutzen. Kaufte er nur Konsumgüter, würde er früh sterben und häufig krank sein. Irgendwo gibt es eine optimale Aufteilung seines Budgets auf Gesundheit und andere Güter; diese Aufteilung berechnet das Modell (darin ganz analog zu Beispiel 1).

Die Kritik am Grossman-Modell liegt nahe:

1. Wer kennt schon den Gesamteinkommensstrom seines Lebens, seinen Todeszeitpunkt, seine Gesundheits-„Abschreibung" und die Auswirkung von Gesundheitsausgaben auf den Todeszeitpunkt?
2. In Deutschland und vielen anderen Ländern bestimmt man faktisch seine Gesundheitsausgaben nicht selbst; stattdessen gibt es Kassen (Institutionen!), die einen bestimmten Pauschalbetrag vom Arbeitseinkommen einziehen und dafür alles bezahlen, was medizinisch notwendig ist (worüber meist nicht der Konsument entscheidet, sondern sein Arzt).◄

7.3 Kritik am neoklassischen Modell

Der neoklassische Ansatz wurde und wird heftig kritisiert. Insbesondere werden die neoklassischen Annahmen bezweifelt:

1. Konsumenten verhalten sich offensichtlich anders als in typischen neoklassischen Modellen:
   - Es ist nicht nur der Konsum von Gütern, den sie anstreben, sondern es sind auch ideelle Werte wie das Wohl der Familie, der „Sinn" des Lebens etc.
   - Niemand kennt alle heutigen und zukünftigen Marktpreise.
   - Verhalten ist häufig inkonsistent (manchmal bevorzugt man salzige Speisen, manchmal süße).
   - Nicht alles wirtschaftliche Verhalten ist freiwillig. Wer Arbeitseinkünfte benötigt, um sich und seine Familie zu ernähren, der muss arbeiten.

Neoklassiker berufen sich gerne darauf, dass der Homo oeconomicus nicht innerhalb der Familie, wohl aber im Geschäftsleben vorkomme. Aber auch dort (z. B. für finanzielle Transaktionen) wurde nichtneoklassisches Verhalten nachgewiesen. Dazu hat man z. B. zufällig ausgewählte Probanden jeweils zu zweit das „Ultimatumspiel" spielen lassen.

Spieler A bekommt 10 virtuelle Euro. Er darf sie beliebig auf A und B aufteilen, muss B aber mindestens 1 Euro abgeben. Nachdem er die Aufteilung auf einen Zettel geschrieben hat, zeigt er diesen Zettel B. B kann die Aufteilung annehmen – dann erhält jeder der beiden Spieler den entsprechenden Betrag – oder ablehnen; dann erhält keiner etwas.

Homines oeconomici würden sich immer 9:1 für A trennen; denn B steht sich besser, wenn er 1 Euro bekommt, als wenn er ablehnt und leer ausgeht. In der Realität aber ist die Aufteilung in der Gegend von 5:5. – Man kann an diesem Beispiel übrigens auch zeigen, dass Studierende der Wirtschaftswissenschaften sich gegenüber anderen Studierenden stärker am Homo oeconomicus orientieren (also als A mehr fordern und als B eine ungleichere Verteilung akzeptieren). Es scheint, als ob die Homo-oeconomicus-Annahme das Verhalten der Studierenden selbst beeinflusst. Denkt man dies weiter, dann wird auch eine Gesellschaft, die an Homo-oeconomicus-Modelle glaubt, ungleicher sein.

Insgesamt hat das neoklassische Modell wenig Spielraum bei der Verhaltensannahme, wenn der erste Satz der Wohlfahrtstheorie gelten soll. Wie oben gesehen, muss ein Neoklassiker nahe bei „rationalem" Verhalten bleiben. Er kann z. B. annehmen, dass der Konsument Preise in der Zukunft nicht genau kennt, sondern nur eine Wahrscheinlichkeitsverteilung; er kann aber nicht z. B. altruistisches Verhalten zulassen.

2. Neoklassische Annahmen unterstellen häufig, dass Markttransaktionen (z. B. das Handeln von Gütern) kostenlos sind; ohne diese Annahme gilt, wie gesehen, nicht mehr unbedingt, dass Märkte paretooptimal sind. Auch dies wird heftig kritisiert:

> **Zitat**
> „Obwohl das nicht immer ausdrücklich erwähnt wird, nimmt das neoklassische Modell unweigerlich Transaktionskosten von Null an. Auf den ersten Blick mag eine solche Vereinfachung sowohl harmlos als auch analytisch höchst nützlich aussehen. Doch dieser Schein trügt. Die Vorstellung kostenloser Transaktionen hat tiefgreifende Folgen für die mikroökonomische Theorie und führt zu einem Modell, das nur schwer als in sich schlüssig zu deuten ist. In der dünnen Luft einer Welt ohne Transaktionskosten können Entscheidungssubjekte annahmegemäß gewünschte Informationen augenblicklich und kostenlos erhalten und verarbeiten. Sie sind mit vollkommener Voraussicht begabt und daher in der Lage, vollständige Verträge abzufassen – Verträge, die mit absoluter Genauigkeit kontrolliert und durchgesetzt werden können. Mit anderen Worten: Das neoklassische Denken unterstellt, daß das Wirtschaftsleben in einem bemerkenswert spezialisierten Umfeld, weit entfernt von der Realität stattfindet. Abstraktion kann nützlich sein, aber es besteht guter Grund, den neoklassischen Ansatz als übermäßig abstrakt anzusehen und als ungeeignet für die Behandlung vieler Probleme, die gegenwärtig die Theoretiker und die praktischen Politiker bewegen." (Richter und Furubotn 2003)

Beispielsweise gibt es in einem neoklassischen Modell keinen Grund für die Entstehung größerer Unternehmen. In einem solchen Modell könnte jedes „Unternehmen" von einem einzelnen Mitarbeiter betrieben werden, der ein einziges Gut bearbeitet, und zwar nur einen einzigen Produktionsschritt weit. Alle weiteren Produktionsschritte würden über den Markt vermittelt, der ja annahmegemäß vollkommen ist, d. h. transaktionskostenfrei arbeitet. Genau diese Annahme hat z. B. Coase heftig kritisiert und weiterentwickelt (Coase-Theorem).

7.3 Kritik am neoklassischen Modell

3. Der dritte Ansatzpunkt der Kritik beruht darauf, dass neoklassische Ansätze die meisten Rahmenbedingungen der Wirtschaft als gegeben betrachten: rechtliche Regelungen, Konventionen, Berufsethos usw., also Regeln des wirtschaftlichen Verhaltens, die man zusammenfassend als „Institutionen" bezeichnet (was vom alltäglichen Institutionenbegriff abweicht!). Typischerweise wird in neoklassischen Modellen nicht eine bestimmte historische Situation eines Wirtschaftssystems beschrieben, sondern ein mathematisches Modell gelöst.

4. Es fällt typischen neoklassischen Modellen schwer, dynamische Prozesse zu beschreiben. Wenn nämlich Märkte, die neoklassisch zum Gleichgewicht streben, ein solches Gleichgewicht erreicht haben, hört jede Bewegung auf.

Insgesamt weicht das neoklassische Modell also erheblich von der Realität ab. Das konnte auch empirisch immer wieder gezeigt werden: Selbst Aktienmärkte verhalten sich oft irrational, Märkte tendieren nicht zu einem stabilen Gleichgewicht usw. (Beispiele bietet Orrell 2017). Für die Medizin als Beispiel für eine ganze Branche sind Zweifel berechtigt, ob ein neoklassisches Marktmodell die Realität ausreichend abbildet. So wird in praktisch allen europäischen Staaten der Zugang zu notwendigen medizinischen Gütern als eine Art „Menschenrecht" gesehen. Daraus folgt, dass der Preis als Rationierungsinstrument außer Kraft gesetzt ist; damit fehlt aber der Dreh- und Angelpunkt der neoklassischen Analyse. In normalen Märkten ist es kein Problem, wenn der Konsument sich ein bestimmtes Gut nicht leisten kann; es ist sogar der Zweck des Marktes. Die medizinische Versorgung funktioniert so nicht (White 1995, S. 24).

Kluge Neoklassiker haben diese Probleme nicht verschwiegen. Sohmen z. B. formuliert so: „Die gravierendsten Mißverständnisse über Sinn und Aussagekraft nationalökonomischer Modelle dürften darauf zurückzuführen sein, daß viele Betrachter von ihnen eine sehr viel direktere Anwendbarkeit auf die reale Welt erwarten, als tatsächlich möglich und beabsichtigt ist … Der „homo oeconomicus" in Modellkonstruktionen der traditionellen Nationalökonomie, dessen logisch konsistente Präferenzordnung jede seiner Handlungen eindeutig bestimmt, ist ebenfalls immer wieder das Ziel herber Kritik gewesen. Die Kritiker haben vielfach übersehen, daß kein ernst zu nehmender Nationalökonom damit jemals Menschen der realen Welt beschreiben wollte." (Sohmen 1992)

Die Frage ist dann: wenn das neoklassische Modell nur eine Art Gedankenexperiment ist, das gar nicht die Absicht hat, wesentliche Teile der Wirklichkeit zu beschreiben, und daher empirisch weder bestätigt noch widerlegt werden kann, inwieweit kann man daraus Rückschlüsse auf die Realität gewinnen? Tatsächlich kann ein „fast richtiges" Modell zu ganz falschen Empfehlungen führen (siehe Aretaios von Kappadokien, der Lungenkranke durch Blutentzug behandelt hat). So werden z. B. Finanzkrisen womöglich befördert, wenn man immer und für jede Situation unterstellt, dass größere Finanzmärkte die Wohlfahrt optimieren, weil größere Märkte mehr Spezialisierung ermöglichen – tatsächlich aber „Blasen" entstehen.

Nun kann man einwenden, dass jede wissenschaftliche Aussage nur ein Modell ist und dass dies für Naturwissenschaften ebenso gilt wie für die Ökonomie. Aber nicht jedes Modell ist gleich gut. „Wolken sind Wassersäcke, und wenn sie gegen einen Berg stoßen, platzen sie, und es regnet" ist kein gutes Modell, um Regen zu erklären. Der Verfasser dieses Buches ist der Meinung, dass man gut daran tut, bei der Modellentwicklung möglichst nahe an der Realität zu bleiben. Wenn man den Körper eines Menschen verstehen will, sollte man Anatomie betreiben, statt bloß Annahmen über ihn zu treffen, wie in der Säftelehre (s. Exkurs). Die Wirtschaftswissenschaften benötigen eine andere Vorgehensweise, was ihre Grundannahmen betrifft – sie sollten nicht nur durch Spekulation gewonnen sein.

Exkurs: Die Säftelehre

Die Grundlage der antiken medizinischen Theorie kennt man nicht ganz genau. Das Problem ist u. a. die schiere Masse an überlieferten Schriften. Allein die letzte Ausgabe Galens füllt 20 Bände in lateinischer und griechischer Sprache – wenn überhaupt einen, so dürfte es nur wenige Menschen geben, die das ganze Werk gelesen haben! – Die meisten Medizinhistoriker sind sich aber einig, dass die „Säftelehre" eine zentrale Rolle gespielt hat. Demnach bestimmen vier Säfte im Körper über Gesundheit und Krankheit, nämlich gelbe und schwarze Galle, Blut und Schleim. Wenn ihre Zusammensetzung gestört ist, muss man sie durch Diät wiederherstellen. (Die entsprechenden „Säfte" haben sich übrigens in den Worten Melancholie (schwarze Galle: melaina cholä) und Melancholiker, Choleriker (Galle: cholä), Phlegmatiker (Schleim: phlegma) und Sanguiniker (Blut: sanguis) bis heute gehalten; auch der „Humor" kommt daher – die richtige Mischung der Säfte, also der „humores", machte gesund, später im Sinne von „humorvoll/lustig"). Heute weiß man, dass diese Theorie vollkommen falsch ist.

Der entscheidende Durchbruch für die moderne Medizin kam mit der Fähigkeit, einzelne Krankheiten als solche zu erkennen (zunächst nur am Toten: Das heißt, man wusste erst hinterher, woran der Patient gestorben war). Insbesondere die Zellularpathologie, also die mikroskopische Untersuchung von Gewebe des Toten, ermöglichte, Struktur und krankheitsbedingte (Fehl-)

Funktion von Zellen im Nachhinein präzise zu diagnostizieren. Dadurch kam die Medizin in eine Aufwärtsspirale: Man konnte Krankheiten voneinander trennen und dann je für sich genau untersuchen. Es bringt wenig, wenn man „Krankheit an sich" untersucht; es bringt viel, wenn man sich mit „Kurzsichtigkeit", „Herzfehlern" etc. beschäftigt. Etwa zu dieser Zeit stellten sich dann auch rasch die Erkenntnisse der Mikrobiologie ein, neue Untersuchungsmethoden wie Röntgen und EKG und Labortests wurden gefunden. Das „Denken in Diagnosen" ist bis heute typisch für die moderne Medizin.

Daraus folgt:

1. Falsche Theorien können durchaus jahrhundertelang eine Wissenschaft beherrschen.
2. Es hilft, die *reale* Struktur und Funktionsweise des Gegenstandes zu verstehen, über den man eine wissenschaftliche Aussage machen möchte.
3. Je differenzierter das Problem beschrieben wird, umso besser. Es hilft nicht, „Krankheit an und für sich" zu analysieren; beim Thema „Kurzsichtigkeit" kommt man weiter.

Aber warum ist das neoklassische Modell trotz heftiger Kritik weiterhin der Quasistandard der Wirtschaftswissenschaften? Folgt man seinen Kritikern, dann liegt das v. a. daran, dass es bestimmten Interessen nützt, und zwar insbesondere derjenigen, die in der günstigeren Position sind. Das betrifft z. B. die Vermögensverteilung: Wer weniger hat, ist ja nach neoklassischer Theorie freiwillig in diese Situation geraten. Es gibt im neoklassischen Modell keine Macht (alles ist freiwillig über den Markt koordiniert) und daher auch keine Gerechtigkeit bzw. Ungerechtigkeit. Überspitzt formuliert: Wer verhungert, tut dies freiwillig; es gibt keinen Grund, Vermögen umzuverteilen.

Ein zweiter Grund liegt darin, dass die neoklassische Methode sehr spezifisch arbeitet und kaum auf andere Zwecke übertragbar ist. Wer in einer neoklassischen Berufslaufbahn gefangen ist, wird kein Interesse daran haben, seine eigene Tätigkeit abzuwerten.

Drittens ändern sich wissenschaftliche Paradigmen eher langsam.◄

Neoklassische Antworten auf Kritik

Manche Neoklassiker argumentieren, dass der Wert eines Modells nicht in seiner Realitätsnähe, sondern ausschließlich in seiner prognostischen Kraft liege:

> **Zitat**
> „Recently, M. Friedman has vigorously argued that the competitive or any other model should be tested solely by its ability to predict." (Arrow 1963)

Ob allerdings die Modellaussagen zuverlässig sind oder ob sie nur zufällig einige Zeit mit der Realität übereinstimmen, lässt sich auf diese Weise nicht sagen. Auch kann man streiten, ob die Lösung eines Modells die Lösung einer realen Frage oder eben nur des Modells liefert. Lässt etwa die Lösung des oben angeführten Konsumentenmodells (U(x, y) = ...) eine Aussage über reale Konsumenten zu – oder ist sie nicht vielmehr „nur" die Umformulierung der im Modell hinterlegten Hypothesen? Und, falls sie Hypothesen darstellt: wie kann man sie überprüfen?

Ein anderer Ansatz, das neoklassische Modell zu verteidigen, besteht darin, der Realität die „Schuld" an der Abweichung zu geben. Als beispielsweise darauf hingewiesen wurde, dass sich Arbeitsmärkte nicht so verhalten, wie vom Modell vorhergesagt, wurde das von Neoklassikern auf Markteingriffe zurückgeführt; würden Gewerkschaften, Regierungen usw. den Preismechanismus richtig arbeiten lassen, dann würde auch die Realität zum „richtigen", d. h. vor allem: paretooptimalen Ergebnis führen (Rothschild 1981, S. 23).

7.4 Wirtschaft im makroökonomischen Paradigma

Der Zusammenhang zwischen Neoklassik und Makroökonomie ist deswegen schwer zu beschreiben, weil verschiedene Ökonomen ihn unterschiedlich darstellen. Für einige ist die Makroökonomie Teil der Neoklassik und mikroökonomisch fundiert; andere sehen sie im Gegensatz zur Mikroökonomie; wieder andere meinen, dass die Makroökonomie neoklassische und nichtneoklassische Traditionen habe. Daneben gibt es weitere Formen, auch Mischformen der Darstellung.

Gemeinsam ist den meisten Definitionen der Makroökonomie, dass sie sich mit aggregierten Wirtschaftsdaten befasst, also z. B. die gesamte Nachfrage, die gesamtwirtschaftliche Produktion, die Inflation usw. und ihre Beziehungen untereinander untersucht, z. B.: „Wie entwickelt sich die Beschäftigung, wenn der Zins steigt?"

Tatsächlich sind die gefundenen Zusammenhänge bisher eher statistischer Natur. Um sie wirklich zu verstehen, müsste man ja die Wirkungszusammenhänge kennen, und das ist ohne mikroökonomische Analyse schwer möglich. (Das wäre so, als ob man in der Medizin feststellte, dass hohes Fieber zu höherer Sterblichkeit führt, aber keine Vorstellung darüber hätte, wo das Fieber herkommt.) Auch werden entsprechende Datensammlungen meist zur Makroökonomie gezählt, also z. B. die volkswirtschaftliche Gesamtrechnung.

Umstritten ist, ob die Makroökonomie keynesianisch ist oder nicht. Falls man dies annimmt, geht sie auf J. M. Keynes, insbesondere seine *General theory of employment, interest and money* (1936) zurück, die wesentliche Annahmen der Neoklassik erweitert bzw. ersetzt und daher zu anderen Schlussfolgerungen kommt.

Wegen ihrer Komplexität, aber auch, weil sie je nach Autor arg widersprüchlich dargestellt wird, muss zu den Inhalten der Makroökonomie auf die entsprechende Literatur verwiesen werden.

7.5 Lösungsvorschläge

Wenn ein Patient heutzutage einen Arzt nach seiner Meinung fragt, erwartet er in der Regel die richtige Diagnose, idealerweise auch eine geeignete Therapie. Fragt eine Politikerin einen Ökonomen, dann rechnet sie mit einer klugen Antwort, aber nicht notwendigerweise mit *der* „Wahrheit", weil sie davon ausgeht, dass verschiedene Ökonomen unterschiedliche Antworten geben. Darin ähnelt die *antike* Medizin eher der modernen Ökonomie als der modernen Medizin. Wohlhabende Patienten ließen mehrere Ärzte kommen und miteinander diskutieren: Zu Galens Zeiten war es „a feature of medicine as it was practised ... (at least the medicine of the elite) that several doctors were often summoned to the patient's bedside, where they made competing diagnoses and prognoses, leaving the patient, or his representatives, to choose among them" (Hankinson 2008, S. 8).

In einer früheren Untersuchung (Thielscher 2014) wurde gezeigt, dass die moderne medizinische und die aktuelle ökonomische Theorie – in ihrer neoklassischen Ausprägung – sich darin unterscheiden, dass die moderne Medizin ihre Grundlagen (Anatomie, Physiologie) aus der Empirie gewinnt, während die Neoklassik von Annahmen ausgeht (Homo oeconomicus, Fehlen von Transaktionskosten usw.). Dieser Unterschied ist neu: In der Antike war die Medizin selbst spekulativ in ihrem Ansatz. So beruhte, wie oben gesehen, das über viele Jahrhunderte herrschende humoralpathologische Paradigma auf der Annahme, dass Gesundheit sich aus der richtigen Mischung von vier Säften (Blut, Schleim, schwarze und gelbe Galle) ergibt.

Aus dem Vergleich der Medizin und der Ökonomie, der den Unterschied in ihrer empirischen bzw. spekulativen Grundlegung zeigt, ergibt sich der naheliegende Gedanke, einen Schritt weiter zu gehen und zu untersuchen, ob sich auch die ökonomische Theorie auf eine quasimedizinische Weise betreiben lässt, also ihre Grundlegung aus der Empirie gewinnen könnte.
Um das zu klären, muss man zwei Fragen untersuchen:

1. Wie kann man das *gesamte* Wissen der Medizin strukturieren? Lässt sich diese Struktur auf die Ökonomie übertragen? Wenn das geht: Wäre eine quasimedizinische Theorie in dem Sinne vollständig, dass sie die wesentlichen Gegenstände der Ökonomie erfasst?
2. Kann man für einen inhaltlichen Ausschnitt aus der ökonomischen Struktur am konkreten Beispiel zeigen, dass er sich tatsächlich quasimedizinisch beschreiben lässt?

Die Struktur des Wissens der modernen Medizin und ihre Übertragbarkeit auf die Ökonomie

Auf der Basis einschlägiger Monografien zur Theorie bzw. Philosophie der Medizin kann man folgende Elemente eines Modells der medizinischen Vorgehensweise gewinnen (Thielscher 2014):

- Es ist relativ einfach, den Gegenstand und Zweck der Medizin zu benennen und sie damit von anderen Wissenschaften abzugrenzen: Es geht um die Erkennung von Krankheiten und ihrer Ursachen und um die Förderung von Gesundheit. Ihr Zweck richtet sich auf den je einzelnen Patienten. – Das ist für die Wirtschaftswissenschaften insgesamt schwierig, für ihre einzelnen Paradigmen aber durchaus möglich, insbesondere für das hier betrachtete Modell einer Volkswirtschaft.
- Alle Autoren sind, soweit sie sich dazu äußern, darin einig, dass die Medizin eine Handlungswissenschaft ist und als solche normativ: Es geht ihr darum, unerwünschte Zustände (die Krankheit) abzuwehren und erwünschte (Gesundheit) herzustellen. Als normative Wissenschaft ist sie auch immer mit ethischen Fragestellungen konfrontiert. – Das gilt auch für das volkswirtschaftliche Modell.
- Die Medizin bedient sich einer eigenen Fachsprache und treibt großen Aufwand für terminologische Korrektheit.
- Die Medizin nutzt naturwissenschaftliche Erkenntnisse, aber sie allein machen nicht die Medizin aus. Das Auffinden der richtigen Diagnose in schwierigen Fällen, die Einbeziehung der Persönlichkeit bei der Therapieentscheidung und andere Vorgänge sind nur unter Einbeziehung von „humanities" bzw. Human-, Geistes-, Sozial- und Kulturwissenschaften möglich; dies erfordert „intuition".

7.5 Lösungsvorschläge

In der deutschen Literatur wird dafür auch die Bezeichnung „ärztliche Kunst" verwendet. – Die Vorstellung, dass der Arzt immer „das Ganze sehen" muss, ist dabei sehr alt und mindestens seit Platon belegt. Zusätzlich zu ihrer natur- und geisteswissenschaftlichen Orientierung ist die Medizin auch eine angewandte Ingenieurwissenschaft.

- Medizinisches Handeln hat immer auch eine historische Dimension, d. h., die jeweiligen sozialen, ökonomischen usw. Umstände wirken bei der Auffindung „richtigen" Handelns mit.
- Schmerz und damit verbundene Emotionen sind häufig der Ausgangspunkt allen medizinischen Handelns. Medizin umfasst also rationale und emotionale Elemente.
- Ein weiteres, wesentliches Kennzeichen der modernen Medizin ist ihre Orientierung am Analysieren und Verstehen von Krankheiten, d. h. an Diagnosen. Ärzte „denken in Krankheiten". „Krankheit an sich" macht für Ärzte keinen Sinn. Dies und die naturwissenschaftliche Analyse von Krankheiten bedingen sich gegenseitig. Es macht z. B. relativ wenig Sinn, „Kachexie" zu untersuchen (ein Zustand allgemeiner Schwäche, der von vielen verschiedenen Krankheiten hervorgerufen werden kann); hingegen kommt man zu präzisen Ergebnissen, wenn man „Tuberkulose" untersucht. – Im direkten Vergleich ist das neoklassische Modell nicht genügend aufgefächert; es richtet sich zu sehr auf die „Wirtschaft als solche".
- Die Medizinethik ist typischerweise auf konkrete Fälle gerichtet, beispielsweise auf schwierige Fragen bei bestimmten Diagnosen (z. B. Organtransplantationen), Lebensumständen (z. B. Sterbehilfe) oder Ausübung des ärztlichen Berufes (Arzt-Patienten-Beziehung); auch sie bleibt dadurch nahe am echten Leben.
- Die Medizin wirkt weit in die Deutung sozialer Zustände hinein, z. B. in Form der „Medikalisierung", d. h. der Deutung von Verhaltensmustern als „krank" oder „gesund" (z. B. exzessives Trinken Jugendlicher).
- Der Schlüssel zum Verständnis der modernen Medizin ist ihr Denken in Diagnosen (Wieland 2004, S. 32ff.). Diese Diagnosen bzw. die daraus abgeleiteten Handlungsempfehlungen für einen konkreten Patienten wiederum beruhen auf einem stratigrafischen Modell (das, nebenbei, auch erklärt, warum die Medizin sowohl „Naturwissenschaft" als auch „Kunst" ist).

Insgesamt ergibt sich daraus ein Modell, das sich auch in der medizinischen Ausbildung spiegelt, die curricular Erkenntnisschichten aufbaut. Tab. 7.4 stellt dies übersichtlich dar.

Auf der ersten (untersten) Ebene werden Struktur und Funktion des menschlichen Körpers mit naturwissenschaftlichen Methoden untersucht (inklusive mathematischer Modelle, die dabei immer der Empirie folgen, nicht umgekehrt); darauf

Tab. 7.4 Methoden in der Medizin

Erkenntnisgegenstand	Angewendete wissenschaftliche und andere Methoden
Patienten	Wissenschaften und medizinische Kunst, z. B. Empathie, Intuition; Medizinethik; Philosophie
Psychosoziale und andere Umwelteinflüsse	Natur-, Sozial-, Geisteswissenschaften
Ätiologie und Pathogenese	Angewandte Naturwissenschaften (Pathophysiologie, Mikrobiologie usw.)
Struktur und Funktion des Körpers (Anatomie, Physiologie)	Naturwissenschaften

aufbauend werden Ätiologie (Ursache) und Pathogenese (Verlauf) spezifischer (!) Krankheiten analysiert; auf der nächsthöheren Ebene wird der Einfluss der weiteren Umwelt einbezogen. Bei der Anwendung dieses Wissens auf den Patienten schließlich fließt die Persönlichkeit des Patienten mit ein, es spielen also auch interpersonale Fähigkeiten, Einfühlungsvermögen, Berufsethos usw. eine erhebliche Rolle bei der Ausübung des ärztlichen Berufes. –

Das heißt (von unten nach oben gelesen): Um die Struktur und Funktion des Körpers zu verstehen, bedient sich die Medizin naturwissenschaftlicher Methoden (Anatomie und Physiologie, Chemie, Physik usw.); ihr Krankheitsverständnis beruht auf angewandten Naturwissenschaften; Sozialwissenschaften liefern Einsichten in Umwelteinflüsse; und bei der tatsächlichen Behandlung des Patienten schließlich spielen Empathie, Intuition und andere Aspekte der „Kunst" eine Rolle.

Diagnoseorientierung und naturwissenschaftliche Fundierung unterstützen sich gegenseitig: Je präziser je einzelne Krankheiten ausdifferenziert werden, umso besser lässt sich das naturwissenschaftliche Instrumentarium anwenden.[2]

Die Medizin strukturiert ihr Wissen und ihre Aufgaben (Fachbereiche, z. B. innere Medizin, HNO, ...) im Wesentlichen entlang von Körperteilen bzw. Organen und Organsystemen (z. B. Nervensystem). Den Weg vom Organsystem zur Diagnose kann man sich als Baumstruktur vorstellen (dabei beschreibt die Anatomie die Struktur, die Physiologie Zweck und Funktion von Organen, während Pathoanatomie bzw. -physiologie ihre krankhaften Veränderungen darstellen; Abb. 7.3).

Die Medizin erarbeitet ihr Wissen typischerweise „von links nach rechts", d. h., sie begann mit der topografischen Anatomie, die teils schon in der Antike bekannt

---

[2] Die folgende Darstellung orientiert sich stark an Thielscher 2017, S. 253 ff.

7.5 Lösungsvorschläge

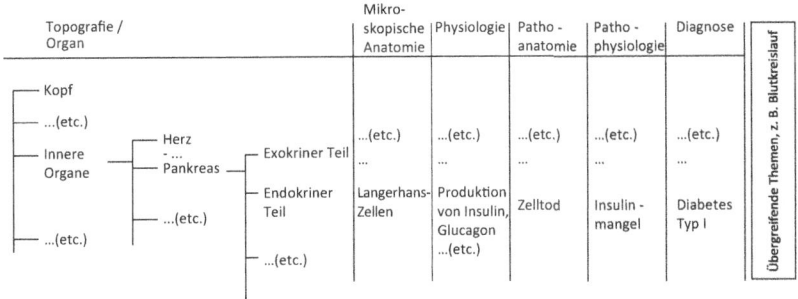

Abb. 7.3 Struktur des medizinischen Wissens

war, dann kam die mikroskopische Anatomie usw. Langerhans entdeckte die nach ihm benannten Inseln 1869; 20 Jahre später wurde ihre Rolle bei der Diabetesentstehung erkannt; ein erster Pankreasextrakt zur Behandlung von Diabetes wurde 1906 verwendet; und 1982 wurde erstmals genetisch hergestelltes Insulin eingesetzt.

Lehrreich ist auch zu sehen, welcher Aufwand jahrhundertelang betrieben werden musste und noch betrieben werden muss, um den heutigen Stand der Medizin zu erreichen bzw. weiter zu verbessern; die Datenbank „pubmed" listet aktuell um die 30 Mio. medizinische Artikel.

Viele Untersuchungen verlaufen obendrein ergebnislos. Aber ohne detaillierte Analyse kleinster Details gäbe es keinen Fortschritt; ohne Langerhans-Inseln und die Wirkungsweise von Insulin kann man Diabetes nicht verstehen. Das dürfte auch für eine quasimedizinische ökonomische Theorie gelten.

Dieses Modell lässt sich mit der neoklassischen Herangehensweise parallelisieren, indem man Ebene für Ebene miteinander vergleicht.

Der – Stand heute – entscheidende Unterschied findet sich auf der untersten Ebene. Während die Medizin mit naturwissenschaftlichen Methoden natürliche Vorgänge empirisch untersucht, geht die neoklassische Ökonomie von einem Modell aus, das nicht aus der Empirie, sondern aus Annahmen gewonnen ist, z. B. derjenigen der „Homines oeconomici" oder Annahmen über Informationsflüsse und Marktregeln.

Wenn also die neoklassische Ökonomie ähnlich vorgehen wollte wie die Medizin, müsste sie versuchen, menschliches Verhalten und die Funktionsweise von Märkten empirisch zu erfassen.

Aus diesem Unterschied zwischen Medizin und Ökonomie auf der untersten Ebene resultiert dann auch der Unterschied auf den höheren analytischen Ebenen.

Während die Medizin eng an die Empirie gebunden bleibt, auch wenn sie philosophische Überlegungen (z. B. ethischer Natur) anstellt, ist die Neoklassik primär modellorientiert.

Vor allem müsste sie die „Anatomie" und „Physiologie" aus der Empirie gewinnen und nicht primär aus Annahmen. Konkret heißt das, dass man

- erstens das Homo-oeconomicus-Modell erweitern muss durch realitätsnähere Beobachtungen. Dabei ist es, wie sich weiter unten zeigen wird, nicht erforderlich, gleich jedes menschliche Verhalten korrekt zu erklären (man muss auch nicht die Quantenphysik verstehen, um das Membranpotenzial einer Muskelzelle richtig zu beschreiben), aber doch so weit, wie es für den Erklärungszweck der Ökonomie erforderlich ist.
- Zweitens muss man Märkte und Institutionen in ihrer Realität erfassen – und z. B. die Annahme aufgeben, Märkte arbeiteten kostenlos –, allerdings wiederum nur so weit, wie erforderlich.

Lässt sich die Struktur der Medizin auf die ökonomische Theorie übertragen? Ja, wie Abb. 7.4 zeigt (tatsächlich ist die Analogie der Strukturen verblüffend).

Ein konkretes Beispiel für eine quasimedizinische Analyse der Volkswirtschaft

Wenn demnach die Gesamtstruktur passt: Kann man auch das Schichtenmodell der Medizin auf die Ökonomie übertragen, insbesondere: Könnte man ökonomische

Industrie / Branche			Marktsegment	Funktion und Zweck	Strukturprobleme	Fehlfunktion	„Diagnose"	
Land- und Forstwirtschaft			...(etc.)	...(etc.)	...(etc.)	...(etc.)	...(etc.)	Übergreifende Themen, z. B. Geldverkehr, Vermögensverteilung
Produzierendes Gewerbe ohne Bauwirtschaft			...	...	...	...	...	
Bauwirtschaft		Ambulante Dienste	Allgemeinärzte					
Öffentliche Dienstleister, Erziehung, Gesundheit ...(etc.)	Öffentliche Dienstleister Erziehung Gesundheit		Augenärzte ...(etc.) Krankenhäuser ...(etc.)	Sehen ...(etc.)	Falsche Bedarfsplanung ...(etc.)	Suboptimales Sehen ...	Noch nicht bezeichnet ...(etc.)	

Abb. 7.4 Potenzielle Struktur ökonomischen Wissens

Analysen empirisch fundieren – wie die Medizin das mit Anatomie und Physiologie tut?
Das soll und kann im Folgenden natürlich nicht für die Gesamtheit ökonomischer Vorgänge getan werden, weil diese Untersuchung ganze Bände füllen würde. Es soll aber doch für einen kleinen Ausschnitt daraus erfolgen. Dabei geht es nicht um die Inhalte im Ausschnitt als solche – es soll nur die grundsätzliche Machbarkeit gezeigt werden. Das erlaubt außerdem die Abschätzung des Gesamtaufwands: Rechnet man ca. 5–10 Seiten Beschreibung für einen Markt von ca. 1 ‰ des Bruttoinlandsproduktes, so ergibt sich – einfach hochgerechnet – für die Beschreibung aller Branchen ein Umfang von ca. 5–10.000 Seiten.

„Anatomie": Struktur der ambulanten augenärztlichen Versorgung (Stand: 2017)
Ende 2014 gab es laut Bundesärztekammer 5947 ambulant tätige Ophthalmologen in Deutschland, von denen 1087 von anderen Ärzten angestellt wurden (d. h., die Mehrheit der Ärzte arbeitet in der eigenen Einzel- oder Gemeinschaftspraxis). Außerdem gab es 932 Augenärzte in Krankenhäusern und 277 in anderen Organisationen (z. B. Behörden).

Zwar ist die Einzelpraxis noch die häufigste Form der Niederlassung, aber ihr Anteil sinkt (Tab. 7.5).

Der Anteil weiblicher niedergelassener Augenärzte stieg von 40,7 % im Jahr 2000 auf 44,6 % in 2010 (Wolfram und Pfeiffer 2015, S. 12).

Die Anzahl an Augenärzten je Region wird geplant. Die Bedarfsplanung wird von den kassenärztlichen Vereinigungen im Einvernehmen mit den jeweiligen Krankenkassen durchgeführt und der zuständigen Aufsichtsbehörde, z. B. dem Landesgesundheitsministerium, zur Prüfung vorgelegt. Dabei orientiert sie sich an den Vorgaben des Gemeinsamen Bundesausschusses, genauer gesagt dessen Bedarfsplanungs-Richtlinie in der am 1. Januar 2013 in Kraft getretenen Neufassung. Die Bedarfsplanung sollte damit einen gleichmäßigeren Zugang zur

Tab. 7.5 Augenärztliche Praxen in Deutschland

Jahr	Einzelpraxen (Anzahl)	Gemeinschaftspraxen (Anzahl)	Medizinische Versorgungszentren
2000	3708	675	0
2010	2784	824	110

ambulanten Versorgung ermöglichen und flexibler auf besondere Versorgungsprobleme im ländlichen Raum reagieren können (vgl. zum Folgenden GBA 2015).

Als Grundstruktur der Bedarfsplanung definiert die Richtlinie folgende vier Versorgungsebenen: hausärztliche Versorgung, allgemeine fachärztliche Versorgung (zu der Augenärzte gehören), spezialisierte fachärztliche Versorgung sowie gesonderte fachärztliche Versorgung.

Jeder Versorgungsebene sind nun Arztgruppen (einschließlich der Psychotherapeuten), ein Planungsbereich (Mittelbereiche, Kreise bzw. kreisfreie Städte, Raumordnungsregion, KV-Gebiet) und Verhältniszahlen (ein Arzt je Anzahl der Einwohner) für die Versorgungsgradfeststellung zugeordnet.

Bei Augenärzten wird auf Ebene der Kreise beziehungsweise der Kreisregionen geplant. Um den Unterschiedlichkeiten von Kreisen und kreisfreien Städten Rechnung zu tragen, wurde für 9 Kreistypen ein neues Konzept erarbeitet, das prinzipiell 5 Kreistypen unterscheidet. Die Differenzierung erfolgt nach dem Ausmaß der Mitversorgung in den Kreistypen 1 bis 4: Großstädten wird zum Beispiel eine höhere Arztdichte zugebilligt als umliegenden Gebieten. Im sogenannten Kreistyp 5, der ländlichen Regionen abseits großer Städte entspricht, sind kaum Mitversorgungseffekte möglich, sodass ein solcher Kreis eine vergleichbar gute Versorgung mit eigenen Möglichkeiten sicherstellen muss. Für jede einzelne Arztgruppe wird je Kreistyp eine Verhältniszahl festgelegt.

Die so ermittelten Bedarfe können aufgrund regionaler Besonderheiten angepasst werden. Konkret erhält man für die nordrheinischen Kreise, Stand 19.11.2013, eine Übersicht, wie in Abb. 7.5 dargestellt (KVNo 2015).

Faktisch geht die Tabelle von einer „Verhältniszahl" aus, die angibt, wie viele Einwohner auf einen Augenarzt kommen sollen. Für Aachen Stadt sind das z. B. 13.399, für Aachen Kreis 20.229. Teilt man die Einwohnerzahl durch diese Verhältniszahl, erhält man den rechnerischen Bedarf an Augenärzten für den jeweiligen Kreis (18,5 für Aachen Stadt). – Dieser Wert wird u. a. für Demografieeffekte angepasst, d. h., ob in einer Region besonders wenige oder viele über 60-Jährige wohnen. – Das Ergebnis wird mit den tatsächlich in der Region niedergelassenen Ärzten verglichen; gibt es bereits mehr Ärzte, als laut Bedarfsplanung erforderlich, wird der Kreis gesperrt, d. h., dort darf sich kein Arzt zur Behandlung von GKV-Patienten niederlassen.

Wie man sieht, sind auf Basis der Bedarfsplanung unter den hier genannten 15 Kreisen 14 überversorgt und daher gesperrt.

Die Verhältniszahlen selbst stammen ursprünglich aus der tatsächlichen Versorgungssituation im Jahr 1990. In der aktuellen Tabelle erkennt man, dass auch hier mit standardisierten Verhältniszahlen gearbeitet wurde, z. B. taucht die Zahl

7.5 Lösungsvorschläge

KV-Gebiet	Nordrhein			Arztgruppe								Augenärzte		
Stand	01.11.2013			Kriterien für die Zuordnung zu dieser Arztgruppe [1] (z.B. BPI-RiLi, WBO, Abrechnung etc.)								Bedarfsplanungs-Richtlinie		
1	2	3	4	5	5a	6	7	8	9	10	11	12	13	14	15
Name des Planungsbereichs / Kreis bzw. kreisfreie Stadt	Gemeindekennziffer der Gemeinden im Planungsbereich [1]	EW im Planungsbereich	Verhältniszahl im Planungsbereich	Verhältniszahl [2] angepasst	Grenze zur Überversorgung rechnerisches Soll + 10,00 %	Zahl der Vertragsärzte im Planungsbereich	Zahl der angestellten Ärzte im Planungsbereich	Zahl der ermächtigten Ärzte im Planungsbereich, die in der Bedarfsplanung zählen	Gesamtanzahl Ärzte (Sp. 6 + 7 + 8)	Darunter: Ärzte in Berufsausübungsgemeinschaften	Versorgungsgrad [3]	Versorgungsgrad im Vorjahr [4]	Planungsbereich gesperrt [5] (1 = ja / 2 = nein)	Zahl der Niederlassungsmöglichkeiten bis zur Sperrung [3]	Anzahl Ärzte oberhalb der Sperrgrenze
Aachen, Stadt	05313	240.086	13.399	14.443	18,5	18,50	3,50	0,10	22,10	9,00	132,9	111,3	1	0	3,8
Aachen, Kreis	05334	302.747	20.229	20.376	16,5	15,50	1,50	0,00	17,00	8,00	114,4	115,6	1	0	0,7
Bonn, Stadt	05314	309.869	13.399	14.314	24,0	25,00	6,00	0,10	31,10	13,00	143,7	124,6	1	0	7,3
Düren, Kreis	05358	258.651	24.729	25.501	11,5	14,00	1,00	0,00	15,00	8,00	147,9	130,8	1	0	3,8
Düsseldorf, Stadt	05111	593.682	13.399	13.789	47,5	40,00	15,00	0,40	55,40	22,50	128,7	122,3	1	0	8,0
Duisburg, Stadt	05112	486.816	20.440	20.110	27,0	24,00	4,00	0,20	28,20	17,00	116,5	121,5	1	0	1,6
Essen, Stadt	05113	566.862	20.440	19.634	32,0	33,00	5,75	0,20	38,95	24,75	134,9	139,0	1	0	7,2
Euskirchen, Kreis	05366	187.724	22.151	22.517	9,5	9,00	1,00	0,00	10,00	0,00	119,9	122,2	1	0	0,8
Heinsberg, Kreis	05370	247.827	22.151	23.107	12,0	9,00	5,00	0,00	14,00	2,00	130,5	114,5	1	0	2,2
Kleve, Kreis	05154	301.977	20.664	21.493	15,5	13,00	2,50	0,00	15,50	5,00	110,3	113,4	1	0	0,0
Köln, Stadt	05315	1.024.373	13.399	14.345	79,0	71,50	13,50	0,30	85,30	43,00	119,4	110,1	1	0	6,7
Krefeld, Stadt	05114	222.026	13.399	13.081	19,0	16,00	4,00	0,40	20,40	7,00	120,2	112,4	1	0	1,7
Leverkusen, Stadt	05316	159.926	20.229	19.332	9,5	12,00	2,00	0,00	14,00	10,00	169,2	114,7	1	0	4,9
Mettmann, Kreis	05158	477.397	20.229	18.986	28,0	22,00	5,00	0,00	27,00	12,00	107,4	113,8	2	1	0,0
Mönchengladbach, Stadt	05116	255.087	13.399	13.464	21,0	19,00	3,00	0,00	22,00	11,00	116,1	112,7	1	0	1,2

Abb. 7.5 Bedarfsplanung für Augenärzte

13.399 sechsmal auf. Es wäre zu überlegen, ob es nicht sachgemäßer wäre, die Verhältniszahlen aus dem tatsächlichen medizinischen Bedarf zu ermitteln (s. u.). Das würde auch erlauben, zukünftige Veränderungen des Versorgungsbedarfs zu berücksichtigen.

Der Altersdurchschnitt der Augenärzte hat sich in den letzten Jahren erhöht. Wenn die Zahl der neu niedergelassenen Augenärzte bei ca. 200 pro Jahr konstant bliebe, würde dies bis 2020 zu einem Rückgang der Arztzahl um ca. 5 % führen (Wolfram und Pfeiffer 2015).

Zwischen 2000 und 2010 ist der Frauenanteil unter den ambulant tätigen Augenärzten von 40,7 % auf 44,6 % angestiegen.

2013 gab es rund 28 Mio. ambulante Behandlungsfälle bei GKV-Patienten (KBV 2015), was bei 5856 (in 2014: 5947) niedergelassenen Augenärzten, von denen 856 angestellt waren, rechnerisch rund 5600 Fällen pro Arzt und Jahr entspricht. Laut Abrechnungsstatistik waren es genau 5351 Fälle pro Arzt (in 2013). Da ein „Fall" ein „Abrechnungsfall pro Quartal" ist, der mehrere Arztkontakte umfassen kann, umgekehrt aber derselbe Patient mehrfach gezählt wird, wenn er den Arzt in mehreren Quartalen aufsucht, ist nicht bekannt, wie viele Patienten ein Augenarzt pro Tag sieht bzw. wie viel Zeit pro Patient zur Verfügung steht.

Zu den rund 28 Mio. GKV-Fällen kommt noch eine unbekannte Zahl an Fällen für PKV-Versicherte hinzu, die ca. 9 % der Bevölkerung ausmachen. Die häufigsten Diagnosen in Augenarztpraxen zeigt Tab. 7.6.

Es gibt Hinweise, dass bei einzelnen Krankheiten zu wenig augenärztliche Leistungen in Anspruch genommen werden. So sollte lt. Leitlinie jeder Diabetiker jährlich augenärztlich untersucht werden; tatsächlich erfolgt das nur in 52,8 % der Fälle (Wolfram und Pfeiffer 2015).

Die Inanspruchnahme augenärztlicher Leistungen steigt mit dem Alter. Viele augenärztliche Krankheiten treten erst im Alter auf (z. B. Glaukome, AMD, Katarakt u. a.).

Mindestens zwei Effekte werden dazu führen, dass der Bedarf an augenärztlichen Leistungen zukünftig steigt:

Die demografische Entwicklung führt zu einem Anstieg älterer Menschen und damit zu mehr Augenerkrankungen. Gegenüber 2015 wird die Anzahl an Augenerkrankungen bis 2030 um ca. 25 % ansteigen. Neben der demografischen Entwicklung wird die Nachfrage möglicherweise aufgrund neuer Behandlungsverfahren steigen. In den letzten Jahren wurde z. B. die Behandlung der feuchten AMD durch intravitreale Injektionen entdeckt und in die Praxis eingeführt.

Es ist umstritten, ob dadurch mehr Augenärzte gebraucht werden. Aus Sicht der Krankenkassen fehlen – über alle Arztgruppen hinweg – in Versorgungslücken 800 Ärzte, während in überversorgten Gebieten 25.000 Ärzte über den Bedarf hinaus tätig sind (Schönbach et al. 2011). Demzufolge sollten nicht mehr Ärzte tätig werden, sondern nur die existierenden Praxen anders verteilt werden. Andere Autoren kommen, bezogen auf die Augenärzte, zum Schluss, dass bis 2020 eine Unterversorgung nicht eintritt, allerdings unter der Annahme, daß die Ärzte erst mit 68 in

Tab. 7.6
Augenkrankheiten in der Praxis, Deutschland.
(Quelle: Berufsverband der Augenärzte (BVA) o. J.)

Die häufigsten Hauptdiagnosen	
• Glaukom	19 %
• Sehfehler	18 %
• Augenentzündungen oder Verletzungen	16 %
• Katarakt	15 %
• Netzhautkrankheiten	13 %
• Schielen/kindliche Sehstörungen/Kopfschmerz	10 %
• Allgemeinerkrankungen mit Augenbeteiligung	9 %

7.5 Lösungsvorschläge

den Ruhestand gehen, was zu einer Zunahme der Arztzahl um 19 % führen würde (Amelung et al. 2012, S. 83ff).

Hier besteht zweifacher Forschungsbedarf: Erstens wäre die aktuelle Bedarfsplanung anhand des tatsächlichen Bedarfs zu überprüfen (s. o.). Zweitens wäre zu untersuchen, welche – hier v. a. politisch geprägte – Haltung zum Versorgungsbedarf sich in der tatsächlichen Gesetzgebung bzw. in den GBA-Richtlinien durchsetzen wird.

Zusätzlich zu den 5947 ambulant tätigen Augenärzten gibt es weitere 932 in Kliniken. In den letzten Jahren wurden auch dort Leistungen vermehrt ambulant durchgeführt; derzeit werden z. B. 87 % aller Kataraktoperationen ambulant erbracht.

Die Kosten der ambulanten augenärztlichen Behandlung sind nur näherungsweise bekannt. Nach Schätzungen des Berufsverbandes der Augenärzte betragen sie:

- für ambulant-konservative Behandlung von GKV-Patienten ca. 700 Mio. Euro,
- für ambulante Operationen bei GKV-Patienten ca. 600 Mio. Euro,
- für Privatpatienten ambulant und stationär ca. 400 Mio. Euro,
- für IGeL-Leistungen ambulant und stationär ca. 300 Mio. Euro.

Im Jahr 2013 erhielten Augenärzte im Durchschnitt 45 Euro pro Behandlungsfall und Quartal. Insgesamt betrug der GKV-Jahresumsatz je Arzt rund 243.000 Euro. Der gesamte Honorarumsatz belief sich auf 1,26 Mrd. Euro.

Für die Aufteilung des Honorars je nach Praxistyp und -größe existiert eine aktuelle Untersuchung des Statistischen Bundesamts – vgl. den Ausschnitt in Abb. 7.6.

Nach Abzug der Praxiskosten schwanken die Reinerträge sehr stark, v. a. in Abhängigkeit von der Praxisgröße. Zum Beispiel erzielten Einzelpraxen die folgenden Reinerträge (in Euro) vor Steuern:

Praxiseinnahmen	Reinertrag
12.500–250.000	71.000
250.000–500.000	176.000
500.000 und mehr	605.000

Inwieweit bei den Kleinpraxen „Liebhaberpraxen" mitgezählt wurden bzw. bei den Großpraxen Sondereffekte zu berücksichtigen wären (z. B. Belegabteilungen)

7 Ökonomische Klassik, Neoklassik und Makroökonomie

Einnahmen von...bis unter...EUR	Praxen	Praxis-inhaber	Einnahmen aus selbständiger ärztlicher Tätigkeit		Von den Einnahmen aus selbständiger ärztlicher Tätigkeit entfielen auf		
			je Praxis	je Praxis-inhaber	ambulante und stationäre Kassenpraxis	ambulante und stationäre Privatpraxis	sonstige selbständige ärztliche Tätigkeit |1
	Anzahl		1 000 EUR		%		
Praxen für Augenheilkunde							
Insgesamt............	3466	4502	573	442	63,0	34,9	2,1
davon	-	-	-	-	-	-	-
12.500–250.000	1130	1130	(154)	(154)	73,5	23,7	2,8
250.000–500.000..	1311	1493	340	299	59,8	38,4	1,8
5500.000–1.000.000..	409	732	680	380	59,7	37,9	2,4
1.000.000 und mehr.....	617	1 148	(1766)	(949)	63,5	34,6	2,0
davon: Einzelpraxen							
Insgesamt............	2738	2738	/	/	64,3	33,9	1,8
davon	-	-	-	-	-	-	-
12.500–250.000	1130	1130	(154)	(154)	73,5	23,7	2,8
2250.000–500.000..	1129	1129	327	327	58,3	40,2	1,5
500.000 und mehr.....	480	480	1075	1075	65,5	32,8	1,6

Abb. 7.6 Augenärztliche Honorare. (Quelle: Statistisches Bundesamt 2011)

und andere Fragen sind noch zu klären. Auch kann man so nicht zwischen operierenden und nicht operierenden Ärzten trennen bzw. den Einfluss spezifischer Behandlungsmethoden differenzieren (z. B. Laserbehandlungen).

Leider ist wenig darüber bekannt, welche Leistungen Augenärzte erbringen. Theoretisch könnte man das aus der Dokumentation der Ärzte in ihrem Praxiscomputer oder aus der Abrechnung gegenüber der KV erkennen. Daten aus den Praxiscomputern werden derzeit nicht gesammelt und veröffentlicht; Daten der Abrechnung sind schwer zu deuten, weil ein Großteil der Leistungen in Form einer Pauschale vergütet wird und weil die Abrechnungsregeln außerordentlich kompliziert sind (der EBM Augenärzte umfasst aktuell über 1000 Druckseiten). Hinzu kommen Selektivverträge, z. B. zum ambulanten Operieren, zur Schieldiagnostik u. a.; eine gesamthafte Darstellung dieser Verträge fehlt.

Augenärzte erbringen insgesamt IGe-Leistungen (die der Patient selbst bezahlt) für rund 300 Mio. Euro (lt. BVA, o. J.). Ihr Nutzen ist umstritten. Die Messung des Augeninnendrucks zur Früherkennung von Glaukomen wird z. B. von der AOK

7.5 Lösungsvorschläge

abgelehnt und deshalb auch nicht bezahlt: „Die Einführung eines bundesweiten Screenings auf Glaukom, d. h. die Untersuchung von gesunden, symptomlosen Personen, die keine Risiken aufweisen, ist auf Grundlage der gegenwärtig bestehenden Erkenntnisse nicht sinnvoll" (AOK 2015). Tatsächlich sind Sensibilität und Spezifität der Tonometrie zur Erkennung des Glaukoms gering – rund die Hälfte aller Glaukompatienten haben keinen erhöhten Druck, und umgekehrt gibt es Hochdruckpatienten, die kein Glaukom entwickeln. Außerdem mangelt es an randomisierten Studien, die die Nützlichkeit des Screenings belegen. Anderseits dauert die Untersuchung nur wenige Sekunden, ist schmerzfrei, und die Hälfte der Glaukompatienten (die einen erhöhten Druck haben) kann man damit vor dem Beginn von Symptomen erkennen und behandeln. Ob man das mit einer randomisierten Studie beweisen muss und ob diese überhaupt ethisch vertretbar wäre (man würde bewusst riskieren, dass ein Teil der Patienten ein Glaukom entwickelt), erscheint fraglich. – Über die Struktur der augenärztlichen IGe-Leistungen ist praktisch nichts bekannt.

„Physiologie": Die Funktionsweise der ambulanten augenärztlichen Versorgung
Die ambulante augenärztliche Behandlung zielt darauf, ophthalmologische Krankheiten zu verhindern bzw. zu heilen, falls dies nicht stationär erfolgen soll. Das Verhalten der Patienten und Ärzte hängt daher im Wesentlichen ab vom Krankheitsspektrum und seiner Bewertung durch die Patienten und Ärzte, den zur Verfügung stehenden Behandlungsmethoden und vom Weg des Patienten durch das Medizinsystem.

Über die Häufigkeit augenärztlicher Erkrankungen in der deutschen Bevölkerung ist wenig bekannt, weil man dafür groß angelegte epidemiologische Studien benötigte. Erfasst werden Patienten ja erst, wenn sie sich beim Augenarzt, beim Hausarzt, einer Klinik oder einer anderen Einrichtung vorstellen. Dadurch fehlen Informationen z. B. über Patienten, die eine Behandlung zwar benötigen, aber nicht erhalten, weil sie z. B. zu krank oder zu bettlägerig sind, um einen Augenarzt aufzusuchen.

Aus internationalen Studien kann man die Häufigkeit einiger wichtiger Krankheiten in der Bevölkerung lediglich abschätzen (Tab. 7.7).

Zwar kennt man in etwa die Diagnosen, die der Augenarzt nach der Untersuchung des Patienten stellt (oder könnte sie zumindest z. B. aus der Praxissoftware ermitteln), unbekannt ist aber, was für den Patienten der Anlass war, den Arzt aufzusuchen, etwa: Schmerzen oder andere (Seh-)Beschwerden, Vorsorgeuntersuchungen, Kontrolluntersuchungen, Rezeptverlängerungen usw. Es ist auch nicht bekannt, woran Patienten merken, dass sie einen Augenarzt (oder überhaupt einen Arzt) aufsuchen sollten, welche Vorsorgeuntersuchungen sie kennen bzw. für erforderlich halten und was der Arzt für behandlungswürdig hält: Ist z. B. ein bloßes

Tab. 7.7 Augenkrankheiten der deutschen Bevölkerung, geschätzt. (Quelle: Wolfram und Pfeiffer 2015)

Krankheit	Betroffene
Blindheit/Sehbehinderung	353.000
AMD	1.608.000
AMD-Frühstadien (Drusen)	2.610.000
Glaukom	972.000
Glaukomfrühstadien	1.269.000
Diabetische Retinopathie	557.000
Diabetisches Makulaödem	109.000
Katarakt	9.853.000

Fremdkörpergefühl oder ein rotes Auge ein Grund, den Augenarzt aufzusuchen – aus Sicht des Patienten und des Arztes? Welche Rolle spielt dabei, dass Ärzte in Deutschland keine telefonischen Diagnosen stellen dürfen und, falls sie es dennoch tun, haftungsrechtliche Konsequenzen befürchten müssen?

Sehr gut bekannt ist das zur Verfügung stehende medizinische Wissen (es steht ja in Lehrbüchern). Hingegen ist fast nichts darüber bekannt, was Augenärzten in ihrer Tätigkeit wichtig ist bzw. wie sie ihre Praxis „managen". So gibt es Aussagen zur berufsethischen Orientierung der Augenärzte, z. B. die folgende des Berufsverbandes der Augenärzte:

„Die Nähe zum Patienten, Vertrauen und gute Kommunikation sind daher die Basis, auf der der Augenarzt seinen Beruf ausübt."

Aber wie schlägt sich das im Alltag nieder? Und welche Rolle spielen finanzielle Anreize, z. B. Einzelleistungs- vs. Pauschalvergütung?

Dasselbe gilt für das Studium und die Facharztausbildung. Seit über 40 Jahren ist der Numerus clausus das entscheidende Kriterium für die Zulassung zum Medizinstudium. Zu vermuten wäre, dass Ärzte sich durch hohe Lern- und Leistungsbereitschaft auszeichnen; darüber, inwieweit sich das im augenärztlichen Angebot wiederfindet, liegen nach Kenntnis des Autors derzeit keine Studien vor. Zu untersuchen wäre auch, inwieweit Zuschnitt und Ausstattung (z. B. mit Geräten) augenärztlicher Praxen eher historisch tradiert oder dem aktuellen Bedarf angepasst sind – und welche Faktoren sie beeinflussen.

Leider ist nicht bekannt, wie viele Patienten ein Augenarzt pro Tag behandelt und wie sich das auf sein Verhalten auswirkt; welche Ziele er im Praxisalltag für besonders wichtig hält und wie er sie erreicht; das betrifft auch dynamische Effekte, d. h. wie ein Augenarzt sein Verhalten anpasst, wenn die Patientenzahl steigt oder sinkt. Wenig untersucht sind Einsatz und Tätigkeit von anderen Praxismitarbeitern. Hier

7.5 Lösungsvorschläge

müsste zunächst mithilfe von Feldforschungsstudien Grundlagenwissen geschaffen werden. Eine wesentliche Rolle beim Verhalten und damit dem konkreten Angebot dürften auch das Studium und die Facharztausbildung spielen, ohne dass dies bisher genau analysiert worden wäre, z. B. hinsichtlich der Ausbildung in verschiedenen Inhalten (z. B. Faktenwissen vs. Kommunikationsfähigkeit) (Ärztetag 2015). Auch der internationale Vergleich würde sicher weitere Erkenntnisse liefern.

Schließlich wäre der Einfluss von EDV-Instrumenten, insbesondere der Praxissoftware zu untersuchen – etwa, inwieweit sie Verschreibungen beeinflusst oder – über die Finanzierung ärztlicher Leistungen – die Wiedereinbestellung von Patienten.

Während die Struktur des augenärztlichen Angebots im Wesentlichen über die Bedarfsplanung gesteuert wird, erfolgt die Steuerung der Behandlungsqualität bisher eher implizit, nämlich durch die Ausbildung. Zur Sicherung einer hohen Qualität setzt das deutsche Medizinsystem traditionell auf die Qualifikation der Ärzte, die durch lange Ausbildungszeit (11–12 Jahre) und strenge Prüfungen erreicht wird. Nach der Facharztausbildung lässt die Kontrolle allerdings nach und stützt sich v. a. auf den Erwerb von CME-Punkten und die Überwachung durch die Ärztekammern. Traditionell dienen Zeitschriften und Kongresse der medizinischen Fachgesellschaften dazu, niedergelassene Ärzte auf dem Laufenden zu halten; ihre Nutzung ist freiwillig (über Nutzungsquoten ist nichts bekannt).

Qualitätsmessverfahren, wie sie in der Industrie üblich sind, z. B. durch Routinekontrollen, sind der Medizin fremd und auch tatsächlich schwer durchzuführen (vgl. Thielscher 2015).

In den letzten Jahren haben allerdings zwei Effekte dazu geführt, dass vonseiten der Gesundheitspolitik vermehrt eine externe Qualitätsüberprüfung durchgeführt wird: (i) die Zunahme der Komplexität medizinischer Behandlung und (ii) der Kostendruck, der zu einer Qualitätsminderung führen kann. Tatsächlich wurde auch versucht, ein Indikatorenset für die Augenheilkunde zu entwickeln; so erhielt 2009 das AQUA-Institut vom GBA den Auftrag, Qualitätsindikatoren für die Kataraktchirurgie zu entwickeln. Der Abschlussbericht wurde Ende 2010 dem GBA übergeben. Allerdings wurden diese Indikatoren, möglicherweise aufgrund erheblicher methodischer Mängel, die von Kassenvertretern und ärztlichen Experten kritisiert wurden (Stellungnahme 2015), nicht in den Regelbetrieb übernommen. Eine korrekte Qualitätsmessung ist in der Medizin sehr schwierig (Steiert 2011). Nach Kenntnis des Autors finden sich aktuell weder in strukturierten Berichten der Krankenhäuser noch an anderer Stelle verpflichtende, leicht verständliche und aussagekräftige augenärztliche Qualitätsindikatoren. Wenn sich ein Patient über die Qualität eines Augenarztes informieren möchte, ist er damit weiterhin auf mehr oder weniger informelle Quellen angewiesen, also Bekannte, Verwandte, den Hausarzt oder nicht validierte Informationen aus Internet- oder Printmedien.

7.6 Zusammenfassung und Ausblick

Es wäre also möglich, die Volkswirtschaft quasimedizinisch zu beschreiben, d. h. die Struktur und Funktionsweise von Branchen präzise zu erfassen. Das ist hier für einen kleinen Ausschnitt nachgewiesen; genau so könnte man auch die Bankenbranche beschreiben, die Automobilbranche usw.

Läge eine solche Beschreibung vor, dann könnte jeder Student oder sonst Interessierte nachvollziehen, wie der Markt für „Autos", „Lebensmittel" usw. funktioniert. Das Fehlen einer solchen Beschreibung der tatsächlich existierenden Volkswirtschaft und ihrer Spielregeln (Institutionen) wurde immer wieder bemängelt. So schrieb v. Schmoller schon 1900: „Die alte Volkswirtschaftslehre mit ihrem Untergehen in Preisuntersuchungen und Circulationserscheinungen stellte den Versuch einer volkswirtschaftlichen Säftephysiologie ohne Anatomie des sozialen Körpers dar."

Auf Basis dieser Analysen könnte man dann präzise Probleme und Lösungen beschreiben, und zwar sowohl volkswirtschaftliche als auch einzelbetriebliche („Management"). Man erhielte so eine vollständige, anatomisch und physiologisch korrekte Analyse des Wirtschaftssystems. Es sollte dann möglich sein, Krisen, „Blasen" und andere Fehlentwicklungen sauber zu beschreiben (in Einzelfällen ist das ja auch bisher schon gelungen, z. B. Sinn 2011) und – später – auch zu verhindern. Es wäre dies vergleichbar mit dem Übergang von der Humoralpathologie zur modernen Medizin.

Leider bestehen erhebliche Zweifel, ob dieses Forschungsprogramm jemals Realität wird: Es ist recht umfangreich und zu weit weg vom bisherigen wirtschaftswissenschaftlichen Standard.

Literatur

Amelung, V.E. et al.: Sehen im Alter, S. 83ff. MVV, Berlin (2012)
AOK: https://www.aok.de/bundesweit/gesundheit/glaukom-frueherkennung-7963.php. Zugegriffen: 16. Mai 2015
Arrow, K.J.: Uncertainty and the welfare economics of health care. Am. Econ. Rev. **53**(5), 944 (1963)

Literatur

Ärztetag: Förderung der ärztlichen Kommunikationskompetenz gefordert. http://www.aerzte blatt.de/nachrichten/62808. Zugegriffen: 15. Mai 2015

Berufsverband der Augenärzte (Hrsg.): Klarheit schaffen. komm-passion, S. 6. Düsseldorf (o.J.)

Blaug, M.: Systematische Theoriegeschichte der Ökonomie. Nymphenburger, München (1971)

Breyer, F., et al.: Gesundheitsökonomik, S. 81. Springer, Heidelberg (2005)

Etzioni, A.: The moral dimension. Toward a new economics. The Free Press, New York (1990)

GBA: https://www.g-ba.de/institution/themenschwerpunkte/bedarfsplanung/richtlinie/. Zugegriffen: 15. Mai 2015

Hankinson, R.J. (Hrsg.): The cambridge companion to Galen, S. 8. Cambridge University Press, Cambridge (2008)

KBV: Kennzahlen der Abrechnungsgruppen. www.kbv.de/media/sp/Honorarbericht_Tab ellen.xls. Zugegriffen: 15. Mai 2015

KVNo.: https://www.kvno.de/10praxis/20niederlass/20bedarfsplanung/. Zugegriffen: 15. Mai 2015

Martiensen, J.: Institutionenökonomik. Vahlen, München (2000)

Neumann, M.: Neoklassik. In: Issing, O. (Hrsg.) Geschichte der Nationalökonomie. Vahlen, München (2002)

Orrell, D.: Economyths. Icon Books, London (2017)

Richter, R., Furubotn, E.G.: Neue Institutionenökonomik. Mohr, Tübingen (2003)

Rothschild, K.W.: Einführung in die Ungleichgewichtstheorie. Springer, Berlin (1981)

Schefold, B.: Ökonomische Klassik im Umbruch. Suhrkamp, Frankfurt (1986)

Schefold, B., Carstensen, K.: Die klassische Politische Ökonomie. In: Issing, O. (Hrsg.) Geschichte der Nationalökonomie. Vahlen, München (2002)

Schönbach, K.H., et al.: Zukunft der Bedarfsplanung und Gestaltung der Versorgung. Gesundh. Sozialpolit. **1**, 11–20 (2011)

Schumpeter, J.A.: Geschichte der ökonomischen Analyse. Vandenhoeck & Ruprecht, Göttingen (1965)

Sinn, H.-W.: Kasino-Kapitalismus. Ullstein, Berlin (2011)

Smith, A.: Wohlstand der Nationen. Nachdruck der deutschen Übersetzung von M Stirner. Anaconda, Köln (2009). Original 1776.

Sohmen, E.: Allokationstheorie und Wirtschaftspolitik. Mohr, Tübingen (1992)

Statistisches Bundesamt: Kostenstruktur bei Arzt- und Zahnarztpraxen sowie Praxen von psychologischen Psychotherapeuten. Fachserie 2 Reihe 1.6.1. https://www.destatis.de/ DE/Publikationen/Thematisch/DienstleistungenFinanzdienstleistungen/Kosten (2011)

Steiert, R.F.: Cataract surgery quality, streetlamps, and car keys. Ophthalmology **118**(11), 2103–2104 (2011)

Stellungnahme der zur Stellungnahme berechtigten Organisationen.: https://www.sqg.de/ent wicklung/neue-verfahren/katarakt.html. Zugegriffen: 16. Mai 2015

Thielscher, C.: Healthy economics. Gesundh. Ökon. Qual. Manag. **19**(5), 237–241 (2014)

Thielscher, C.: Qualität, Qualitätsmessung und Qualitätsmanagement in der Medizin. In: Thielscher, C. (Hrsg.) Medizinökonomie 1. Springer Gabler, Wiesbaden (2015)

Thielscher, C.: Was kann die Gesundheitswirtschaft von der Medizin lernen? In: Matusiewicz, D., Muhrer-Schwaiger, M. (Hrsg.): Neuvermessung der Gesundheitswirtschaft. Springer Gabler, Wiesbaden (2017)
von Schmoller, G.: Grundriß der Allgemeinen Volkswirtschaftslehre, Bd. 1, S. 64. Duncker & Humblot, Leipzig (1900)
Wieland, W.: Diagnose, S. 32ff. Johannes G. Hoof, Warendorf (2004)
White, J.: Competing solutions. The Brookings Institution, Washington (1995)
Wolfram, C., Pfeiffer, N.: Weißbuch zur Situation der ophthalmologischen Versorgung in Deutschland. http://www.dog.org/wp-content/uploads/2013/03/DOG_Weissbuch_2012_fin.pdf. Zugegriffen: 15. Mai 2015

8 Die historischen Schulen und die Neue Institutionenökonomie

▸ Die meisten Nationalökonomen bzw. volkswirtschaftlich tätigen Wissenschaftler rechnen sich heute dem neoklassischen Paradigma zu; daneben gab und gibt es aber auch Wissenschaftler, die versuchen, darüber hinauszugehen und die Schwächen der Neoklassik zu überwinden. Sie und ihre Erkenntnisse werden in diesem Kapitel besprochen.

8.1 Grundlagen

Ein Teil der nichtneoklassischen Wissenschaftler geht dabei von der Überlegung aus, dass die Erklärung wirtschaftlichen Handelns von zutreffenden Annahmen über die handelnden Individuen und die Rahmenbedingungen, auch in ihrer historischen Entwicklung, ausgehen muss. Die Kerngedanken dieser Ansätze sind also:

- Wirtschaftliches Handeln findet in realen Gesellschaften statt und wird von ihnen beeinflusst: In einer Sklavenhaltergesellschaft wie der Antike funktionieren wirtschaftliche Vorgänge anders als in der Moderne. Wenn man also wirtschaftliche Phänomene verstehen will, muss man die wesentlichen Rahmenbedingungen mit untersuchen. Die gesellschaftlichen Rahmenbedingungen manifestieren sich in Regeln des menschlichen Zusammenlebens, was hier als „Institutionen" bezeichnet wird (abweichend vom üblichen Sprachgebrauch, in dem man unter einer Institution entweder eine Organisation oder – seltener – eine bekannte Persönlichkeit versteht). Man muss also, wenn man wirtschaftliche Vorgänge verstehen will, auch diese Institutionen untersuchen.

- Institutionen wandeln sich über die Zeit; sie haben daher eine historische Dimension. Man tut sich leichter, den heutigen Zustand der Wirtschaft zu verstehen, wenn man weiß, wie sie sich entwickelt hat.
- Die Vertreter dieses Ansatzes lehnen die neoklassische Verhaltenannahme ab, weil sie zu wenig Empirie enthält und zu weit von der Realität entfernt ist, um werthaltige Einsichten zu liefern. Das gilt auch für die neoklassische Annahme, dass die Transaktionskosten bei null liegen.

Die Betonung des „Verstehens" ist nicht zufällig. Es geht den historischen Schulen der Ökonomie darum, nicht bloß abstrakte Modelle ohne Bezug zur Realität mathematisch zu analysieren, sondern eben reales, historisches Handeln zu „verstehen".

Sie ähneln darin dem Historismus in der Geschichtswissenschaft (Droysen, Dilthey). Nach Dilthey gehören historische Darstellung und Systematik bei Geisteswissenschaften immer zusammen: Systematik liefert Begrifflichkeiten, ohne die Geschichte nicht zu beschreiben wäre; die Geschichte wiederum hilft, die Entwicklung der Systematik zu verstehen.

Allerdings ist aus diesen Ansätzen kein eindeutig bestimmbares Theoriegebäude entstanden; „die" Institutionenökonomie gibt es nicht, sondern verschiedene Ausprägungen auf Basis eines gemeinsamen gedanklichen Grundgerüstes.

Die für diese Wissenschaftler und ihre Ergebnisse verwendete Begrifflichkeit ist daher auch nicht ganz eindeutig. Häufig werden die folgenden Begriffe verwendet: alte und neue historische Schule, alte und neue Institutionenökonomie, Evolutionsökonomie.

Für unbefangene Leser erscheinen die o. g. Annahmen derart überzeugend, dass es schwierig ist, die Gegenposition zu verteidigen. Das soll hier aber fairerweise dennoch versucht werden; der Leser möge selbst entscheiden, welche dieser Positionen ihm mehr einleuchtet. Für den neoklassischen Ansatz sprechen:

- Die Neoklassik ist insofern ungeheuer erfolgreich, als sie den „Mainstream" der Wirtschaftswissenschaften stellt.
- Das neoklassische Modell erlaubt eine Mathematisierung, die die historischen Schulen (noch?) nicht erreicht haben.
- Die historischen Schulen „verheben" sich. Wenn man alle relevanten Einflussfaktoren berücksichtigen will, wird man mit der Analyse niemals fertig.
- Die historischen Schulen sind keine Wirtschaftswissenschaft mehr. Indem sie sich z. B. der Analyse von Regelsystemen widmen, betreiben sie Rechtslehre; wenn sie das Homo-oeconomicus-Modell erweitern, handelt es sich um angewandte Psychologie usf.

- Die historischen Schulen ermöglichen (noch?) kein rechenbares Modell der *Gesamt*wirtschaft.

8.2 Beispiele

Im Folgenden werden anhand einiger Aussagen bekannter Vertreter dieser wirtschaftswissenschaftlichen Richtungen ihre Ansätze näher erläutert. Mitte des 19. Jahrhunderts formuliert Wilhelm Roscher, ein Vertreter der älteren historischen Schule, die Notwendigkeit, wirtschaftliches Handeln im Kontext von rechtlichen Rahmenbedingungen zu untersuchen:

> **Zitat**
> „Wir verstehen unter Nationalökonomik, Volkswirthschaftslehre, die Lehre von den Entwickelungsgesetzen der Volkswirthschaft, des wirthschaftlichen Volkslebens ... Sie knüpft sich, wie alle Wissenschaften vom Volksleben, einerseits an die Betrachtung des einzelnen Menschen an; sie erweitert sich auf der andern Seite zur Erforschung der ganzen Menschheit.
> Wie jedes Leben, so ist auch das Volksleben ein Ganzes, dessen verschiedenartige Aeußerungen im Innersten zusammenhängen. Wer daher eine Seite desselben wissenschaftlich verstehen will, der muß alle Seiten kennen. Und zwar sind es vornehmlich folgende sieben Seiten, die hier in Betracht kommen: Sprache, Religion, Kunst, Wissenschaft, Recht, Staat und Wirthschaft ... Natürlich muß denn auch von den Wissenschaften, welche diese Lebensgebiete verarbeiten, jede einzelne die übrigen theils voraussetzen, theils begründen helfen. – Inmitten dieser allgemeinen Verwandtschaft ist jedoch leicht zu sehen, daß Recht, Staat und Wirthschaft eine besondere, gleichsam engere Familie bilden. (Soziale Wissenschaften im engeren Sinne.) ... Die Gegenstände ihres Wirkens [sind] fast kongruent, nur daß sie dieselben aus verschiedenen Gesichtspunkten her betrachten: die Staatswissenschaft aus dem der Souveränetät, die Nationalökonomik aus dem der Befriedigung des Volksbedarfes an äußern Gütern, die Rechtswissenschaft aus dem der Verhütung oder friedlichen Austragung von Willensconflicten. Wie jeder wirthschaftliche Act, bewußt oder unbewußt, Rechtsformen voraussetzt, so hat auch die überwiegende Zahl der Rechtsgesetze und Urtheile einen wirthschaftlichen Inhalt. In zahllosen

Fällen gibt uns die Rechtswissenschaft nur das äußerliche Wie; erst die Nationalökonomik fügt das tiefere Warum hinzu." (Roscher 1869, S. 29 f.)

Um 1900 formuliert Schmoller, ein Vertreter der jüngeren historischen Schule, sehr treffend (wenn man vom Begriff der „Rasse" absieht) zu den Institutionen:

Zitat
„Das vergleichende Studium der Volkswirtschaft verschiedener Zeiten und Länder wird auch die natürlichen und technischen Unterschiede, die der Rasse, der Kapitalmenge und Ähnliches in Rechnung ziehen; aber sie wird vor allem die Institutionen und Organe vergleichen, die wirtschaftliche, Familien-, Gemeinde- und Staatsverfassung, die agrarischen und gewerblichen Betriebs- und Unternehmungsformen, die Institutionen des Markt- und Verkehrswesens, des Geld- und Kreditwesens, die Art, wie Arbeitsteilung und Klassenbildung sich in Vereinen und Korporationen, Ständen und Institutionen fixiert haben. Das Studium der Organe und Institutionen ist für die Erkenntnis des socialen Körpers dasselbe, was die Anatomie für die des physischen; auch die Physiologie der Säfte und ihre Circulation kann nur auf einer Kenntnis der Organe sich aufbauen. Die alte Volkswirtschaftslehre [gemeint ist das, was heute als ‚Neoklassik' bezeichnet wird] mit ihrem Untergehen in Preisuntersuchungen und Circulationserscheinungen stellte den Versuch einer volkswirtschaftlichen Säftephysiologie ohne Anatomie des socialen Körpers dar." (Schmoller 1900, S. 64)

Das Buch von Schmoller ist auch heute noch lesenswert. Zugleich lehrt es auch, die Grenzen der Methode zu respektieren, denn an einigen Stellen scheint Schmoller darüber hinausgeschossen zu sein. Einerseits übertreibt er den historischen Zugang zur Volkswirtschaftslehre, wenn er z. B. den Begriff „Wirtschaft" als solchen nicht definiert, sondern sofort und ausschließlich in einen historischen Abriss dessen einsteigt, was die Griechen, Römer, das Mittelalter usw. darunter verstanden haben. Andererseits kann man sich fragen, ob er bei der Darstellung von Produktionstechniken sich in Details verliert, die man für die wirtschaftliche Interpretation (hier verstanden als Bewertung) nicht unbedingt benötigt. Es wird ihm daher auch vorgeworfen, dass seine Versuche der Gesamtschau gescheitert seien; zwar konnte er enorm viel Material über verschiedene Wirtschaftssysteme zusammentragen, aber eine einheitliche Zusammenfassung und Auswertung misslang (Winkel 2008, Teil 2, S. 110).

Geradezu visionär ist zweifellos seine Aussage zur neoklassischen Analyse. 1984 argumentiert Coase sehr ähnlich:

> **Zitat**
>
> „The objection essentially is that the theory floats in the air. It is as if one studied the circulation of the blood without having a body. Firms have no substance. Markets exist without laws and therefore without any clear specification of what is bought and sold." (Coase 1984, S. 230)

Interessanterweise ist der Ansatz Schmollers, nämlich reale Wirtschaftssysteme in ihrer historischen Gestalt zu untersuchen und daraus ökonomische Gesetze abzuleiten, näher mit der Klassik als der Neoklassik verwandt. Auch Adam Smith hat – wie frühere Autoren, z. B. Aristoteles – im *Wohlstand der Nationen* versucht, aus empirischen Beobachtungen allgemeine Gesetze herzuleiten. Freilich folgte er damit dem Wissenschaftsverständnis des 18. Jahrhunderts: Die empirische Basis ist unvollständig und eher anekdotisch, was zu unvollständigen Schlüssen führt. Schmoller versucht, die Bedingungen wirtschaftlichen Verhaltens vollständig und systematisch zu erfassen; dass er an dieser Arbeit, die mit den wissenschaftlichen Arbeitsbedingungen um 1900 wohl unerfüllbar war, gescheitert ist, bedeutet nicht, dass man sie nicht fortführen sollte. In Kapitel 10 „Ausblick" wird ein möglicher Lösungsweg skizziert.

Im US-amerikanischen Raum entwickelte sich, ebenfalls am Beginn des 20. Jahrhunderts, ein amerikanischer Institutionalismus, der von einem seiner Begründer, T. Veblen, als „evolutorische Ökonomik" bezeichnet wurde, und zwar in bewusster Abgrenzung zu dem, was er unter „historischen Schulen" verstand: „no economics is farther from being an evolutionary science than the received economics of the Historical School" (Veblen 1898). Soweit sich das erschließen lässt – einige Formulierungen von Veblen sind kaum zu verstehen –, fordert er, dass die Ökonomie die Entwicklung wirtschaftlichen Handelns in seinen Rahmenbedingungen erklären soll – ähnlich, wie die Evolutionstheorie die Entstehung von Arten anhand von Umweltbedingungen aus Mutation und Selektion erklärt. Er wehrt sich insbesondere gegen die von ihm als teleologisch bezeichnete Vorstellung, dass Märkte von sich aus ins Gleichgewicht streben. Zugleich ist Veblens

Theorie selbst insofern evolutorisch, als sie stets unvollständig und daher offen für Veränderungen ist.

Auch Keynes, nach dem ein eigener Theoriebereich der Wirtschaftswissenschaften benannt ist (Keynesianismus), geht über die neoklassische Theorie hinaus. Allerdings analysiert er nicht primär die historische Entwicklung wirtschaftlicher Umstände, was ihn von den historischen Schulen im engeren Sinn unterscheidet. Auch ist sein Werk wenig formalisiert, was Interpretationsspielräume eröffnet. Es gibt sogar eine neoklassische Interpretation seiner Aussagen (manche Autoren meinen, Keynes sei neoklassisch vereinnahmt worden).

Seitdem hat eine ganze Reihe von Ökonomen neue Ansätze entwickelt, die zur Institutionenökonomie gehören. Daraus ist bisher kein vollständiges Bild entstanden; eher handelt es sich um Mosaiksteine in einem noch sehr unvollständigen Mosaik.

1937 verfasste R. Coase den Artikel „The nature of the firm". Darin stellte er sich die Frage, warum es überhaupt Firmen gibt. In einem neoklassischen Markt, der ja keine Transaktionskosten kennt, benötigt man sie nicht. Statt 30.000 Mitarbeiter in einer Firma zu beschäftigen, könnte man auch jeden einzelnen seine eigene Firma betreiben lassen; die Zusammenarbeit untereinander würde dann über den Markt vermittelt. Dass es Firmen gibt, beruht darauf, dass der Markt eben nicht kostenlos arbeitet; in manchen Fällen ist es effizienter, die Zusammenarbeit durch (Arbeits-)Verträge festzulegen.

Später wurden diese Überlegungen weiter spezifiziert.

Williamson z. B. untersuchte, in welchen Situationen welcher Vertragstyp überlegen ist. Dazu unterscheidet er Verträge danach, ob sie spezifisch sind, mit Unsicherheit behaftet sind und wie häufig die entsprechende Transaktion vorkommt. Spezifität meint, ob der Vertrag bestimmte Einbringungskosten erfordert (z. B. weil eine bestimmte Maschine angeschafft werden muss, die nicht für andere Zwecke nutzbar ist). Unsicherheit bezieht sich darauf, ob der Zustand „der Welt" bei Vertragsschluss bekannt ist (etwa: ob der zu erwartende Umsatz genau genug vorhergesagt werden kann) und ob das Verhalten der Vertragspartner hinreichend planbar und beobachtbar ist.

So benötigt beispielsweise eine Situation, in der ein spezifischer Vertrag geschlossen werden soll, in dem Unsicherheit herrscht und bei dem häufige Transaktionen erforderlich sind, eine umfassende vertragliche Regelung; bei einer unspezifischen, einfachen Transaktion ist der Vertragsschluss einfacher. Bei spezifischen Verträgen kann ein „Hold-up-Problem" auftreten: Wenn einer der Vertragspartner eine Maschine angeschafft hat, die nur für diesen Vertrag nutzbar ist, kann der andere versuchen, den Preis der damit produzierten Produkte nachträglich zu drücken. – Diese und verwandte Theorien, die sich mit der

8.2 Beispiele

Anwendbarkeit und der Ausgestaltung von Verträgen beschäftigen, heißen auch „Vertragstheorien"; daneben gibt es Property-rights-Theorien oder Theorien der Verfügungsrechte, die sich z. B. auch mit öffentlichen Gütern beschäftigen (das sind Güter, die insofern öffentlich sind, als man niemanden von der Nutzung ausschließen kann und/oder deren Nutzung durch einen Konsumenten das Gut nicht beeinflusst – z. B. die Sicherheit eines Staates nach außen). Die Übergänge zur Rechtswissenschaft sind fließend, Theorien und Terminologie nicht ganz einheitlich und z. T. widersprüchlich.

Nimmt man an, dass die Konsumenten nicht – wie im neoklassischen Modell – über vollkommene Informationen über alle gegenwärtigen und zukünftigen Produkte und ihre Preise verfügen, so ergeben sich u. a. auch Informationsasymmetrien, d. h., dass einer der Vertragspartner über mehr Informationen verfügt als der andere. Daraus können Probleme entstehen, die u. a. unter der Bezeichnung „principal agent theory" bzw. „Prinzipal-Agenten-Theorie" untersucht wurden. Ein Beispiel ist das Verhältnis zwischen dem angestellten Vorstand eines Unternehmens und seinem Eigentümer. Der Vorstand („Agent") wird in der Regel besser darüber Bescheid wissen, wie der Zustand des Unternehmens ist, als der Eigentümer („Prinzipal"). Verwandte Informationsasymmetrien finden sich in sehr vielen wirtschaftlichen Vorgängen, vom Autokauf (wo der Verkäufer besser darüber Bescheid weiß, wie gut erhalten das Auto wirklich ist, als der Käufer) über Versicherungsverträge bis hin zur Arzt-Patienten-Beziehung.

Man kann nun diese Probleme auf zweierlei Weise untersuchen: Man kann sich am neoklassischen Modell orientieren und es erweitern – z. B. überlegen, unter welchen Bedingungen ein Konsument seinen Nutzen maximiert, wenn er beschränkte Informationen hat. Die zweite Möglichkeit besteht darin, sich von der Neoklassik zu lösen und zu untersuchen, welche Informationen in der Realität tatsächlich vorliegen. – Einige dieser neoklassischen bzw. nichtneoklassischen Theorien sollen kurz skizziert werden.

In seinem Artikel über „Lemons" (eine amerikanische Bezeichnung für schlechte Produkte) zeigte G. A. Akerlof, dass bei Informationsasymmetrien Märkte zusammenbrechen können. Wenn auf einem Automarkt sowohl gut als auch schlecht erhaltene Autos angeboten werden und die Käufer die Qualität der Fahrzeuge nicht beurteilen können, dann werden die Käufer sich an einer Art Durchschnittspreis orientieren. Zu diesem Preis werden aber die Anbieter guter Autos nicht verkaufen wollen. Sie verlassen also den Markt (Akerlof 1970). Es handelt sich hier um einen Fall von adverser Selektion. Ein ähnliches Problem kann bei Versicherungsverträgen auftreten. Wenn der Versicherer nicht erkennen kann, wie groß das Risiko z. B. beim Abschluss einer Krankenversicherung ist, dann haben Personen einen besonders hohen Anreiz, sich zu versichern, wenn sie wissen, dass sie teure Behandlungen benötigen. Es werden sich also „schlechte Risiken" unter den Versicherten anreichern. In diesen Fällen handelt es sich um „hidden characteristics" und/oder „hidden information".

Tritt die Informationsasymmetrie nach dem Vertragsschluss auf, so kann sich ein Moral-Hazard-Problem ergeben (Martiensen 2000, S. 120 ff.). Gemeint ist, dass der Agent einen Anreiz hat, sich so zu verhalten, dass der Prinzipal geschädigt wird. Zum Beispiel wird häufig unterstellt, dass Krankenversicherte sich ungesund ernähren (weil sie ja im Krankheitsfall finanziell geschützt sind).

Um Marktversagen oder ungünstige Verträge zu verhindern, bestehen verschiedene Möglichkeiten. Durch „Screening" kann der Prinzipal verdeckte Informationen oder Eigenschaften aufspüren; durch „Signaling" kann der Agent seinerseits entsprechende Informationen bereitstellen. Auch der Aufbau von Reputation (z. B. in Form einer Marke) gehört hierher, die Gewährung von Garantien oder „Reporting" bzw. „Monitoring" (das Berichten bzw. Nachhalten des Verhaltens des Agenten). Schließlich kann man versuchen, Verträge zu entwerfen, die sich insofern selbst durchsetzen, als die Vertragspartner kein Interesse daran haben, den anderen zu schädigen. Das ist der Fall, wenn der Agent am Unternehmenserfolg beteiligt wird oder der Versicherer dem Versicherungsnehmer verschiedene Verträge anbietet (so wird ein kranker Patient eher keine hohe Selbstbeteiligung wählen) oder die Vertragspartner sich an den Vertrag binden, z. B. durch die Vereinbarung von Konventionalstrafen oder durch Herausgabe eines Pfandes („Bonding").

Das ist alles sicher richtig, wirkt aber auf den unbefangenen Leser etwas „hölzern". In der Realität müssten ja die Lösungswege viel genauer sein, z. B. würde ein Unternehmen berechnen wollen, ob es sich lohnt, eine Garantie anzubieten; Juristen würden den Vertragstext untersuchen usf. Es scheint, als ob hier ein Problem (das der Informationsasymmetrie) benannt, aber nicht gelöst wird – ähnlich, wie es einem Kranken nicht viel hilft, wenn man ein Fieber, das alle drei Tage auftritt, als „Malaria" bezeichnet.

Schließlich wurden auch Ansätze entwickelt, die die Verhaltensannahme des neoklassischen Modells erweitern. Hier zeichnen sich aktuell Untersuchungsrichtungen ab, die unter der Bezeichnung „Behavioral Economics" o. Ä. versuchen, zu einer realitätsnäheren Modellierung des Verhaltens der Wirtschaftssubjekte zu gelangen. Solche Untersuchungen „schreien" geradezu nach der Kombination von ökonomischem und medizinischem Wissen, d. h. medizinökonomischer, fakultätsübergreifender Kooperation. Inwieweit sie ein neues Paradigma etablieren, lässt sich momentan kaum einschätzen.

Auf die Bedeutung des sozialen Umfeldes und seiner – auch: moralischen – Regeln schließlich hat besonders A. Etzioni hingewiesen:

8.2 Beispiele

Zitat
„Are men and women akin to single-minded, ‚cold' calculators, each out to ‚maximize' his or her own well-being? Are humans able to figure out rationally the most efficient way to realize their goals? Is society mainly a marketplace, in which self-serving individuals compete with one another – at work, in politics, and in courtship – enhancing the general welfare in the process? Or do we typically seek to do both what is right and what is pleasurable, and find ourselves frequently in conflict when moral values and happiness are incompatible? Are we, first of all, ‚normative-affective' beings, whose deliberations and decisions are deeply affected by our values and emotions? And to the extent that we rely on evidence and reason to choose our course, what techniques have been developed to help us proceed in view of our limited ability to know?

What problems does the reliance on these techniques introduce, to add to our innate difficulties? Assuming human beings see themselves both as members of a community and as self-seeking individuals, how are the lines drawn between the commitments to the commons and to one's self?

At issue is the paradigm we use in trying to make sense out of the social world that surrounds us, and of which we are an integral part; the paradigm we apply in the quest to understand and improve ourselves, those dear to us, and those not so dear.

We are now in the middle of a paradigmatic struggle. Challenged is the entrenched utilitarian, rationalistic-individualistic, neoclassical paradigm which is applied not merely to the economy but also, increasingly, to the full array of social relations, from crime to family. One main challenger is a social-conservative paradigm that sees individuals as morally deficient and often irrational, hence requiring a strong authority to control their impulses, direct their endeavors, and maintain order. Out of the dialogue between these two paradigms, a third position arises, which is advanced in this volume. It sees individuals as able to act rationally and on their own, advancing their self or ‚I', but their ability to do so is deeply affected by how well they are anchored within a sound community and sustained by a firm moral and emotive personal underpinning – a community they perceive as theirs, as a ‚We', rather than as an imposed, restraining ‚they.' Explicating this new synthesizing paradigm, that of the I&We and the deontological ethics that are involved, is the subject of this volume.

> It examines, too, the new paradigm's implications for individual decision-making and for the market, and its place within society. We ask, under what conditions can persons act effectively and rationally, are markets efficient, and communities viable?" (Etzioni 1990, S. ix ff.)

Manche neoklassische Autoren lehnen aber eine realistische Verhaltensannahme ab, weil solche Untersuchungen nicht mehr Gegenstand der Ökonomie, sondern anderer Wissenschaften seien, z. B. der Psychologie, der Medizin usw. Diesen Autoren zufolge ist die Ökonomie auf das Modell des Homo oeconomicus festgelegt (Erlei et al. 2007). Auf einen Mediziner wirkt das merkwürdig: Warum sollte man eine Theorie nicht verbessern dürfen?

Insgesamt leiden aber alle beschriebenen institutionenökonomischen Ansätze daran, dass sie entweder kein vollständiges und/oder kein rechenbares Modell anbieten. Das heißt, sie analysieren entweder nur sehr enge Ausschnitte aus der Realität oder sie liefern keine quantitativen Aussagen. Insofern ist die Neoklassik auch deswegen (noch) so erfolgreich, weil einfach keine Alternative existiert. Vielleicht ist auch das Vorgehen mancher institutionenökonomischer Autoren nicht ideal: Macht es wirklich Sinn, das neoklassische Modell zu erweitern – oder wäre es besser (in diese Richtung geht Etzioni), gleich mit einem realitätsnäheren Modell zu starten?

Vielleicht könnte man bei Schmoller anknüpfen und mit den Instrumenten, die heute zur Verfügung stehen, seine Aufgabe lösen. In Kap. 7 wurde ein Verfahren skizziert, mit dem das gelingen könnte.

Zum Schluss ist der Hinweis wichtig, dass unter „Neuer Institutionenökonomie" manchmal auch ein ganz anderer Ansatz verstanden wird, nämlich die Anwendung typischer neoklassischer Modelle als analytisches Instrument zur Untersuchung politischer Abläufe. In diesen Fällen wird also nicht das neoklassische Paradigma verbessert, sondern sein Anwendungsfeld verbreitert (z. B. Erlei et al. 2007).

Literatur

Akerlof, G.A.: The market for lemons: quality uncertainty and the market mechanism. Q. J. Econ. **84**(3), 488–500 (1970)
Coase, R.: The nature of the firm. Economica **4**(16), 386–405 (1937)
Coase, R.H.: The new institutional economics. Z. Gesamte Staatswiss. (ZgS). **140**, 230 (1984)

Literatur 185

Erlei, M., et al.: Neue Institutionenökonomie. Schäffer Poeschel, Stuttgart (2007)
Etzioni, A.: The moral dimension. Toward a new economics. The Free Press, New York (1990)
Martiensen, J.: Institutionenökonomik. Vahlen, München (2000)
Roscher, W.: Die Grundlagen der Nationalökonomie. Verlag der JG Cotta'schen Buchhandlung, Stuttgart (1869)
v. Schmoller, G.: Grundriß der allgemeinen Volkswirtschaftslehre, Bd. 1. Duncker und Humblot, Leipzig (1900)
Veblen, T.: Why is economics not an evolutionary science? Q. J. Econ. **12**, 375–397 (1898)
Winkel, H.: Gustav von Schmoller. In: Starbatty, J. (Hrsg.) Klassiker des ökonomischen Denkens. Nikol, Hamburg (2008)

Wirtschaftswissenschaften und Nachbardisziplinen 9

▶ Während in den letzten Kapiteln Paradigmen der Wirtschaftswissenschaften im engeren Sinne besprochen wurden, geht es in diesem Kapitel um Wissenschaften, die sich an der Grenze zwischen Ökonomie und anderen Wissenschaften befinden. Exemplarisch werden drei herausgegriffen: Wirtschaftsgeschichte, Wirtschaftsrecht und Wirtschaftsinformatik – und ihre Logik im Vergleich mit der Logik der Ökonomie.

9.1 Wirtschaftsgeschichte

Wirtschaftsgeschichte kann man in zweierlei Hinsicht betreiben. Einerseits kann man versuchen, wirtschaftswissenschaftliche Theorien in der Geschichte zu überprüfen – es handelt sich dann um eine primär ökonomische Untersuchung (z. B.: „Ist immer dann, wenn die Marktgröße zunahm, die allgemeine Wohlfahrt ebenfalls angestiegen?"). Andererseits kann man im Rahmen einer historischen Untersuchung (auch) die Wirtschaftsgeschichte einer Epoche studieren („Was waren wichtige Fakten in der römischen Wirtschaftsentwicklung?"). Historische Vorgänge haben auch eine wirtschaftliche Komponente, und wirtschaftliche Vorgänge auch eine historische. Es ist häufig schwierig, zu erkennen, von welchem der Janusköpfe man gerade angeblickt wird, wenn nicht die Provenienz der Forschung hilft: Historiker sind (meist) eher an historischen Fragestellungen interessiert, d. h., sie versuchen, vergangenes menschliches Handeln auf Basis kritisch geprüfter Überlieferung mit wissenschaftlichen Methoden zu untersuchen. Im Kern – wenn man Dilthey folgt (Dilthey 1981) – zielt die Geschichtswissenschaft darauf, Vorgänge zu *verstehen*. Hingegen versuchen Wirtschaftswissenschaftler eher, ihre ökonomischen Aussagen je nach dem Paradigma, in dem sie sich bewegen, anhand historischer Ereignisse zu überprüfen bzw. zu belegen.

Den Streit zwischen der neoklassischen und der historischen Herangehensweise kann man auch deuten als Auseinandersetzung darüber, wie „die Welt" funktioniert: Im angelsächsischen Raum gehen viele Autoren – ganz vereinfacht gesagt – von einer Welt „da draußen" aus, deren Eigenschaften, d. h. vor allem: deren Naturgesetze, Wissenschaftler erforschen. Die Wirtschaftswissenschaften suchen dementsprechend die Gesetze der Ökonomie. Viele Kontinentaleuropäer halten diese Vorstellung seit Kant für naiv: Auch ein Wissenschaftler fängt nicht „bei null" an, sondern bringt schon bei der Herangehensweise an sein Untersuchungsobjekt Vorstellungen mit, die seine Forschung beeinflussen. Zum Beispiel wird ein Wissenschaftler, der der Überzeugung anhängt, dass die „Nationen untereinander im Kampf stehen", auch wirtschaftliche – z. B. kolonialistische – Vorgänge ganz anders untersuchen als ein Wissenschaftler, der die „Nation" für ein geistiges Konstrukt hält. Man muss daher diese Vorprägung der Anschauung mit berücksichtigen, zusätzlich zu den „Dingen da draußen". Angelsächsische Autoren würden vielleicht einwenden, dass doch auch die Vorprägung der Wissenschaftler Gegenstand der Natur ist und daher mit naturwissenschaftlichen Methoden zu untersuchen ist (wie z. B. der Behaviorismus es getan hat). Darauf könnte man wiederum antworten, dass es ziemlich schwierig ist, aus den Gesetzen der Elektronenbahnen auch nur auf das Verhalten einer Katze zu schließen, und dass daher, zumindest noch für eine Weile, geistige Vorgänge nicht auf basisphysikalische Regeln zurückgeführt werden können, daher eben besser verstehend interpretiert werden. –

Die verstehende Wirtschaftsgeschichte, soweit sie von Ökonomen betrieben wird, hat in den letzten Jahren erheblich an Bedeutung gewonnen. Das liegt einerseits an der Abkehr von der Vorstellung, „falsche Ideen toter Männer" interessierten nicht, andererseits auch daran, dass viele Autoren meinen, dass die Neoklassik in der Finanzkrise versagt hat (z. B. die neoklassische Annahme, für die Wohlfahrt seien Märkte umso besser, je größer sie sind). Die Institutionenökonomik hat immer (auch) historisch gearbeitet; es steht zu hoffen, dass der „Mainstream" der Wirtschaftswissenschaften verstehende Methoden aufnimmt.

9.2 Wirtschaftsrecht

Auch im „Wirtschaftsrecht" zeigt sich die Schwierigkeit, „wirtschaftliches Handeln" abzugrenzen. Soweit sie sich überhaupt die Mühe machen, das Thema definitorisch anzugehen (manche Autoren ziehen es vor, nach einer kurzen Darstellung des „Rechts"-Begriffs" gleich in einzelne Rechtsvorschriften einzusteigen), verwenden Juristen häufig einen ziemlich breiten Begriff des „Wirtschaftens", z. B.:

> **Zitat**
> „1. Die ‚Wirtschaft' ist ein notwendiges Phänomen der menschlichen Gesellschaft. Man versteht darunter die Erzeugung von Sachgütern und die Bereitstellung von Leistungen sowie deren Verteilung (…). Ohne derartige Erzeugungs-, Bereitstellungs- und Verteilungsvorgänge ist menschliches Leben in einer entwickelten Gesellschaft nicht denkbar. Das Ergebnis des Wirtschaftens ist ‚Haben' oder ‚Nicht-Haben', ‚Mehr-Haben' oder ‚Weniger-Haben'; menschliche Denkkategorien, welche die besondere psychologische Dimension des Wirtschaftens zeigen. Für jeden einzelnen, für die gesamte Gesellschaft, für die Politik, besonders für die Ideologien, auch für das Recht ist die ‚Wirtschaft' daher von grundlegender Bedeutung.
> 2. Unter ‚Wirtschaftsrecht' versteht man alle jene vom Staat erlassenen Rechtsvorschriften, welche die Erzeugung von Sachgütern und die Bereitstellung von Leistungen sowie deren Verteilung spezifisch betreffen. Solche Rechtsvorschriften zählen in der Einteilung des Rechtes herkömmlich dem Verfassungsrecht, dem Zivil-, Handels- und Gesellschaftsrecht, dem Verwaltungsrecht, dem Steuerrecht, dem Strafrecht, dem Arbeits- und Sozialrecht, dem Völkerrecht und anderen Rechtsbereichen zu." (Binder 1999, S. 2)

Das gilt auch für Autoren, die über Spezialbereiche schreiben, z. B. Wirtschaftsprivatrecht:

> **Zitat**
> „Der Begriff des Wirtschaftsprivatrechts hat sich in den letzten Jahren eingebürgert und verfestigt. Zwar ist er nicht gesetzlich definiert, aber man versteht darunter in einer ganzheitlichen Betrachtung den wirtschaftlich

> relevanten Teil des Privatrechts: Also ökonomisch bedeutsame Rechtsregeln aus dem Bürgerlichen Recht (vornehmlich die ersten drei Bücher des BGB), dem Handels- und Gesellschaftsrecht, dem Wertpapier-, Wettbewerbsrecht und gewerblichen Rechtsschutz sowie der Rechtsdurchsetzung in Zivilprozess, Zwangsvollstreckung und Insolvenz, und dazu (jedenfalls im weiteren Sinne) auch das Arbeitsrecht. Wirtschaftsprivatrecht bezeichnet somit die Summe aller privatrechtlichen Rechtsgrundlagen, welche das wirtschaftliche Geschehen und vor allem die Beziehungen der an ihm Beteiligten zueinander regeln, also etwa zwischen Herstellern, Verkäufern, Unternehmern, Verbrauchern, usw. Das Wirtschaftsprivatrecht ist damit Teil des Wirtschaftsrechts, das die Summe aller für die Wirtschaft bzw. das Wirtschaften relevanten Rechtsgebiete darstellt." (Müssig 2008)

Die Schwierigkeit an diesen Definitionsversuchen besteht darin, dass es kaum Rechtsbereiche gibt, die nicht wirtschaftlich sind oder sein können: Von der Geburtsurkunde über die Ehe bis zum Testament hat eben alles (auch) einen „Wert". Wenn aber „alles" Wirtschaftsrecht ist, sodass „Recht" und „Wirtschaftsrecht" dasselbe meinen, dann taugt der Begriff nicht. Zwar ist offensichtlich eine Regelung z. B. über „Verträge" näher an der „Wirtschaft" als eine über die „Ehe", aber Letztere ist eben auch ein Vertrag, und insofern ist die Grenze zwischen dem, was „wirtschaftlich" ist, und dem Rest schwer zu ziehen (wenn man sich nicht der Paradigmen bedient, wie sie in diesem Buch skizziert wurden).

9.3 Wirtschaftsinformatik

Etwas anders ist die terminologische Situation bei der Wirtschaftsinformatik. Zwar teilt sie mit den bereits genannten Wissenschaften das Abgrenzungsproblem, scheint sich aber selbst darum nicht sehr zu kümmern. Wikipedia – als Quelle in diesem Zusammenhang wohl erlaubt – definiert:

> **Zitat**
> „Die Wirtschaftsinformatik beschäftigt sich mit der Digitalisierung in Wirtschaft, Verwaltung und Gesellschaft. Die Wirtschaftsinformatik ist eine Wissenschaft, die sich mit Entwicklung und Anwendung von Informations- und Kommunikationssystemen in Wirtschaftsunternehmen befasst. Aus

9.3 Wirtschaftsinformatik

> Sicht der Informatik handelt es sich bei der Wirtschaftsinformatik um eine Angewandte Informatik. Durch ihre Interdisziplinarität hat sie ihre Wurzeln in den Wirtschaftswissenschaften, insbesondere der Betriebswirtschaftslehre, und der Informatik. Erkenntnisse und Methoden der Sozialwissenschaften, im Besonderen der Soziologie und Psychologie, sowie benachbarter Wissenschaftsdisziplinen wie Kybernetik, Systemtheorie und Nachrichtentechnik sind für Forschung, Lehre und Praxis der Wirtschaftsinformatik relevant."

Zwar stutzt man gleich beim zweiten Satz – was ist mit Behörden, die EDV-Technik einsetzen, was mit Einzelpersonen, die untereinander per EDV Verträge schließen –, mag sich aber damit trösten, dass IT-Experten ohnehin lieber neue Ausdrücke zu erfinden scheinen (von „Endusern" bis „Social Media"), als sich lange mit begrifflichen Fragen aufzuhalten.

Inhaltlich ist das Besondere der Wirtschaftsinformatik, dass sie sich nicht nur auf wirtschaftliche Vorgänge bezieht, sondern sie ändert. Das betrifft zunächst Abläufe, die enorm beschleunigt und vereinfacht bzw. automatisiert werden. Kaufleute, die ihre Verkäufe auf Papier aufschreiben, dürften aussterben, und Taxifahrer werden aktuell vom Navigationssystem gesteuert, in Kürze von selbstfahrenden Autos abgelöst.

Verändert hat sich auch das Geschäftsgebaren. Während man in praktisch allen anderen Branchen bei Käufen selbstverständlich eine Garantie erwartet und ebenso selbstverständlich davon ausgeht, dass der Hersteller haftet, wenn er Schaden anrichtet, gilt beides nicht für die IT-Branche. Dass ein Programm „abstürzt" oder Viren erlaubt, den gesamten Datenbestand des „Users" zu zerstören, ist ärgerlich genug; dass aber niemand auf die Idee kommt, in solchen Fällen eine Herstellerhaftung zu verlangen, ist verwunderlich. Immerhin handelt es sich nicht um Orchideentechnik, sondern Produkte, die jeder jeden Tag verwenden muss. Mit dieser Nichthaftung geht auch eine Selbstabschottung der Unternehmen einher: So kann man manche große IT-Unternehmen schlicht nicht anrufen („Wenn Sie die Extension ihres Gesprächspartners kennen, wählen Sie sie jetzt – oder legen Sie auf").

Hier drängt sich eine Parallele zur Medizin auf; man denkt an „Halbgötter in Weiß", die, ohne sich für die Befindlichkeit der Patienten auch nur zu interessieren, einfach drauflos handeln und, wenn etwas schiefgeht, über dem Gesetz stehen, weil ihre Kollegen sie als Gutachter schon nicht belasten werden: Diese Zeiten sind in der Medizin glücklicherweise vorbei (wenn es sie je gegeben hat), leben aber in der IT-Branche mächtiger als je wieder auf.

Aus ökonomischer Sicht muss man auch fragen, ob es der Wohlfahrt dient, wenn weite Bereiche des Lebens von Einzelkonzernen monopolisiert werden, die sich jeder demokratischen Kontrolle entziehen und die die so gewonnenen Monopolrenten dazu nutzen, weitere ganze Märkte auf der Herstellerseite leerzukaufen und ebenfalls unter ihre Kontrolle zu bringen. Das Problem der Monopolisierung kommt also durchaus nicht selbst zu einem Ende, sondern verstärkt sich sogar noch.

Wichtiger scheint mir aber noch, dass der Wert menschlicher Arbeit sich verändert. Während früher das Wissen der Mitarbeiter für das Unternehmen hohen Wert hatte, dienen zur Strategiefindung zunehmend Daten. Wenn man diesen Prozess weiterdenkt, zerfällt die Belegschaft zukünftig in eine kleine Minderheit von IT-Experten, die aus den automatisch erzeugten Daten Maßnahmen ableiten und diese an die Mehrheit von Mitarbeitern zurückspielen. Tatsächlich gehen manche IT-Experten davon aus, dass in Zukunft noch ca. 20 % der Bevölkerung als Mitarbeiter benötigt werden, während der Rest nur noch seichte Unterhaltung konsumiert.

Insgesamt unterstützt IT nicht nur wirtschaftliche Prozesse, sondern formt sie um – nicht zuletzt im Interesse der Kapitalgeber von IT-Unternehmen. Dabei greifen sie über die „Wirtschaft" hinaus ins Leben – von den Nackenschmerzen der Handynutzer bis zur gemobbten Facebookuserin, die Selbstmord beging, weil das Video ihrer Vergewaltigung im Internet nicht mehr zu löschen war. Das heißt, es finden hier massive Entmündigungs- und Delegitimierungsprozesse statt, die in der Öffentlichkeit noch zu wenig diskutiert werden, vielleicht, weil sie als unabänderlich eingeschätzt werden.

„Aufklärung ist der Ausgang des Menschen aus seiner selbst verschuldeten Unmündigkeit. Unmündigkeit ist das Unvermögen, sich seines Verstandes ohne Leitung eines anderen zu bedienen. Selbstverschuldet ist diese Unmündigkeit, wenn die Ursache derselben nicht am Mangel des Verstandes, sondern der Entschließung und des Muthes liegt, sich seiner ohne Leitung eines anderen zu bedienen. Sapere aude! Habe Muth, dich deines eigenen Verstandes zu bedienen! ist also der Wahlspruch der Aufklärung", schrieb Kant 1784.

In der ersten Auflage des vorliegenden Buches lautete der letzte Satz dieses Kapitels: „Die mangelhafte kritische Diskussion der (Wirtschafts-)Informatik ist der Einzug der überwiegenden Mehrzahl der Menschen in ihre neue Unmündigkeit." Es gibt Anlass zur Hoffnung, dass diese Diskussion langsam einsetzt (z. B. Bruhn 2019).

Literatur

Binder, B.: Wirtschaftsrecht. Springer, Wien New York (1999)
Bruhn, J.: Schlägt die Maschine den Menschen? Tectum, Baden-Baden (2019)
Dilthey, W.: Der Aufbau der geschichtlichen Welt in den Geisteswissenschaften. Suhrkamp, Berlin (1981). (Original 1910).
Müssig, P.: Wirtschaftsprivatrecht. CF Müller, Heidelberg (2008)
Wikipedia: https://de.wikipedia.org/wiki/Wirtschaftsinformatik (2022)

Ausblick: Was zu verbessern wäre 10

▶ In den bisherigen Kapiteln wurden verschiedene wirtschaftswissenschaftliche Paradigmen besprochen, wie sie sich heute darstellen. Dabei konnte man bereits manche Herausforderungen erkennen. Einige davon sind unlösbar, andere nicht; für sie wurden Lösungsansätze skizziert. In diesem abschließenden Kapitel werden sie noch einmal kurz zusammengefasst.

1. Bessere Terminologie

Es ist für die wissenschaftliche Arbeit sehr hinderlich, dass viele ökonomische Begriffe unklar oder widersprüchlich definiert werden (z. B. „Qualitätsmanagement"). Die Lösung bestünde darin, eine internationale Nomenklaturkommission einzuberufen, die „Nomina oeconomica" herausgibt (in der Medizin gibt es das seit 1895). Auch sollte es in wirtschaftswissenschaftlichen Studiengängen einen Kurs für Terminologie geben.

2. Sorgfältige historische Darstellung

Viele ökonomische Darstellungen sind merkwürdig unhistorisch, als würden ihre Befunde überzeitlich über der historischen Realität schweben. Weite Bereiche der Wirtschaft und der Wirtschaftswissenschaften sind in ihrer historischen Entwicklung unerforscht. Dadurch fällt es schwer, sie zu *verstehen*. Nach Ansicht des Autors wäre es mit den in diesem Buch vorgestellten Paradigmen grundsätzlich möglich, ihre jeweilige Entwicklung nachzuvollziehen (für die Wirtschaftswissenschaften insgesamt dürfte das kaum gelingen, weil die Aufgabe zu umfangreich wäre). Es müssten sich einfach mehr Lehrstühle damit beschäftigen.

3. Gerechtigkeit, Ethik und Wirtschaft

Es wurde gezeigt, dass man zu den Fragen der „Ethik" zwar wertvolle Überlegungen anstellen kann, die Diskussion aber noch nicht abgeschlossen ist. Der Autor bekennt, keine endgültige Lösung für ethische Überlegungen anbieten zu können. Der Begriff der „Gerechtigkeit" lässt sich aber recht genau fassen, wenn man bedenkt,

- dass „Gerechtigkeit" die korrekte Anwendung von „Macht" ist,
- dass man Gerechtigkeitskonzepte aus der Anthropologie herleiten kann (sie also eine empirische Basis haben und nicht bloße „Vorstellungen" sind),
- dass es Lebensbereiche gibt, in denen je unterschiedliche Gerechtigkeitsvorstellungen gelten: Bedarf, Leistung und Vertrag. Daraus folgt z. B., dass eine Güterverteilung über Märkte nicht überall angemessen ist[1].

4. Wirtschaften als „richtiges Handeln"; Management; wirtschaftliche Techniken; Nachbardisziplinen

Viele wirtschaftliche Techniken funktionieren gut (z. B. die Buchhaltung). Die Theorie des Managements als „richtiges Handeln" hingegen wimmelt von Veröffentlichungen, die wissenschaftlichen Standards nicht genügen, u. a. weil sie regelmäßig Empfehlungen ohne empirische Fundierung aussprechen. Vielleicht liegt das auch daran, dass Managementhandeln bestimmten (Profit-)Zielen dient und daher erfolgreiches Handeln nicht unbedingt „wahr" sein muss. Es wäre dringend erforderlich, Unternehmen als das zu untersuchen, zu beschreiben und zu modellieren, was sie sind: als sozialpsychologische Systeme mit einer technischen Basis in einer historisch gewachsenen Umwelt. Zum entsprechenden Vorgehen verweise ich auf das Managementkapitel (Kap. 4). – Dass nach Meinung des Autors dringend die Diskussion geführt werden muss, welche Informatik die Gesellschaft haben möchte, statt umgekehrt der IT die Veränderung der Gesellschaft zu übertragen, dürfte deutlich geworden sein.

5. Klassik, Neoklassik und Institutionenökonomie

Das drängendste Problem der Volkswirtschaftslehre ist das Fehlen eines realitätsnahen Modells der Gesamtwirtschaft und ihrer Funktionsweise. Das neoklassische Modell mit seinen zu restriktiven Annahmen und seiner zu groben Modellierung liefert keine präzise Beschreibung der tatsächlichen Wirtschaft. Keynes hat versucht, ein allgemeines Modell zu beschreiben, aber es erlaubte keine Quantifizierung des Gesamtsystems (im Original) bzw. wurde später neoklassisch umgedeutet (in der Interpretation von Hicks).

---

[1] Siehe dazu eine ausführlichere Darstellung in Thielscher (2022).

10 Ausblick: Was zu verbessern wäre

Wie oben gezeigt wurde, könnten die Wirtschaftswissenschaften in dieser Hinsicht von der Medizin lernen. Gegenüber früheren Jahrhunderten ist die Aussagekraft der modernen Medizin ungeheuer gewachsen. Die makroskopische menschliche Anatomie ist z. B. vollständig, die Histologie (Gewebelehre) und Physiologie fast vollständig aufgeklärt. Tausende von Krankheiten sind erforscht, viele sind beeinflussbar, manche heilbar. Auch neue Krankheiten haben gegen die moderne Medizin keine Chance, sich länger zu verbergen. Ein gutes Beispiel dafür ist HIV: Im Sommer 1981 fand das US Center for Disease Control 21 Patienten mit sonst eher seltenen Erkrankungen (5 Kranke mit Pneumocystis-carinii-Pneumonie und 16 mit Kaposisarkom); zwei Jahre später war die Natur der Krankheit aufgeklärt. Ein Symptom für diesen Erfolg ist der Mangel an Streit über die richtige Behandlung. –

Der – Stand heute – entscheidende Unterschied zwischen Medizin und Volkswirtschaftslehre besteht darin, dass die Medizin mit naturwissenschaftlichen Methoden Struktur und Funktionsweise empirisch untersucht, während die neoklassische Ökonomie von einem Modell ausgeht, das nicht aus der Empirie, sondern aus Annahmen gewonnen ist, z. B. derjenigen des „Hominis oeconomici" oder Annahmen über Informationsflüsse und Marktregeln.

Wenn die neoklassische Ökonomie ähnlich vorgehen wollte wie die Medizin, müsste sie versuchen, Verhaltensannahmen (methodologischer Individualismus) und die Funktionsweise von Märkten empirisch zu erfassen, also ihre „Anatomie" und „Physiologie" aus der Realität gewinnen und nicht primär aus Annahmen. Konkret heißt das:

- Erstens muss man das Homo-oeconomicus-Modell ersetzen durch realitätsnähere Beobachtungen. Dabei ist es nicht erforderlich, gleich jedes menschliche Verhalten korrekt zu erklären (man muss auch nicht die Quantenphysik verstehen, um das Membranpotenzial einer Muskelzelle richtig zu beschreiben), aber doch soweit, wie es für den Erklärungszweck der Ökonomie erforderlich ist.
- Zweitens muss man Märkte und Institutionen in ihrer Realität erfassen – und z. B. die Annahme aufgeben, Märkte arbeiteten kostenlos –, allerdings wiederum nur soweit, wie erforderlich. Man wird insbesondere *spezifische* Märkte in ihrer jeweiligen historischen Ausprägung analysieren, wie es z. B. Sinn vorzüglich für die Finanzkrise getan hat (Sinn 2011).

Dazu wird man die Wirtschaft nicht als ein einziges Gesamtsystem beschreiben können (wie man auch nicht sehr weit kommt, wenn man über „die Krankheit als solche" nachdenkt). Aussichtsreich ist, sie – mindestens – in einzelne Branchen zu zerlegen. Dass das überhaupt geht, wurde im Kap. 7 über Neoklassik gezeigt. Man könnte dann diese Branchenmodelle zu einem Gesamtbild zusammenfügen, das auch ihre gegenseitigen Einflüsse berücksichtigt. Wegen der globalen wirtschaftlichen Verflechtung müsste man dies idealerweise international tun, zumindest aber für ein nationales Modell Einflüsse aus dem Ausland berücksichtigen.

Zugegebenermaßen ist der Aufwand für die Erzeugung des Modells beträchtlich, erfordert aber andererseits nur einen Bruchteil der wirtschaftswissenschaftlichen Ressourcen, die derzeit in neoklassische Analysen von zweifelhaftem Wert fließen. Auch lässt es sich mit geringem Aufwand pilotieren, z. B. könnte man zunächst eine orientierende Skizze der wichtigsten internationalen Branchen zusammenfügen.

Einen Versuch wäre es allemal wert: Denn ein solches realitätsnahes und funktionierendes Modell erlaubte erstmals, Entwicklungen vorherzusagen, also treffende Prognosen abzugeben. Auch könnte man ermitteln, wie das System reagiert, wenn man eine bestimmte Maßnahme („Therapie") ergreift; man könnte z. B. endlich vorhersagen, ob eine Lohnsteigerung die Arbeitslosigkeit erhöht oder vermindert. Die Volkswirtschaftslehre erhielte eine außerordentliche Aufwertung, etwa so, wie es die Medizin in den letzten zwei Jahrhunderten erlebte.

Literatur

Sinn, H.-W.: Kasino-Kapitalismus. Ullstein, Berlin (2011)
Thielscher, C.: Wirtschaft und Gerechtigkeit. SpringerGabler, Wiesbaden (2022)

11 Gastbeitrag: Plurale Ökonomik – eine kurze Einführung

Dominik Piétron, Laura Porak und Sebastian Thieme

Viele der wichtigsten gesellschaftlichen Probleme unserer Zeit beinhalten ökonomische Fragestellungen, z. B.: Weshalb kommt es immer wieder zu Wirtschaftskrisen? Wie müssen wir unsere Wirtschaftsweise ändern, um den Klimawandel zu stoppen und den Ressourcenverbrauch zu reduzieren? Mit welchen Maßnahmen können wir den globalen Reichtum so verteilen, dass weniger Menschen vor Hunger und Armut fliehen müssen? Wie können im digitalen Zeitalter Internetmonopole und neue Abhängigkeiten verhindert werden?

Diese Herausforderungen haben sich in den letzten Jahrzehnten verschärft und krisenhaft ausgeweitet. Immer mehr Menschen fragen sich, ob die vorherrschende Wirtschaftswissenschaft Teil der Lösung oder nicht sogar ein Teil des Problems ist. Schon immer haben Ökonom*innen die Wirtschaft nicht nur beschrieben, sondern auch gelenkt und beeinflusst, indem ihre Theorien Eingang in die Wirtschaftspolitik gefunden haben (siehe z. B. die *„performativity of economics"* bei Hirte 2017). Insbesondere der Umstand, dass die vermeintlichen Problemlösungen größtenteils ein und demselben Theoriedenken entspringen, das sich auch angesichts der Finanzkrise 2008 kaum veränderte, hat in den letzten zwei Jahrzehnten die Kritik an der sogenannten Mainstreamökonomik befeuert. Dabei wird mit „Mainstream-" oder „Standardökonomik" allgemein ein bestimmtes

---

D. Piétron (✉) · L. Porak · S. Thieme
Netzwerk Plurale Ökonomik, Heidelberg, Deutschland
E-Mail: d.pietron@plurale-oekonomik.de

L. Porak
E-Mail: laura.porak@hotmail.com

S. Thieme
E-Mail: sthieme@web.de

ökonomisches Denken beschrieben, das die wirtschaftswissenschaftliche Ausbildung, Forschung und Politik dominiert und inhaltlich die Selbstheilungskräfte der Märkte, Wachstum und Effizienz in den Mittelpunkt stellt (Dequech 2012). Diese theoretische Verengung steht in eklatantem Widerspruch zu der Vielfalt an Forschungsparadigmen, welche die Wirtschaftswissenschaft in Gänze zu bieten hat: Heterodoxe Ansätze und Strömungen, wie etwa die Sozialökonomik, feministische, ökologische und marxistische Ökonomik, evolutorische Ökonomie, Komplexitätsökonomik, Österreichische Schule, Postkeynesianismus, Regulationstheorie und Institutionenökonomik sowie auch wirtschaftsethische Konzepte und Spezialgebiete wie die ökonomische Ideengeschichte, ergeben gemeinsam eine umfassende plurale Ökonomik, die mit einem großen Reichtum an unterschiedlichen Perspektiven und Vorschlägen für Problemlösungen für die drängenden wirtschaftlichen Fragen unserer Zeit ausgestattet ist.

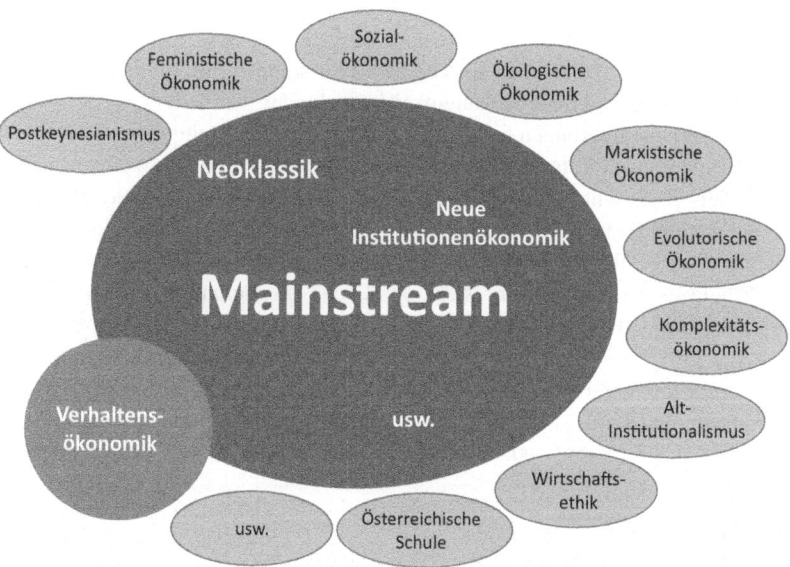

Grafik: Übersicht der verschiedenen Forschungsparadigmen in den Wirtschaftswissenschaften

11.1 Das „Netzwerk Plurale Ökonomik e. V."

Das „Netzwerk Plurale Ökonomik e. V." hat es sich zur Aufgabe gemacht, diese vielfältigen ökonomischen Ansätze im deutschsprachigen Raum zu fördern. Es hat seinen Ursprung in der „postautistischen" Bewegung, einer Gruppe junger Ökonom*innen, die Anfang der 2000er-Jahre in Frankreich gegen die Realitätsferne in der ökonomischen Ausbildung protestierten. Ihr Vorwurf lautete: Die Mainstreamökonomik sei in sich gekehrt und zu verschlossen gegenüber anderen Ansätzen und Disziplinen und die mathematische Modellwelt im Studium werde häufig mit der Realität verwechselt. Schnell bekam die Bewegung internationale Unterstützung und führte weltweit zur Gründung kritischer Hochschulgruppen, die sich sukzessive als ein zentraler Akteur in der Auseinandersetzung um den Zustand der Ökonomik etablierten.

In Deutschland gründeten sich im Jahr 2003 erste Arbeitskreise, die sich 2007 zum Dachverband „Arbeitskreis Postautistische Ökonomik" zusammenschlossen. 2012 erfolgte die Umbenennung zum „Netzwerk Plurale Ökonomik", um diskriminierende Assoziationen mit dem aus der Psychologie bekannten „Autismus" zu vermeiden. Gestärkt durch stetiges Mitgliederwachstum und eine breite Unterstützung von Verbänden, Kirchen, Gewerkschaften und Parteien trieb das Netzwerk auch die internationale Vernetzung voran. 2014 kam es u. a. mit der Schwesterorganisation „Rethinking Economics" zur Gründung der „International Student Initiative for Pluralism in Economics" (ISIPE) sowie zur Veröffentlichung des internationalen Aufrufs für mehr Pluralismus in der Ökonomik von mehr als 70 Initiativen aus 31 Ländern.

Heute besteht das „Netzwerk Plurale Ökonomik e. V." aus über 30 Hochschulgruppen im deutschsprachigen Raum mit über 400 Mitgliedern. In über 300 Veranstaltungen pro Jahr versuchen die Netzwerkmitglieder jene ökonomischen Bildungslücken zu schließen, die die universitäre Ausbildung bei den Studierenden nach wie vor hinterlässt. Zahlreiche Hochschulgruppen organisieren ehrenamtlich Lesekreise, Seminare und Ringvorlesungen, die der Vermittlung ökonomischen Wissens jenseits des Mainstreams dienen und an einigen Universitäten auch als Studieninhalte anrechenbar sind. In pluralen Ergänzungsveranstaltungen zum jährlichen Treffen des Vereins für Socialpolitik, der größten deutschen Vereinigung von Wirtschaftswissenschaftler*innen, und in Diskussionsveranstaltungen mit namhaften Ökonom*innen wie Kate Raworth sucht das Netzwerk immer wieder die Diskussion mit etablierten Vertreter*innen aus dem Fach. Außerdem stammen mit der „Vienna Conference for Pluralism in Economics" und der „Exploring Economics Summer School" gleich zwei international gefragte Tagungen aus den Reihen des Netzwerks, die den wissenschaftlichen Austausch innerhalb der wachsenden Gruppe „plural" arbeitender Wirtschaftswissenschaftler*innen fördern.

Eines der erfolgreichsten Projekte ist die digitale Lernplattform „Exploring Economics" (www.exploring-economics.org), ein Onlinelehrbuch mit Artikeln und Lehrmaterialien zu allgemeinen und spezifischen wirtschaftswissenschaftlichen Themen. Das Kompendium ist bereits Bestandteil vieler Lehrveranstaltungen und wird von einer wachsenden Gruppe internationaler Autor*innen stetig mit neuen Beiträgen aus dem gesamten Spektrum der Ökonomik ergänzt.

11.2 Einseitigkeit in den Wirtschaftswissenschaften

Über diese Aktivitäten hinaus ist den Mitgliedern und Unterstützer*innen des „Netzwerks Plurale Ökonomik" bisher nicht gelungen, eine breite Öffnung des Faches Wirtschaftswissenschaft zu erreichen. Obwohl eine Studie des Netzwerks in Kooperation mit der Universität Kassel ergab, dass über 50 Prozent der Lehrbeauftragten eine Pluralisierung der ökonomischen Ausbildung für sinnvoll halten (Beckenbach et al. 2016), stoßen die Bemühungen immer wieder auf Widerstand. So musste das Netzwerk beispielsweise Anfang 2019 in einem offenen Brief auf die aktive Benachteiligung heterodoxer Ökonom*innen an der Hochschule für Wirtschaft und Recht Berlin aufmerksam machen. Aber was genau sind heterodoxe Wirtschaftswissenschaften und warum dauert der Konflikt zwischen Mainstream und Vertretern einer pluralen Ökonomie noch immer an?

Um zum Kern der Debatte vorzudringen, lohnt sich ein genauerer Blick auf die Wissenschaftstheorie: In der Frage, wie wissenschaftlicher Erkenntnisfortschritt möglich ist, orientiert sich die Mainstreamökonomik an dem Wissenschaftstheoretiker Karl Popper (1982). Seiner Theorie des kritischen Rationalismus zufolge kann sich eine Wissenschaft der Wahrheit annähern, indem sukzessive Theorien als falsch bewiesen werden. Indem die nichtfalsifizierten Theorieelemente bestehen bleiben und neue Theorien, die näher an der Wahrheit liegen, aufgestellt werden, könne eine „Wahrheitsähnlichkeit" erreicht werden.

Ganz anders sahen dies Thomas S. Kuhn (1976) und Paul Feyerabend (1975/1993). Sie hielten Popper entgegen, dass Erkenntnis immer nur innerhalb von *Paradigmen* stattfinden kann. Ein Paradigma bezeichnet all jene Annahmen, Theorien und Methoden, die von einer bestimmten Gruppe an Forschenden als legitime Praxis akzeptiert und nicht mehr in Frage gestellt werden. Diese Gruppen, sogenannte *Epistemic Communities*, tragen durch ihren Konsens über

11.2 Einseitigkeit in den Wirtschaftswissenschaften

wissenschaftliche Heuristiken dazu bei, dass kumulative Vertiefungen und Ausdifferenzierungen in ökonomischen Wissensfeldern überhaupt erst möglich werden. Kuhn und Feyerabend zeigten, dass der jeweilige Wahrheitsgehalt einer Theorie nur in Relation zu dem zugrunde liegenden Paradigma begründet werden kann.

Mit dieser Perspektive lassen sich innerhalb der Geschichte der Wirtschaftswissenschaften eine Reihe unterschiedlicher Forschungsparadigmen identifizieren, die jeweils historisch eingebettet waren und unterschiedlich große Anhängerschaften hatten. Insbesondere Anfang des 20. Jahrhunderts war die Vielfalt ökonomischer Forschungsprogramme deutlich sichtbar: So gab es die historische Schule, die Österreichische Schule, die Grenznutzenschule und den Keynesianismus, die jeweils ihre eigenen *Epistemic Communities* hatten, die miteinander um den Erklärungsgehalt ihrer wirtschaftlichen Theorien konkurrierten. Ab den 70er-Jahren bildete sich durch die Integration verschiedener Theorieelemente ein dominanter Mainstream in den Wirtschaftswissenschaften heraus (Kapeller und Dobusch 2009).

Darüber, was „Mainstream" ist, gibt es unterschiedliche Positionen (Hirte und Thieme 2018). Der wohl strittigste Punkt ist die Zuschreibung zur „Neoklassik": Während viele Heterodoxe den „Mainstream" als „neoklassisch" ansehen, lehnen einzelne Heterodoxe wie z. B. Tony Lawson und einige Ökonom*innen des „Mainstreams" dies ab. Dies ist darauf zurückzuführen, dass sich im „Mainstream" teils unterschiedliche Denkkollektive herausgebildet haben, die sich von der „Neoklassik" unterscheiden (z. B. Verhaltensökonomik, Komplexitätsökonomik, agentenbasierte Modellierung usw.) Während die Neoklassik nach Colander, Rosser und Holt (2004) als „heilige Dreifaltigkeit" von Rationalität, Egoismus und Gleichgewicht beschrieben werden kann, wird der ökonomische Mainstream in der Regel durch folgende Eigenschaften charakterisiert:

1. Dominanz mathematisch-formaler Verfahren, die oft auch mit einem ausschließlich deduktiven Vorgehen assoziiert werden (siehe Deduktivismuskritik bei Lawson 1997). Häufig werden dazu auch ökonometrische Verfahren gezählt.
2. Bezug auf eine ökonomische Zweck-Mittel-Rationalität, die von Gary Becker im „ökonomischen Ansatz" (1976) erstmals formuliert wurde.
3. Zugrundelegen des methodologischen Individualismus, der insbesondere auch in der standardökonomischen Mikrofundierung der Makroökonomik zum Ausdruck kommt.
4. Vernachlässigung der sozialen Sphäre, z. B. soziale Präferenzen, Kultur oder Geschlechterrollen. Dieser Kritikpunkt korrespondiert mit der Kritik, dass „der

Mainstream" reduktionistisch sei, d. h., aus Gründen der Komplexität werden bestimmte Einflussfaktoren ausgeblendet.

Verschiedene Studien (z. B. Heise 2017) heben darüber hinaus eine Orientierung am Marktgleichgewicht (Markträumung) als charakteristisches Element hervor, die in sogenannten dynamisch-stochastischen Gleichgewichtsmodellen (DSGEM) zum Ausdruck kommt. Weitere typische Annahmen (bzw. Axiome) des Mainstreams wären

a) die Annahme, dass die Produktionsfaktoren beliebig substituierbar seien (Substitutionalität), und b) die Vorstellung, dass sich ökonomische Phänomene vorhersagen lassen (bisweilen mit dem Begriff „Ergodizität" assoziiert).

All jene Denkschulen, die nicht in den ökonomischen Mainstream fallen, werden als „Heterodoxie" bezeichnet. Diese bilden eine breite Variation unterschiedlicher Perspektiven, wie bereits die bekannte Standardklassifikation des *Journal of Economic Literature* zeigt. Unter „Current Heterodox Approaches" sind dort u. a. folgende Denkkollektive gelistet: „Socialist/Marxian/Sraffian", „Historical/Institutional/Evolutionary", „Austrian", „Feminist Economics" und „Social Economics". Hinzu treten traditionell noch „Postkeynesianismus", neuerdings aber auch Teile der Komplexitätsökonomik. Bei diesen Denkkollektiven liegen andere Fragen, Annahmen, wissenschaftliche Verfahren und/oder grundsätzlich andere Ontologien (Weltverständnisse) zu Grunde. Im Postkeynesianismus wird z. B. von fundamentaler Unsicherheit und unfreiwilliger (Lohn-)Arbeitslosigkeit ausgegangen, die feministischen Ökonomiken stellen die Geschlechterverhältnisse sowie Sorge- und Reproduktionsarbeit (Care) in den Mittelpunkt und die (ältere) Institutionenökonomik berücksichtigt in besonderer Weise die Rolle von sozialen Institutionen (Verträge, Gesetze oder Verhaltensweisen) und deren Wirken in sozialen Beziehungen. Darüber hinaus gibt es noch unzählige weitere Denkkollektive. Aufgrund dieser Vielfalt gestaltet es sich schwer, diese anhand von Gemeinsamkeiten – ähnlich dem kritisierten Mainstream – zuzuordnen. Letztlich gilt auch hier, dass die jeweiligen Charakterisierungen, was „heterodox" sei, je nach Autorin und Autor unterschiedlich ausfallen. Sie alle eint jedoch die Beobachtung eines geschlossen auftretenden ökonomischen Mainstreams und das Gefühl, von diesem marginalisiert zu werden. Diese von heterodoxer Seite geäußerte Kritik an der Einseitigkeit der VWL teilen heute – verblüffenderweise – tatsächlich über 50 Prozent der Ökonom*innen zu einem gewissen Grad (Beckenbach et al. 2016).

In den letzten Jahren wurden zahlreiche Studien zur Pluralität in der Ökonomik durchgeführt, die belegen, dass es tatsächlich eine einseitige Ausrichtung der Ökonomik in der Lehre und in den Lehrbüchern gibt.

- In der Zeit von 1950 bis 2013/2014 ließen sich nur 57 Professorinnen und Professoren in wirtschaftswissenschaftlichen Fachbereichen deutscher Universitäten als „heterodox" identifizieren, von denen 2014 gerade einmal noch 19 Personen aktiv in der Lehre tätig waren (Heise et al. 2017).
- Rund 60 Prozent der 100 meistzitierten Artikel in den Wirtschaftswissenschaften wurden in einem der „Top 5"-Journals publiziert, die sich stark am Mainstream orientieren (Glötzl und Aigner 2017).
- Nur etwa 4,7 Prozent der zitierten Quellen fallen in das Spektrum der Heterodoxie (Glötzl und Aigner 2017).
- Ökonomische Mainstreamlehrbücher beinhalten explizite Formen der Beeinflussung (Graupe 2017).
- Die Zustimmung zu neoklassischen Kernannahmen nimmt im Zeitverlauf zu. Beispielsweise findet das Konzept des nutzenmaximierenden Homo oeconomicus in 2006 mehr Zustimmung als in 1981 (Frey et al. 2007).
- Mehr als die Hälfte der Nachwuchsökonom*innen sind der Auffassung, die Forschung sei zu stark auf die mathematische Modellierung ausgerichtet (Weichenrieder und Zehner 2014).
- Der einseitige Fokus auf formal-mathematische Methoden beschränkt die Wissensgenerierung. Über drei Viertel der empirisch arbeitenden Ökonomen geben an, ihre Forschungsfrage schon einmal nach der Datenverfügbarkeit ausgewählt zu haben (Necker 2012).

11.3 Dimensionen von Pluralismus

Um diese Verengung auf ein Forschungsparadigma zu überwinden, braucht es mehr Pluralismus in der Volkswirtschaftslehre. Pluralismus ist für uns eng mit Pluralität verbunden. Doch während Pluralität bzw. Vielfalt eine deskriptive Kategorie ist, schwingt bei der Forderung nach Pluralismus eine normative Konnotation mit, die begründet werden muss. Warum also ist Pluralismus erstrebenswert? Die ökonomische Wirklichkeit ist so komplex, dass diese nicht anhand einer einzigen Theorie erklärbar ist. Dies würde zwangsläufig zu einem unvollständigen Bild mit blinden Flecken führen. Für ein schlüssiges Ganzes sind daher unterschiedliche Perspektiven nötig, die nur von unterschiedlichen Forschungsparadigmen bereitgestellt werden können.

Entsprechend der Vielschichtigkeit des Pluralismusbegriffs lassen sich verschiedene Dimensionen von wissenschaftlichem Pluralismus unterscheiden. Das

„Netzwerk Plurale Ökonomik" plädiert – in Anlehnung an ISIPE (2014) – für einen theoretischen und methodischen Pluralismus und für Interdisziplinarität. ***Theoretischer Pluralismus*** steht dafür, die Bandbreite an Forschungsparadigmen in der ökonomischen Lehre und Forschung zu erweitern. Um ökonomische Zusammenhänge zu erkennen und zu beweisen, muss jede Theorie notwendigerweise die gesellschaftliche Komplexität reduzieren. Daher wird von nicht weiter zu hinterfragenden Grundannahmen – sogenannten Axiomen – ausgegangen, die eine bestimmte Interpretation der Wirklichkeit darstellen und die in den verschiedenen ökonomischen Denkschulen stark variieren. Dem neoklassischen Menschenbild des eigennutzenorientierten Homo oeconomicus beispielsweise setzt die feministische Ökonomie eine soziale Handlungsagent*in entgegen, die in kollektive Strukturen eingebettet ist, unbezahlte Arbeit leistet und für die das Wohl ihrer Mitmenschen einen Eigenwert hat. Durch theoretische Vielfalt soll es möglich werden, einen Gegenstand aus unterschiedlichen Perspektiven zu betrachten, die wiederum notwendig sind, um sich kritisch mit einem Gegenstand, einer Frage usw. auseinanderzusetzen und so zu neuer Erkenntnis zu gelangen. Deshalb sollen orthodoxe und heterodoxe Ansätze, Neoklassik, feministische Ökonomie, Institutionalismus, Postkeynesianismus, ökologische Ökonomik etc. in Lehre und Forschung als gleichberechtigte Zugänge nebeneinander stehen und Teil einer offenen und lebendigen Debatte sein.

Ähnliches gilt für den ***methodischen Pluralismus***, der sich auf die Notwendigkeit verschiedener Forschungsmethoden in den Wirtschaftswissenschaften bezieht. Mathematische und statistische Verfahren gehören selbstverständlich mit zum Instrumentarium der Ökonomik, doch viel zu häufig erschöpft sich die Methodenausbildung in Regressions- und Gleichgewichtsanalysen, ohne dass die impliziten Annahmen und die Limitationen der Methode ausreichend diskutiert werden. Außerdem sollte die durchaus berechtigte Fundamentalkritik an den mathematisch-formalen Verfahren nicht gänzlich ignoriert werden, z. B.

- der Vorwurf, wirtschaftliche Phänomene fälschlich wie naturwissenschaftliche bzw. naturgesetzliche Vorgänge zu behandeln,
- die damit einhergehende Kritik an der unreflektierten Übertragung naturwissenschaftlicher Gleichungen auf gesellschaftliche Phänomene der Wirtschaft
- und die generelle Frage, inwiefern das deduktive Vorgehen im Rahmen formalmathematischer Modellierungen überhaupt eine angemessene Bearbeitung gesellschaftlicher Phänomene zulässt (z. B. Lawson 1997, 2018; Brodbeck 2013).

Die schwierige Quantifizierung kultureller und institutioneller Veränderungen, wie beispielsweise der technologische Wandel, sowie mangelnde Datenverfügbarkeit und -verlässlichkeit tragen dazu bei, dass viele ökonomische Aspekte, wie soziale Beziehungen oder Prozesse, von einer rein quantitativen Methodik nicht ausreichend erfasst werden können. Auch das ist keine neue Kritik, sondern wurde bereits von Kapp (1967) deutlich formuliert. Sozial relevante ökonomische Forschung verlangt daher den Einbezug anderer sozialwissenschaftlicher Methoden wie Fallstudien, Interviews, Diskursanalysen oder den *Qualitative Comparative Approach*. Erst die Verbindung von qualitativen und quantitativen Methoden, beispielsweise über Mixed-Methods-Forschungsdesigns, können das Aggregationsproblem des „*micro-macro-divide*" lösen und sozialwissenschaftliche Phänomene kohärent über mehrere Analyseebenen hinweg erklären. Dennoch kommen die meisten Ökonomiestudierenden nie mit diesen Methoden in Kontakt.

Die Forderung nach **Interdisziplinarität** verlangt eine Öffnung der Ökonomik für andere Sozialwissenschaften. Während der ökonomische Mainstream vor allem Fragen der ökonomischen Knappheit, des Wachstums und der Unsicherheit fokussiert, rücken Themen wie z. B. Herrschaft, Wandel der wirtschaftlichen Organisation oder Ökonomisierung in den Hintergrund. Diese Bereiche werden gegenwärtig ausschließlich von Disziplinen wie der Wirtschafts-, Arbeits- und Industriesoziologie sowie den Politik- und Kulturwissenschaften erforscht. Ihre Ergebnisse könnten sehr fruchtbar für eine wirtschaftswissenschaftliche Analyse sein, werden jedoch weitgehend ignoriert. Stattdessen wird seitens des „Mainstreams" ein „ökonomischer Imperialismus" (Becker 1976) in Stellung gebracht, der sämtliche sozialen Phänomene anhand des „ökonomischen Ansatzes" zu erklären versucht, ohne dabei wirklich auf andere Sozialwissenschaften einzugehen.

Ein selbst in der pluralen Ökonomik strittiger Punkt ist die Forderung nach einem ontologischen Pluralismus. Dieser baut auf der Annahme auf, dass die soziale Realität multiperspektivisch ist, es also kaum so etwas wie *eine* universelle „Wahrheit" gibt. Damit sind (radikal-)konstruktivistische Ansätze angesprochen, die etwa die Rolle der Performativität betonen, wobei davon ausgegangen wird, dass Ökonominnen und Ökonomen ihre Mitwelt durch ihre Theoriebildung aktiv gestalten. Dieser multiperspektivischen Sicht steht eine positivistische Perspektive gegenüber, die eine Trennung von Welt und Theorie impliziert und davon ausgeht, dass durch Perspektivenvielfalt eine Annäherung an die „Wahrheit" möglich sei (z. B. bei Mäki 1997 oder Rothschild 1999). Der Diskussionsprozess dazu ist innerhalb der pluralen Ökonomik noch nicht abgeschlossen. Allerdings formiert sich zunehmend die Einsicht in die Notwendigkeit, die eigenen ontologischen Annahmen in der Forschung stärker zu reflektieren (Bigo und Negru 2008; Kapeller und Dobusch 2012).

Vor diesem Hintergrund lässt sich auch ein weit verbreitetes Missverständnis klären, dass die Vertreter*innen einer heterodoxen Ökonomik per se plural eingestellt seien. Auch in der heterodoxen Ökonomik gibt es ähnlich wie im Mainstream Dogmatiker*innen, die von ihrem Ansatz überzeugt sind und kein Interesse an anderen Zugängen haben. Insofern ist es zunächst folgerichtig, die Bedeutung der Kommunikation zwischen den unterschiedlichen Denkkollektiven und Zugängen hervorzuheben. So wird z. B. gefordert, dass die Interaktion zwischen verschiedenen Denkkollektiven konstruktiv sein soll, um auf diese Weise breitere Ansätze zur Erklärung sozialer Phänomene zu erhalten (Kapeller und Dobusch 2012). An anderer Stelle wurde darauf hingewiesen, dass es dabei um eine andere wissenschaftliche Haltung, einen konkreten Wissenschaftsethos geht, der entgegen einer dominanten Wissenschaftskultur des Wettbewerbs anderen Perspektiven nicht „kampforientiert" gegenübertritt (Tilgung von „falschen" Konzepten, Annahmen usw.), sondern mit Respekt, abwägend und bewahrend (z. B. Thieme 2017). Insofern sollte Pluralismus keineswegs mit Willkür bzw. unwissenschaftlicher Beliebigkeit in der Methodik, Argumentation usw. verwechselt werden. Auch im Zuge eines pluralen Verständnisses von Wissenschaft gilt es, die eigene Theorie sorgsam, kritisch und wohlbegründet zu wählen. Gerade in einer Wissenschaft, die mehr als einen theoretischen und methodischen Zugang erlaubt, ist es notwendig, die eigenen Annahmen erwägend (in Alternativen denkend und ihnen gegenüber abwägend) zu reflektieren und auszuwählen, um damit für Transparenz und kritisierbare Ergebnisse zu sorgen.

11.4 Die Kritik am Mainstream

Leider können die verschiedenen Dimensionen von Pluralität nicht als Normalfall in der ökonomischen Disziplin vorausgesetzt werden. Stattdessen ist ein Reproduktionskreislauf des ökonomischen Mainstreams in den Bereichen Lehre, Forschung, Personal und Politik zu beobachten, der sich für einen offenen Dialog in der Wissenschaft und die freie Gestaltbarkeit der Gesellschaft als hinderlich herausstellt.

Im Zentrum der Kritik des „Netzwerks Plurale Ökonomik" steht die ökonomische Lehre an Universitäten und Hochschulen. Nach wie vor fühlt sich eine relative Mehrheit der deutschen Ökonom*innen der neoklassischen Denktradition zugehörig und so verwundert es nicht, dass im standardisierten Lehrkanon heterodoxe Forschungsparadigmen stark vernachlässigt werden (Fricke 2017). In typischen VWL-Kursen und -Lehrbüchern wird eine mechanistische Weltsicht vermittelt, die von einem einseitigen Fokus auf Gleichgewichte, Effizienz und

11.4 Die Kritik am Mainstream

individualisierte, nutzenmaximierende Agenten geprägt ist (Beckenbach et al. 2016). Sowohl in makro- als auch in mikroökonomischen Veranstaltungen wird das marshallianische Gleichgewicht meist als inhärent stabiles und effizientes System gelehrt, das unter Ceteris-paribus-Annahme analysiert und mit optimalem Marktverhalten gleichgesetzt wird. Märkte werden dabei per se als effizientestes Mittel zur Verteilung von Ressourcen betrachtet, ohne das historisch gewachsene soziale, rechtliche und staatlich abgesicherte Institutionengerüst dahinter zu betrachten, das dezentrale Transaktionen überhaupt erst ermöglicht. Dies ist problematisch insofern, als Wirtschaftskrisen nicht als endogene Prozesse, sondern als externe Schocks modelliert werden, was sich beispielhaft an zahlreichen Mainstreamlehrbüchern zeigt, die die Finanzkrise 2007/08 lediglich als ein *Add-on* ergänzen, ohne den allgemeinen Modellrahmen anzupassen (Madsen 2013, 2011). Dass andere ökonomische Denkschulen wie die Komplexitätsökonomik oder der Postkeynesianismus statt von einem effizienten Marktgleichgewicht eher von Chaos, Marktversagen und Systeminstabilitäten ausgehen, wird meist ebenso verschwiegen wie die gänzlich andere wirtschaftspolitische Rolle des Staates, die aus einem kontextualisierten Marktverständnis resultiert.

Darüber hinaus wird das Paretooptimum in der Standardlehre als implizites Gerechtigkeitskonzept deklariert, anstatt die Verringerung der Vermögens- und Einkommensungleichheit oder ökologische Nachhaltigkeit als normatives Ziel ökonomischen Handelns heranzuziehen. Eine Ursache für diese Verzerrung liegt im unterkomplexen Menschenbild des Homo oeconomicus begründet, das trotz der verbreiteten Kritik am individualistischen Rationalitätsverständnis noch immer standardmäßig im Zentrum der Mainstreamlehre steht. Allzu häufig wird der individuelle Nutzen mit materieller Vermögensvermehrung gleichgesetzt und ohne Validitätsprüfung zur Herleitung von aggregierten Nachfragekurven herangezogen, aus denen dann das Marktgleichgewicht abzuleiten ist (Keen 2011). Die Unterkomplexität dieser Modelle sowie ihre Zeit- und Kontextgebundenheit werden meistens nicht vermittelt. Stattdessen werden Theorien häufig als Gesetze formuliert. Damit entfällt die Unterscheidung zwischen Modell und Realwelt und die Betrachtung der Veränderung und Gestaltbarkeit von sozialen Institutionen weicht einer normativen Setzung des Status quo (Graupe 2017). Der Ökonomienobelpreisträger Paul A. Samuelson und Autor des meistverwendeten Standardlehrbuches der Ökonomik brachte dies auf den Punkt: „Es ist mir egal, wer die Gesetze einer Nation schreibt – solange ich ihre Volkswirtschaftslehrbücher schreiben kann." Entsprechend stellt die Vernachlässigung von heterodoxer Ökonomik in Lehre und Forschung ein Hindernis für den demokratischen Diskurs dar und erschwert eine Politikberatung, die nach dem Motto „Fit for Purpose" aus dem ganzen ökonomischen Theoriespektrum wählt.

Auch um den methodischen Pluralismus ist es in wirtschaftswissenschaftlichen Studiengängen nicht gut bestellt. Es dominieren Regressions- und Zeitreihenanalysen, Gleichgewichtsmodelle, Experimente und Spieltheorie. Bei *diesen* mathematisch-formalen Methoden steht die Analyse der Beziehungen zwischen quantitativen Größen sowie das Testen auf deren Signifikanz im Vordergrund. Dazu lassen sich Kritikpunkte auf mehreren Ebenen anführen: Erstens wird u. a. von der *American Statistical Association (ASA)* die gängige ökonomische Praxis kritisiert, die geringe Signifikanz von Studienergebnissen als Beweis einer Nichtwirkung heranzuziehen. Zweitens bewirkt der ausschließlich variablenorientierte Ansatz eine Dekontextualisierung von ökonomischen Praktiken, sodass ungleiche Ausgangsbedingungen, institutionelle Umstände, Zeitverzögerungen und externe Kosten häufig unberücksichtigt bleiben. Drittens existieren auch alternative Modellierungen wie z. B. im Rahmen der Komplexitätsökonomik, des Postkeynesianismus oder am Beispiel des Agent-based Modelling. Diese bleiben durch die Dominanz der oben erwähnten Verfahren an den Rand gedrängt. Viertens finden all jene Fragestellungen, zu denen nur schwer quantitative Daten erhoben werden können, prinzipiell kaum Beachtung, was eine vorausschauende Analyse beispielsweise des technologischen Wandels erschwert. Stärker qualitative Forschungsmethoden, die diese Lücken sinnvoll füllen könnten, wie Interviews, Umfragen, Fallstudien, Netzwerk- und Diskursanalysen, werden dagegen kaum gelehrt. Vielmehr werden die oben erwähnten formal-mathematischen Ansätze als *die* ökonomische Methode schlechthin vorgestellt und heterodoxe Forschungsweisen, auch besonders jene aus verwandten sozialwissenschaftlichen Disziplinen, per se als unwissenschaftlich abgetan.

Insgesamt mangelt es in der Lehre an inter- und transdisziplinären Querverweisen zu ökonomisch relevanten Inhalten aus anderen Forschungsrichtungen, was hauptsächlich der ignoranten Haltung innerhalb der Wirtschaftswissenschaften gegenüber anderen Disziplinen geschuldet ist (Graupe und Ötsch 2016). Nach wie vor stehen Effizienz und Knappheit, Produktivität und Wachstum im Zentrum der wirtschaftswissenschaftlichen (Einführungs-)Kurse. Aktuelle Problemstellungen wie Klimawandel, Verteilungsfragen, technologischer und demografischer Wandel und die damit verbundenen Themenbereiche Nachhaltigkeit, Biodiversität, Diskriminierung und ökonomische Abhängigkeit finden dagegen kaum oder gar keine Berücksichtigung im Lehrkanon, obwohl sie doch für die Gesellschaft hoch relevant sind. Dort wo sie aufgegriffen werden, erfolgt das in der Regel im Rahmen eines wohlgemeinten „ökonomischen Imperialismus". Umweltfragen werden dann nicht als kategoriale Fragen um z. B. Gesundheit oder Menschenwürde abgehandelt, sondern als „Wie-viel"-Fragen einer Marginalanalyse zugeführt, in der nicht der absolute Wert „Gesundheit" im Zentrum steht, sondern „wie viel" Gesundheit durch Umweltschutz „optimal" wäre.

Kritikwürdig sind auch die institutionellen Rahmenbedingungen der ökonomischen Lehre. Zumeist wird nach frontalen Vorlesungen und einfachem Vorrechnen von Lösungswegen formal-mathematisches Wissen abgefragt, ohne auf tiefgründige Verbalisierung als didaktische Methode zurückzugreifen. Dabei fehlen Lernräume und Prüfungsformate, die auf das individuelle Urteilsvermögen der Studierenden abzielen. Vor dem Hintergrund, dass viele Wirtschaftsstudierende – aber auch Studierende aus anderen Disziplinen, die in ökonomischen Vorlesungen „Basiswissen" mitnehmen sollen – später Führungsrollen übernehmen, erscheint dieses mangelnde Training an eigenständiger Denk- und Reflektionsleistung im Ökonomiestudium problematisch.

11.5 Wie erreichen wir einen ökonomischen Pluralismus?

Eine zukunftsfähige und nachhaltige Gesellschaft braucht undogmatische, kritisch denkende Wirtschaftswissenschaftler*innen, die nicht an überkommenen Theoriegebäuden festhalten, sondern verschiedene Konzepte und Zugänge kennen, damit offen sind und umfassend relevante Fragestellungen aus verschiedenen Perspektiven analysieren können. Die dafür nötige Vielfalt an ökonomischen Theorien, Methoden und Themen muss zweifelsohne schon im Bachelorstudium beginnen. Das „Netzwerk Plurale Ökonomik" fordert dementsprechend eine *Erweiterung* der Lehrinhalte um Modelle und Theorien, die nicht zwingend von stabilem Systemverhalten ausgehen (z. B. Komplexitätsökonomik, Postkeynesianismus) und die Veränderungsprozesse in den Vordergrund stellen (z. B. evolutorische Ökonomik). Das Denken in Marktgleichgewichten und repräsentativen Akteuren soll keineswegs gänzlich aus den Lehrplänen verschwinden, aber zu jeder Zeit müssen der konstruktive Charakter der Modelle und die zugrunde liegenden normativen Annahmen gegenwärtig sein. Des Weiteren dürfen die Wirtschaftswissenschaften nicht mehr nur über die formal-mathematische Methode definiert werden, sondern durch ein stärkeres Augenmerk auf andere sozialwissenschaftliche Zugänge ergänzt werden. Gemeint sind damit u. a. ökonomische Konzepte, die historische Entwicklungen und die Einordnung in gesellschaftliche Kontexte stärker berücksichtigen (feministische Ansätze, Sozialökonomik, Wirtschaftsstile usw.). Zusätzlich müssen Wirtschaftsstudierende die Möglichkeit erhalten, aus dem *gesamten* sozialwissenschaftlichen Methodenspektrum zu schöpfen, um ihren Fragestellungen nachzugehen. Dazu fordern wir verstärkte interdisziplinäre Lehrkooperationen mit verwandten Disziplinen wie der Soziologie, der Kultur-,

Gender- und Politikwissenschaft. Auch der historischen Einbettung der gelehrten Theorien muss mehr Raum gegeben werden. Dass Kurse wie Wirtschaftsethik oder Ideengeschichte nur ein Prozent der Studienzeit ausmachen (Fauser und Kaskel 2016), reicht definitiv nicht aus, um das Wechselspiel zwischen Gesellschaft und Umwelt zu verstehen, aus dem wissenschaftliche Theorien hervorgehen.

Das oft vorgebrachte Gegenargument von Mainstreamökonom*innen, plurale Ökonomik wäre zu umfangreich und überfordere junge Studierende, geht fehl. Verwandte Disziplinen wie die Soziologie zeigen, dass theoretischer und methodischer Pluralismus schon im Bachelorstudium möglich sind. Unserer Erfahrung nach scheitert die Vermittlung eines pluralen ökonomischen Denkens weniger an den kognitiven Fähigkeiten der Studierenden, sondern an denen der Lehrenden. So besteht ein großes Hindernis für die Pluralisierung der Lehre darin, dass die meisten Professor*innen schlicht nicht dazu in der Lage sind, feministische, postkeynesianische, marxistische, evolutorische oder ökologische Ökonomik *angemessen* zu lehren, da sie es selbst nicht gelernt und sich kaum eingehender damit beschäftigt haben. Dies ist auch auf den Umstand zurückzuführen, dass die Wahrscheinlichkeit auf eine Professur in dem Maße steigt, wie häufig ein Forschender in den „high-ranked" Journals der Wirtschaftswissenschaft publiziert hat, deren Gutachter*innen fast ausschließlich das Mainstreamforschungsparadigma vorschreiben. Auf diese Weise werden heterodoxe Ökonom*innen von vorneherein bei der Besetzung von Lehrstühlen benachteiligt, was die Verengung der ökonomischen Lehre wiederum für die nächste Generation junger Ökonom*innen verschärft.

Um diesem Reproduktionskreislauf des ökonomischen Mainstreams vorzubeugen, fordert das „Netzwerk Plurale Ökonomik" eine Diversifizierung des Lehrkörpers. Heterodoxe und Mainstreamökonom*innen sollen in der Lehre stärker zusammenarbeiten, um eine zeitgemäße Lehre zu ermöglichen; das setzt eine angemessene Zahl heterodoxer Ökonom*innen an deutschen Wirtschaftsprofessuren voraus. Besondere Berücksichtigung sollen dabei auch Wissenschaftler*innen erhalten, die aufgrund ihrer Herkunft, ihrer Hautfarbe, körperlichen Benachteiligung oder ihres Geschlechts in der deutschen Professorenschaft stark unterrepräsentiert sind (was ebenfalls zum Mangel unterschiedlicher Perspektiven auf die Wirtschaft beiträgt). Zum Grundsatz der Wissenschaftsfreiheit gehört auch die Freiheit, unabhängig von dominanten Methoden, Annahmen usw. arbeiten und lehren zu können. Das verbürgt u. a. der Beutelsbacher Konsens mit dem Gebot zur Kontroversität, das konträre Perspektiven ausdrücklich einfordert, ebenso die UNESCO-Resolution „Wissenschaftsfreiheit weltweit" (UNESCO 2017).

Daher fordern wir Akteure aus Hochschul-, Landes- und Bundespolitik dazu auf, Chancengleichheit herzustellen und von überkommenen Indikatoren für wissenschaftliche Exzellenz wie Publikationen in den „Top 5"-Journals abzurücken. Selbstverständlich haben sich auch in heterodoxen Forschungsparadigmen hochkarätige Journals etabliert, die bei der Auswahl von geeignetem Lehrpersonal stärker berücksichtigt werden sollten. Wir fordern zudem staatliche Akteure dazu auf, ihre Indikatoren der leistungsorientierten Mittelvergabe um Qualitätskriterien für akademische Vielfalt und gute ökonomische Lehre zu erweitern, damit Ökonom*innen auch als Lehrende Reputation und Finanzmittel einwerben können. Als Auftraggeber von öffentlichen Forschungsaufträgen (z. B. in der Ressortforschung) sollen sie zudem explizite Angaben zu den normativen Grundlagen und Limitationen des jeweiligen Forschungsansatzes einfordern. Bei kontroversen wirtschaftspolitischen Fragestellungen sollten – ähnlich dem Modell der Mindestlohnkommission – Forschungsergebnisse aus allen relevanten ökonomischen Theorieschulen berücksichtigt und abgewogen werden. Angesichts einer fortschreitenden Depluralisierung der ökonomischen Hochschullandschaft (Heise et al. 2017) halten wir auch die aktive politische Förderung von heterodoxen Professuren oder pluralen Wirtschaftsforschungsinstituten für eine geeignete Maßnahme, um einen fairen wissenschaftlichen Wettbewerb um die besten ökonomischen Analysen zu ermöglichen.

11.6 Für eine realitätsnahe und relevante Wirtschaftswissenschaft

Es hat in den letzten Jahren bereits einen Wandel in der Hochschullandschaft durch plurale Ökonomik gegeben. So haben sich mittlerweile vier deutsche Hochschulstandorte (Duisburg-Essen, Siegen, Bernkastel-Kues, Alfter) einen explizit plurökonomischen Schwerpunkt gesetzt und Mitglieder des „Netzwerks Plurale Ökonomik" bereichern jedes Jahr mit hunderten ehrenamtlich organisierten Lehrveranstaltungen das universitäre Bildungsangebot. Doch bisher blieb dies immer eine Ergänzung der ökonomischen Standardlehre und Forschung. Wir müssen jetzt die Rahmenbedingungen dafür schaffen, dass auch strukturelle Änderungen möglich sind, die eine Veränderung im Kern der ökonomischen Reproduktion anstoßen. Ob dies gelingt, hängt maßgeblich von den Ressourcen ab, die staatliche Akteure in das Wissenschaftssystems der Ökonomik investieren. Aber auch neue institutionelle Rahmensetzungen können wichtige Impulse setzen und die Ausgangschancen im Wettbewerb um die beste ökonomische Forschung und Lehre angleichen. Denn nur über einen offenen intra- und interdisziplinären

Diskurs kann eine realitätsnahe und relevante Wirtschaftswissenschaft an den Universitäten gelehrt werden.

Literatur

Beckenbach, F., Daskalakis, M., Hofmann, D.: Zur Pluralität der volkswirtschaftlichen Lehre in Deutschland. Eine empirische Untersuchung des Lehrangebotes in den Grundlagenfächern und der Einstellung der Lehrenden. Marburg, Metropolis (2016)

Becker, G.: The economic approach to human behavior. University of Chicago Press, Chicago (1976)

Bigo, V., Negru, I.: From fragmentation to ontologically reflexive pluralism. J. Philos. Econ. **I**(2), 127–150 (2008)

Brodbeck, K.-H.: Die fragwürdigen Grundlagen der Ökonomie. Eine philosophische Kritik der modernen Wirtschaftswissenschaften. WBG, Darmstadt (2013)

Colander, D., Holt, R., Rosser, B.J.: The changing face of mainstream economics. Rev. Polit. Econ. **16**(4), 485–500 (2004)

Dequech, D.: Post Keynesianism, Heterodoxy and Mainstream Economics. Rev. Polit. Econ, Taylor & Francis Journals. **24**(2), 353–368 (2012)

Fauser, H., Kaskel, M.: Pluralism in economics teaching in Germany – evidence from a new dataset. (2016). http://www.boeckler.de/pdf/v_2016_10_21_fauser.pdf

Feyerabend, P.: Against method. Outline of an anarchistic theory of knowledge; London: Verso. New Left Books ([1975]1993)

Frey, B., Humbert, S., Schneider, F.: Was denken deutsche Ökonomen? Eine empirische Auswertung einer Internetbefragung unter den Mitgliedern des Vereins für Socialpolitik im Sommer 2006. Perspektiven der Wirtschaftspolitik. **8**(4), 359–377 (2007)

Fricke, T.: Altes Einheitsdenken oder neue Vielfalt? Eine systematische Auswertung der großen Umfragen unter Deutschlands Wirtschaftswissenschaftler_innen. In: FGW-Studie Neues ökonomisches Denken 03 (2017)

Glötzl, F., Aigner, E.: Six dimensions of concentration in economics: Scientometric. Evidence from a large-scale data set. Ecol. Econ. Pap. **15** (2017)

Graupe, S.: Beeinflussung und Manipulation in der ökonomischen Bildung. Hintergründe und Beispiele. In: FGW-Studie Neues ökonomisches Denken 05 (2017)

Graupe, S., Ötsch, W.O.: Diskurs und Diskursverweigerung: Welche Art von Diskurs wollen wir? Artikel in Ökonomenstimme vom 10.08.2016. http://www.oekonomenstimme.org/artikel/2016/08/diskurs-und-diskursverweigerung-welche-art-von-diskurs-wollen-wir/ (2016). Zugegriffen: 12. Apr. 2019

Heise, A.: Die Ökonomik als wissenschaftliches Macht- und Schlachtfeld. In: Maeße, J., Pahl, H., Sparsam, J. (Hrsg.) Die Innenwelt der Ökonomie, S. 55–82. Springer, Wiesbaden (2017)

Heise, A., Sander, H., Thieme, S.: Das Ende der Heterodoxie? Die Entwicklung der Wirtschaftswissenschaften in Deutschland. In: Maurer, A., Schimank, U. (Hrsg.) Wirtschaft + Gesellschaft. Springer, Wiesbaden (2017)

Hirte, K.: Zur Performativität in den Wirtschaftswissenschaften. In: Pfriem, R., et al. (Hrsg.) Transformative Wirtschaftswissenschaft im Kontext nachhaltiger Entwicklung, S. 139–164. Marburg, Metropolis (2017)

Hirte, K., Thieme, S.: Heterodoxie in der Ökonomik: Aktuelle Situation und erkenntnistheoretische Probleme. In: Schetsche, M., Schmied-Knittel, I. (Hrsg.) Heterodoxie, Konzepte, Traditionen, Figuren der Abweichung, S. 117–129. Herbert von Halem Verlag, Köln (2018)

Kapeller, J., Dobusch, L.: Diskutieren und Zitieren: zur paradigmatischen Konstellation aktueller ökonomischer Theorie. Interv. J. Econ. **6**, 145–152 (2009)

Kapeller, J., Dobusch, L.: Heterodox United vs. Mainstream City? Sketching a framework for interested pluralism in economics. J. Econ. Issues. **46**(4), 1035–1058 (2012)

Kapp, K.W.: Zum Problem der Enthumanisierung der „reinen Theorie" und der gesellschaftlichen Realität. Kyklos Int. Rev. Soc. Sci. **20**(1), 307–330 (1967)

Keen, S.: Debunking economics: The naked emperor of the social sciences. Zed Books, London (2011)

Kuhn, T.S.: Die Struktur wissenschaftlicher Revolutionen. Suhrkamp, Frankfurt a. M. (1976)

Lawson, T.: Economics and reality. Routledge, London (1997)

Lawson, T.: Beyond Deductivism. In: Fiorito, L., Scheall, S., Suprinyak, C.E. (Hrsg.) Research in the history of economic thought and methodology, S. 19–36. Emerald Publishing Limited, Bingley (2018)

Madsen, P.T.: The impact of the financial crisis on the content of six US principles of economics – real or apparent changes. Soc. Sci. Res. Netw., 1–26 (2011)

Madsen, P.T.: The Financial Crisis and Principles of Economics Textbooks. The Journal of Economic Education, **44**(3), 197–216 (2013)

Mäki, U.: The one world and the many theories. In: Salanti, A., Screpanti, E. (Hrsg.) Pluralism in economics new perspektives in history and methodology, S. 37–47. Aldershot, Eward Elgar (1997)

Necker, S.: Wissenschaftliches Fehlverhalten – ein Problem in der deutschen Volkswirtschaftslehre? Perspektiven der Wirtschaftspolitik. **13**(4), 267–285 (2012)

Popper, K.: Offenes Universum. Ein Gespräch über das Lebenswerk des Philosophen. Piper, München/Zürich (1982)

Rothschild, K.W.: To push and to be pushed. Am. Econ. **43**(1), 1–8 (1999)

Thieme, S.: Zur Normativität einer transformativen Wirtschaftswissenschaft. In: Pfriem, R., Schneidewind, U., Barth, J., Graupe S., Korbun, T. (Hrsg.): Transformative Wirtschaftswissenschaft im Kontext nachhaltiger Entwicklung, S. 323–353. Metropolis, Marburg (2017)

UNESCO: Wissenschaftsfreiheit weltweit. 30.06.2017. www.unesco.de/node/1715 (2017). Zugegriffen: 12. Apr. 2019

Weichenrieder, A.J., Zehner, D.: Einschätzungen zu Promotion und Postdoktorandenzeit. Perspektiven der Wirtschaftspolitik. **15**(3) (2014)

Stichwortverzeichnis

A
Abgeleitetes Ziel, 103
Aktuarwissenschaft, 121
Allokationsziel, 103
Altruismus, 146
Arbeitsteilung, 126
Aufklärung, 192

B
Balanced Scorecard, 83
BCG-Matrix, 83
Behavioral Economics, 182
Benchmarking, 83
Betriebswirtschaftslehre, 6
  spezielle, 120
Bruttoinlandsprodukt, 121
Buchführung, 112
Buchhaltung, doppelte, 113

C
Change Management, 84
Chrematistik, 99
Coase-Theorem, 152

D
Deming-Kreis, 76
Distributionsziel, 103
Dogmengeschichte, 10

E
Egoismus, 126
Enzyklika „Caritas in veritate", 59
Evidence-based
  Management, 77
  Medicine, 77
Evolutionsökonomie, 176

F
Finanzierung, 116
Finanzwissenschaft, 103
Führungslehre, 82

G
Gefangenendilemma, 135
Geschichte der Wirtschaftswissenschaften, 11

H
Hawthorne-Experiment, 82
Homo-oeconomicus-Modell, 134

I
Institutionenökonomie, 176
Investition, 116

© Springer Fachmedien Wiesbaden GmbH, ein Teil von Springer Nature 2022
C. Thielscher, *Wirtschaftswissenschaften verstehen*,
https://doi.org/10.1007/978-3-658-38671-9

K
Kameralistik, 101
Kant, 3
Keynesianismus, 180
Klassik, 125
Knappheit, 4
Kölner Ökonomenstreit, 8
Konjunktur-, Wachstums- und Umweltziel, 103

M
Makroökonomie, 156
Management, 71
Mikroökonomik, 125
Moral-Hazard-Problem, 182

N
Neoklassik, 125, 136
Nomina oeconomica, 195

O
Ökonomie, 5, 6
   politische, 125
Ökonomik, 6

P
Paradigma, 12
Paretokriterium, 138
Paretooptimum, 144
PDCA-Zyklus, 76
Personalführung, 84
Politeia, 99
Poroi, 101
Porter-Modell, 80
Prinzipal-Agenten-Theorie, 181
Prinzip, ökonomisches, 4
Produktions- und Kostentheorie, 120
Property-rights-Theorien, 181
Prozessmanagement, 84

Q
Qualitätsmanagement, 80, 84

R
Rechnungswesen, 116
Religion, 56
Rosenthal-Effekt, 82

S
Sapere aude, 192
Scientific Management, 128
Spieltheorie, 135
St. Galler Managementmodell, 85
Strategie, 72
Systemtheorie, 81

T
Typen von Kapitalismen, 66

U
Unsichtbare Hand, 134
Unternehmensführung, 72
Unternehmensziel, 74

V
Volkswirtschaftliche Gesamtrechnung, 120
Volkswirtschaftslehre, 6

W
Wert, 119
Wirtschaftliche Technik, 111
Wirtschaftsgeschichte, 187
Wirtschaftsinformatik, 190
Wirtschaftsrecht, 189
Wirtschaftswissenschaften, Definition, 7

Z
Zinsfuß, 117

The manufacturer's authorised representative in the EU is Springer Nature Customer Service Centre GmbH, Europaplatz 3, 69115 Heidelberg, Germany. If you have any concerns regarding our products, please contact ProductSafety@springernature.com

Printed and bound by CPI Group (UK) Ltd, Croydon, CR0 4YY
25/03/2026
02078182-0004